上海立信资产评估有限公司资助出版

中国创业板上市公司无形资产年度研究报告

(2020—2021)

吴祺　傅翀　文豪　杨伟暾　编著

中南财经政法大学企业价值研究中心

吉林大学出版社

长春

图书在版编目（CIP）数据

中国创业板上市公司无形资产年度研究报告 . 2020—2021 / 吴祺等编著 . -- 长春：吉林大学出版社，2022.12

ISBN 978-7-5768-1294-7

Ⅰ . ①中… Ⅱ . ①吴… Ⅲ . ①创业板市场－上市公司－无形固定资产－经济管理－研究报告－中国－ 2020-2021 Ⅳ . ① F279.246

中国版本图书馆 CIP 数据核字（2022）第 242178 号

书　　　名	中国创业板上市公司无形资产年度研究报告（2020—2021）
	ZHONGGUO CHUANGYEBAN SHANGSHI GONGSI WUXING ZICHAN NIANDU YANJIU BAOGAO（2020—2021）
作　　　者	吴祺　傅翀　文豪　杨伟暾
策划编辑	李承章
责任编辑	樊俊恒
责任校对	柳　燕
装帧设计	树上微出版
出版发行	吉林大学出版社
社　　　址	长春市人民大街 4059 号
邮政编码	130021
发行电话	0431-89580028/29/21
网　　　址	http://www.jlup.com.cn
电子邮箱	jdcbs@jlu.edu.cn
印　　　刷	武汉市籍缘印刷厂
开　　　本	787mm×1092mm　1/16
印　　　张	22.5
字　　　数	440 千字
版　　　次	2022 年 12 月　第 1 版
印　　　次	2022 年 12 月　第 1 次
书　　　号	ISBN 978-7-5768-1294-7
定　　　价	78.00 元

版权所有　翻印必究

编委会

编委会主任

汪海粟　中南财经政法大学企业价值研究中心主任，二级教授

编委会委员（按姓氏拼音排序）：

车建新　红星美凯龙家居集团股份有限公司董事长兼 CEO
陈　健　福建联合中和资产评估土地房地产估价有限公司总经理
陈少瑜　普华永道中国咨询部合伙人
胡　川　中南财经政法大学工商管理学院教授，博士生导师
纪益成　厦门大学经济学院教授，博士生导师
李慈雄　上海悦心健康集团股份有限公司董事长
刘登清　北京中企华资产评估有限责任公司总裁兼 CEO
刘伍堂　连城资产评估有限公司董事长
刘　勇　国家开发银行原首席经济学家，国务院参事室特约研究员
刘云波　上海德勤资产评估有限公司董事长
孙健民　天健兴业资产评估有限公司董事长
汤湘希　中南财经政法大学会计学院教授，博士生导师
王诚军　中诚君和(北京)国际资产评估有限公司董事长
王竞达　首都经济贸易大学财政税务学院教授，博士生导师
王生龙　中全资产评估（北京）有限公司董事长
王子林　中联资产评估集团董事局主席
向　勇　湖北省上市工作指导中心主任
杨　青　复旦大学经济学院金融研究院教授，博士生导师
杨伟暾　上海立信资产评估有限公司董事长
杨志明　中和资产评估有限公司董事长
俞明轩　中国人民大学商学院副教授，硕士生导师
赵　强　北京中同华资产评估有限公司资深合伙人

首卷序

中南财经政法大学企业价值研究中心对 2009 年 10 月以来在中国创业板上市的 218 家公司披露的无形资产信息进行了深入挖掘和分析，并形成了这本对完善创业板上市制度有重要参考价值的蓝皮书，值得肯定和祝贺。

首先，由高校独立的研究机构对我国创业板公司无形资产信息披露的状况进行系统研究，并定期公开发布，有利于促进上市公司无形资产信息披露质量的提高。我国上市公司的信息披露既有内部人员因经营优势形成的主观操控，又有现行制度缺失形成的揭示壁垒，还有市场噪声引发的信息扭曲，以至于招股说明书和年报披露的数据未必能真实反映公司无形资产的数量和质量。该蓝皮书对特定时间内不同公司在同一类型无形资产信息披露上的比较分析，至少能引起相关公司对差异原因的关注，如有必要，也应作出解释。

其次，对创业板上市公司无形资产的研究考虑了无形资产因技术进步和市场变革导致的结构演化。我同意报告作者关于当代企业具有消耗有形资产，借以形成无形资产特征的判断。无形资产确实是一个复杂系统，既涉及受有关法律保护并得到会计制度认可的以专利、商标和版权为代表的常规无形资产，也涉及尚未得到专门法律规范和会计科目反映，但在企业实际生产经营中已发挥重要作用的以资质、客户和劳动力集合为代表的非常规无形资产。后者在实践中已成为公司上市和企业并购的关键资源。正是考虑到无形资产的结构演化，该报告既对无形资产进行了基于细分类的比较研究，还对以研发费用、销售费用和政府补助为代表的无形资产投入要素进行了分析。相信这些研究将有助于人们了解无形资产的影响因素和变化规律。

再次，该报告检验了我国创业板市场关于无形资产的发现和甄别功能。中国证监会对创业板公司信息披露报告系统做出了特别规定，要求相关企业通过表外信息披露的方式，为资本市场参与者提供更多有关无形资产的信息。该研究发现这些规定对投资者了解企业无形资产并判断其价值确实发挥了作用，IPO 的高市净率和高市盈率至少表明我国创业板公司通过历史继承、政策扶植和自主创新取得的无形资产部分得到资本市场的承认。同时，该研究还发现常规与非常规无形资产较多和质量较好的企业

IPO 市净率往往低于无形资产较少和质量较差的企业，在资本市场整体走势趋弱的条件下，前者的基准日市净率又往往明显高于后者。这表明在经过资本市场的多次交易和反复甄别后，非市场的泡沫被逐渐挤出，优质资产的贡献得到理性回应。

最后，该报告对改善我国上市公司无形资产信息披露制度提出了一系列有参考价值的建议。报告在揭示目前无形资产信息披露失衡、低效甚至无效的问题之后，就解决这些问题提出建设性意见。例如，认为资质可以按准入类、能力类和荣誉类进行统计分析；独立董事的贡献价值可分解为形象价值、专业价值和制衡价值；应编制按可能性和危害性分析构成的风险测度报告等。所有这些将有利于相关监管部门优化信息披露标准，并提高市场效率，进而维护市场秩序，保护资本市场弱势群体的利益。

人力资本、知识产权等无形资产定价入股是中国自 20 世纪 90 年代初的股份制改制中就提出而迄今未能有效解决的难题。如今的创业板并非 1998 年提出的创业板，它更多的是在 A 股范畴内设置的一个类似于中小企业板的股市板块。有效推进人力资本、知识产权的市场定价，不仅是创业板有别于其他股市板块的一个关键功能，而且对于推动中国高新技术发展也至关重要。从这个意义上说，这本蓝皮书做出了具有开创性意义的工作。

我希望今后每年都能看到不断完善的创业板无形资产蓝皮书，同时也希望创业板已上市和拟上市公司持续优化无形资产管理，实现基业长青。

是为序。

中国社会科学院金融研究所所长
2012 年 5 月 6 日于北京

目 录

导 论 1
   一、年度发展 1
   二、继承内容 2
   三、新增内容 8
   四、研究团队 9

报告一：2020 年创业板发展回顾 10
   一、2020 年创业板市场整体概况 10
   二、创业板市场规模及结构 11
   三、创业板市场主要指标与经营业绩变化 14
   四、创业板市场行情变化 17
   五、新增创业板市场规则 18

报告二：2020 年创业板上市公司无形资产账面价值分析 20
   一、基于招股说明书的创业板上市公司无形资产账面价值分析 20
   二、基于年度报告的创业板上市公司无形资产账面价值变化 22
   三、研究结论 28

报告三：创业板上市公司技术类无形资产研究 30
   一、概念界定 30
   二、相关典型事件和文献综述 33
   三、基于招股说明书的技术类无形资产披露情况 41
   四、基于年报的技术类无形资产披露情况 56
   五、研究结论 69

报告四：创业板上市公司市场类无形资产研究 70
    一、概念界定 70
    二、相关典型事件和文献综述 71
    三、基于招股说明书的市场类无形资产披露情况 79
    四、基于年报的市场类无形资产披露情况 90
    五、研究结论 99

报告五：创业板上市公司人力资源类无形资产研究 100
    一、概念界定 100
    二、相关典型事件和文献综述 101
    三、基于招股说明书的人力资源类无形资产披露情况 110
    四、基于年报的人力资源类无形资产披露情况 114
    五、研究结论 152

报告六：创业板上市公司资质研究 154
    一、概念界定 154
    二、相关典型事件和文献综述 156
    三、基于招股说明书的资质无形资产披露情况 161
    四、基于年报的资质类无形资产披露情况 172
    五、研究结论 187

报告七：创业板上市公司无形资产投入研究 188
    一、概念界定 188
    二、基于年报的无形资产投入披露情况 191
    三、研究结论 202

报告八：创业板机械设备仪表行业无形资产研究 205
    一、行业概况 205
    二、行业无形资产规模 208
    三、基于无形资产竞争矩阵的行业无形资产竞争分析 213
    四、案例分析 216

目 录

报告九：创业板软件、信息技术服务行业无形资产研究 219
 一、行业概况 219
 二、行业无形资产规模 222
 三、基于无形资产竞争矩阵的行业无形资产竞争分析 226
 四、案例分析 230

报告十：创业板计算机、通信及电子行业无形资产研究 233
 一、行业概况 233
 二、行业无形资产规模 236
 三、基于无形资产竞争矩阵的行业无形资产竞争分析 239
 四、案例分析 241

报告十一：创业板化学、橡胶、塑料行业无形资产研究 245
 一、行业概况 245
 二、行业无形资产规模 248
 三、基于无形资产竞争矩阵的行业无形资产竞争分析 252
 四、案例分析 254

报告十二：创业板医药制造行业无形资产研究 256
 一、行业概况 256
 二、行业无形资产规模 259
 三、基于无形资产竞争矩阵的行业无形资产竞争分析 263
 四、案例分析 266

报告十三：创业板互联网和相关服务行业无形资产研究 269
 一、行业概况 269
 二、行业无形资产规模 271
 三、基于无形资产竞争矩阵的行业无形资产竞争分析 275
 四、案例分析 277

报告十四：创业板文化与传播及相关行业无形资产研究 279
 一、行业概况 279
 二、行业无形资产规模 282

三、基于无形资产竞争矩阵的行业无形资产竞争分析 285
　　四、案例分析 287

报告十五：创业板上市公司无形资产年度指数（2020） 290
　　一、2020年度无形资产信息披露指数的构建 290
　　二、2020年度无形资产信息披露指数的统计 297
　　三、2020年度无形资产质量指数的构建 299
　　四、2020年度无形资产质量指数的统计 306
　　五、2020年度无形资产价值评价指数的构建 308
　　六、2020年度无形资产价值评价指数的统计 309

报告十六：2015—2020年创业板公司无形资产指数回顾 311
　　一、首次信息披露指数（2015—2020） 311
　　二、持续信息披露指数（2015—2020） 312
　　三、无形资产质量指数（2015—2020） 314
　　四、无形资产价值指数（2015—2020） 316
　　五、研究结论 318

报告十七：创业板巨无霸公司专题研究报告 320
　　一、文献综述 320
　　二、研究假设 321
　　三、样本公司选取 321
　　四、样本公司行业分布 322
　　五、样本公司无形资产情况 323
　　六、再融资情况 326
　　七、指数权重及风险 326
　　八、研究结论 326

参考文献 339

导 论

2009年10月30日首批28家企业在创业板挂牌上市。创业板致力于服务国家创新驱动发展战略，支持创新型、成长型企业发展，是全球成长最快的服务创业创新的市场。创业板设立十多年来，诸多上市企业已发展成为行业龙头企业，如爱尔眼科等、宁德时代、迈瑞医疗等，也有企业因发展受困、转型失败等原因导致发展退市。十年来，创业板正逐步走向成熟，在支持创新性、成长型企业发展中发挥了重要作用，也是中国创新经济的重要支撑。

自2010年以来，我们开始基于创业板上市公司的招股说明书和年报，收集和分析创业板上市公司无形资产信息，编写《中国创业板上市公司无形资产蓝皮书》（下称《蓝皮书》），为探索发现中国创业板无形资产价值及其增值潜力，促进创业板上市公司无形资产信息披露质量提升，帮助资本市场投资者更好做出投资决策，引导企业通过无形资产投资增强发展潜力起到积极作用。本研究报告保持了以往蓝皮书研究的系统性、可比性和连续性的要求，以截至2020年底上市的892家创业板上市公司为研究对象，简要回顾了创业板市场2020年的发展状况；延续了按资产类型和分行业研究无形资产的板块，构建了企业无形资产分析的逻辑框架，编制了创业板上市公司2020年度无形资产信息披露指数、质量指数和价值指数，并对其近5年来的各项指数变化特征进行了总结回顾。为了提高研究报告信息质量，我们在以往蓝皮书研究报告基础上，精减了部分分析项目，以方便报告使用者能够更快速地找到关键的无形资产信息，此外，也对创业板市场中市值超千亿的"巨无霸"公司进行了专题研究。

一、年度发展

我们从创业板市场规模及结构、市场行情和企业经营情况三个维度剖析了创业板市场2020年的发展概况，得到如下结论：

一是创业板公司上市加速，仍然主要集中在制造业和信息技术行业。截至2020年12月31日，创业板上市公司数量达到892家，比2019年年底增加了101家，增幅为14.4%。创业板新增上市公司增幅相比2019年明显提升，说明创业板市场容量有所提高，上市速度有所加快。从一级行业来看，2020年上市公司数量排名前三的行业分别为制造业（619家）、信息技术业（148家）和科研服务业（25家），上述三大行业的企业数量占比之和高达88.7%。

二是创业板市场主要指标全面提升。2020年底，创业板上市公司总市值首次突破10万亿元，相比2019年末的6.13万亿元增长78%，市值明显提升，这与2020年证券市场整体行情较好紧密相关。从平均市值来看，2020年创业板上市公司平均市值为123.3亿元，相比2019年末的77.56亿元增长58%，增速较大。2020年年底，创业板上市公司平均市盈率为64.91倍，相较2019年末的47.01倍明显上升，达到近4年来的最高点。

三是创业板上市公司经营业绩表现亮眼。2020年，892家创业板上市公司平均实现营业收入21.85亿元，同比增长9.7%，平均实现净利润1.24亿元，同比增长85.00%，净利润增速达近年来最高水平。与此同时，创业板改革并试点注册制为板块公司带来新活力：已披露年报的公司中，八成实现盈利，六成实现增长，新经济标杆企业表现亮眼，注册制下新公司业绩增速强劲。

四是创业板上市公司区域分化仍然严重。截至2020年末，创业板上市公司数量排名前五位均为东部省份，分别是广东省、北京市、江苏省、浙江省、上海市。相对而言，广西壮族自治区、贵州省、甘肃省和内蒙古自治区创业板上市公司数量相对较少，地区间的差距有进一步扩大的趋势。

二、继承内容

（一）无形资产聚类分析

本报告研究延续了以往蓝皮书的无形资产分类，分别对创业板上市公司的技术类、市场类、人力资源类和资质类无形资产进行聚类分析，还对企业期间费用、研发支出和政府补助与无形资产的关系进行了探讨。本研究报告中有关无形资产聚类研究的结论如下：

1. 关于技术类无形资产

2020年，创业板上市公司技术类无形资产的信息披露和积累产生一些新的变化和趋势。

一是技术类无形资产的行业差异依旧明显。从总量上看，由于各个行业之间企业数量差距等原因，制造业，信息传输、软件和信息技术服务业各类技术类无形资产总量均排在前列，具有明显的规模优势。从技术类无形资产的行业均值来看，专利平均拥有量较高的行业是信息传输、软件和信息技术服务业和制造业；非专利技术平均拥有量较高的行业是水利、环境和公共设施管理业，信息传输、软件和信息技术服务业，以及租赁和商务服务业；技术标准平均拥有量较高的行业是信息传输、软件和信息技术服务业，水利、环境和公共设施管理业以及制造业；软件著作权平均拥有量较高的行业是信息传输、软件和信息技术服务业。另外，近几年制造业，信息传输、软件和信息技术服务业的技术类无形资产规模呈现出较高增速的趋势，原因一是现代企业更加依靠技术类无形资产带来收益，所以加大了技术类无形资产的研发投入，二是可能受到政府政策及宏观经济影响。

二是技术类无形资产的结构不均衡。技术类无形资产的结构不均衡主要反映在创业板上市公司对不同类型技术类无形资产的披露质量及重视程度。在招股说明书中，专利及非专利技术类无形资产的披露情况都明显高于技术标准及软件著作权。但在上市之后，除了专利技术覆盖率呈上升趋势之外，其他技术类无形资产的总体披露情况都有所下降。可能的原因：其一，非专利技术作为公司的主要核心技术，不适合向外界公布；其二，参与技术标准的制定的门槛相对较高，获得技术标准认定的难度比较大；其三，软件著作权对于部分行业企业的作用不显著，缺乏对软件著作权的重视。总体而言，技术类无形资产结构不平衡的现状十分明显。

2. 关于市场类无形资产

2020 年，创业板上市公司市场类无形资产的信息披露和积累具有以下特点：

一是市场类无形资产覆盖率较高但是质量迥异。无论从招股说明书还是年报来看，创业板公司普遍富集市场类无形资产。以招股说明书为例，绝大多数公司披露了至少一项市场类无形资产，四类资产的披露比率均超过80%，总体而言披露的比例较高。同时，不同创业板公司所拥有的同类资产披露情况存在较大差别，一些企业对其市场类无形资产进行了详细披露（包含报告中所涉及的各项要素），而不少企业仅披露了简单的数量信息，这也与企业自身经营情况的差异性有关。

二是市场类无形资产存在明显的行业异质性。对于不同行业，创业板公司所拥有的市场类无形资产状况存在较大的差异。以商标类资产为例，制造业和信息传输、软件和信息技术服务业在持有商标项数、申请商标项数和获得商标荣誉这三项指标中占有绝对优势，且商标荣誉的均值也位居各行业首位。同样的，以客户类资产为例，采矿业和制造业的前五大客户销售额占比最大，对大客户依存度最高，批发和零售贸易占比最小，以散户为主，对大客户依存度最低。这都反映出了不同行业的创业板公司在市场类无形资产方面存在很大的行业异质性。

三是市场类无形资产数量年度变化趋势不一。从2016—2020年年报披露的商标数据来看，平均每家公司的商标持有数量有所上升，创业板公司越来越重视商标权的保护，商标状况总体上得到改善和提高。从年报中披露的客户数据来看，前五大客户合计销售占比平均值在2016—2018年持续下降，最近两年则逐步回升。有关竞争地位信息披露的情况在2016—2020年呈现出先减少再增加再减少的变化，而核心竞争优势的各项变化趋势都不尽相同。

3. 关于人力资源类无形资产

2020年创业板上市公司各种人力资源类无形资产的信息披露和积累具有以下特点：

一是独立董事的信息披露质量有所改善。学历、职称和专业背景的披露比例较之2019年都有所上升。对于独立董事的姓名、性别、年龄、薪酬、近五年主要工作经历等方面的信息基本能够按照相关准则要求进行披露，且较为详细。相比而言，学历、职称和专业背景等信息的披露质量仍然有待提高。此外，创业板公司的独董结构优化。具体表现为，女性独立董事占比有所上升；硕士及以上学历的独立董事占比上升；各专业背景的独立董事占比都有所上升。分行业看，采矿业学历较高，教育业职称较高。

二是创业板上市公司的股东结构、股权结构和控股情况总体稳定。2020年，自然人股东占比有所上升。同时具备知识技术和关系背景的创业股东占比居多。在有自然人创业股东的公司中，单一知识技术类的创业股东占比最小。分行业看，自然人个人创业股东占比低的行业较少。只有文化传播行业法人股东占比大于自然人股东，其他行业自然人股东占据很大优势。

三是高管团队结构基本稳定。较之2019年，2020年女性总经理占比上升0.87%，女性财务总监下降0.12%，女性董秘下降0.49%。内部兼职比例有所上升，且存在高管兼任三份甚至多份职务的情况。高管更替比例有升有降。2020年，总经理更替比例上升了1.35%，财务总监上升了2.21%，董秘则上升了3.02%。

四是员工数量和结构都有所变化。2020年，创业板上市公司员工平均数量保持增长趋势。同时，本科以上高学历员工占比略有上升，生产人员仍占大多数，且比例有所上升。整体上，创业板上市公司的员工信息披露质量较高，专业结构和学历信息披露情况也较好。但2020年创业板上市公司普遍忽略了员工年龄信息披露。另外，各公司对员工岗位、学历的统计口径也存在较为明显的差异。分行业看，金融业中硕士及以上学历员工占比最高，农、林、牧、渔业中高中及以下学历员工占比最多。

4. 关于资质类无形资产

从招股说明书披露的信息来看，整体上，披露能力类资质的公司数量最多，而公司披露数量最多的是荣誉类资质，反映出不同类型资质的获取门槛与重要程度存在差异。分行业来看，制造业，信息传输、软件和信息技术服务业，以及文化、体育和娱乐业中披露准入类资质信息的上市公司数量最多，同时这三个行业披露的准入类资质数量也是最多的。制造业，信息传输、软件和信息技术服务业，以及科学研究和技术服务业披露能力类和荣誉类资质信息的上市公司数量最多，同时披露的上述两类资质的数量也最多。

从年报披露的信息来看，2016—2020 年的五年间，披露的三类资质总数最多的是 2020 年。其中，2020 年披露准入类和能力类资质的公司数量最多；2016 年披露荣誉类资质的公司数量最多。分行业来看，由于制造业公司数量多于其他行业，因此披露了资质信息的制造业公司数量，以及该行业披露的资质数量均多于其他行业。但从披露相关资质信息的公司占比，以及披露的资质均值来看，不同行业差异明显，各具重点。整体上讲，在 2019 年和 2020 年各个行业和各项资质信息都有一个较大的上升幅度。

5. 关于无形资产投入研究

由于本次蓝皮书更关注无形资产投入的变化趋势，旨在为分析相关变化对无形资产形成所产生的影响，因此主要以创业板上市公司年报信息为数据来源进行分析，研究发现：

一是销售费用率稳中略升。整体看，创业板上市公司平均销售费用率稳中略升，基本稳定在 9%～10% 之间。从行业披露情况看，近 5 年制造业的销售费用率变化呈上升趋势，2017 年以后，制造业平均销售费用率超过整个创业板上市公司平均销售费用率；信息传输、软件和信息技术服务行业在 2017 年以前平均销售费用率持续下降，但 2020 年又有较大回升，且近 5 年平均销售费用率均高于整个创业板上市公司平均水平；科学研究和技术服务行业平均销售费用率持续上升，2019 年的平均销售费用率增长幅度较大，但整体上该行业仍然远低于整个创业板上市公司平均水平。

二是管理费用率持续下降。整体来看，上市公司近五年的平均管理费用率一直呈持续下降趋势。从代表性行业的情况看，制造行业平均管理费用率近 5 年持续下降，且低于创业板市场整体平均水平；信息传输、软件和信息技术服务行业的平均管理费用率近 5 年大幅下降，但仍高于创业板市场整体平均水平；科学研究和技术服务行业的平均管理费用率近 5 年有较大波动，2016 年达最高点，2019 年又大幅下降，但近 5 年均高于创业板整体平均水平。

三是财务费用率呈上升趋势。近5年创业板上市公司平均财务费用率总体上呈上升趋势。近两年财务费用率由负转正并不断上升表明创业板上市公司的闲置资金在减少，企业的融资成本开始提高，企业利润受到影响。从代表性行业情况看，制造业的平均财务费用率呈上升趋势，2019年增长过快后，2020年平均财务费用率大幅下降至1.60%；信息传输、软件和信息技术服务行业的平均财务费用率整体上也是不断上升的，2017年首次实现由负转正，但仍低于创业板上市公司整体平均水平；科学研究和技术服务行业；2017年以前平均财务费用率均超过2%，但近两年降幅较大，大大低于创业板整体平均水平。

四是平均研发支出强度整体在增强。2017年和2018年创业板上市公司平均研发强度有所下降，但在2020年又回升至7.62%，并且创业板上市公司的平均研发投入支出是在不断上升的，反映创业板上市公司研发投入持续增强。在研发支出的资本化方面，将研发投入进行资本化处理的企业数量较少，进行资本化公司平均开发支出2017年增加后又持续下降，平均资本化率呈波动变化趋势，2019年大幅下降至21.86%，但2020年又大幅上涨至40.41%。

五是创业板上市公司获取政府补助的覆盖率稳中有升。整体来看，近5年创业板上市公司获取政府补助的覆盖率稳中有升，补助总额大幅增长，且不同公司所获取的政府补助相对差距日趋增大。从代表性行业情况看，2016—2020年间，制造行业的政府补助均值持续上升，且上升的幅度较大；信息传输、软件和信息技术服务行业的政府补助均值保持上升趋势，但2018年后行业均值从高于科学研究和技术服务行业转向低于该行业均值，反映了该行业政府补助相对强度减弱；科学研究和技术服务行业近3年政府补助均值上升很快，已远高于信息传输、软件和信息技术服务行业，接近制造业的均值水平，表明近几年政府对该行业的支持力度加强。

（二）无形资产典型行业研究

本报告延续了以往蓝皮书（下同）对典型行业的选取，基于招股说明书及2020年年报分别对机械设备仪表行业、软件信息技术服务行业、计算机电子及通信行业、化学橡胶塑料行业、医药制造行业、互联网及相关服务业及文化行业的无形资产规模及结构进行了研究，并在行业研究报告中新增了分区域的对比研究，通过构建行业竞争矩阵筛选出优秀企业进行案例分析。

研究表明，上述七个行业常规无形资产和非常规无形资产的规模和结构在招股说明书和公司年报中均有所变化，且不同类型的无形资产呈现出行业差异化特征，详情可参见各分报告。本次研究基于无形资产规模结构、无形资产持续能力和无形资产竞争能力三个维度，构建竞争矩阵筛选出七家优秀企业进行案例分析，总体来看，持续的研发与人力投入、品牌打造、利益相关方关系的维护，以及不断优化的创新机制和管理效率是上述企业得以在各自领域构建核心竞争优势、确立领先地位的主要原因。

（三）无形资产信息披露指数、质量指数和价值指数

本次蓝皮书基于修订后的证监会30号准则及2020年创业板上市公司年度报告信息，综合考虑各类型无形资产对不同行业重要性的差异化特征，通过构建年度信息披露指数、质量指数和价值指数，对2020年度创业板上市公司的无形资产进行评价。

1. 年度无形资产信息披露指数分析

一是2020年创业板上市公司年度信息披露指数平均得分相比2019年有所降低。统计结果表明，2020年创业板上市公司年度信息披露指数得分均值较低，仅为41.66分，且相比2019年的48.05分明显下降。从频率分布来看，年度信息披露指数得分相对较为集中，呈现出正态分布特征，但横向差异较为明显，最高分与最低分之间的差值保持在36分左右，其中仅有11家公司指数得分达到60分以上。

二是不同类型无形资产信息披露差异明显。技术类及市场类无形资产信息披露得分普遍较低，而人力资源类无形资产信息披露得分相对较高。主要原因在于，第30号准则对人力资源相关要素的披露规则较为严格、明确和详细，从而提高了信息披露质量。

三是从行业无形资产信息披露情况看，2020年仅有机械设备仪表和化学橡胶塑料两个行业的得分均值超过全样本均值，医药制造、软件信息技术服务、计算机通信及电子、文化传播和其他行业共五大类行业的得分均值都在39～41分之间，虽都略低于全样本均值，但相互间差异不大。

2. 年度无形资产质量指数分析

一是创业板上市公司无形资产质量指数得分均值较低，无形资产整体质量不高。2020年创业板上市公司无形资产质量指数得分均值较低，仅为33.38分，相比2019年小幅提升。从频率分布来看，无形资产质量指数得分较为集中，呈现出明显的正态分布特征，横向差异并不明显，其中，超过9成公司的得分在20至40分之间，集中度较高。

二是从一级指标评价维度的差异来看，创业板上市公司的无形资产竞争能力维度得分较高，而账面价值和规模维度得分较低，拉低了整体的得分水平。相较于规模能力，创业板上市公司的无形资产持续能力的描述性指标与质量指数基本保持一致，2020年该维度平均得分也有增加。

三是从行业的无形资产质量来看，文化传播业的质量指数连续多年得分均值、最高分与最低分均超过其他行业，成为无形资产整体质量最高的行业。软件、信息技术服务业的质量指数得分均值、最高分与最低分均排名第二。多数行业存在"高分不高、低分过低"的现象，从而拉低了行业得分均值。

3. 年度无形资产价值评价指数分析

一是创业板上市公司无形资产价值评价指数得分离散度较高。2020年创业板上市公司无形资产价值指数得分均值为88.82分，且分布较为分散，各分数段的样本占比大多都在15%～20%之间，说明样本公司之间的横向差异较为明显，没有明显集中的分数段。

二是行业间无形资产价值指数得分明显分层。2020年，有4个行业的无形资产价值指数得分均值高于全样本均值，其中，计算机通信及电子行业的质量指数得分均值，远超过其他行业，成为无形资产整体价值最高的行业。软件信息技术服务业排名第二，但与第一名的得分差距不大。医药制造和互联网及相关服务这两大行业的得分均值较为接近，但高出全样本均值较多。文化传播行业得分均值仅略低于全样本均值，但化学橡胶塑料、机械设备仪表和其他行业的得分均值都仅在75分左右，行业间差距不大，但都低于全样本均值15分左右，落后较为明显。

三、新增内容

一是2015—2020年创业板公司无形资产指数回顾。截至2020年，恰逢中国创业板成立10周年，值此我国资本市场发展的重要节点，有必要对近年来创业板上市公司无形资产存续状态及信息披露的规律和特征进行总结。因此，基于持续性和稳定性原则，本报告对2015年以来创业板上市公司无形资产系列指数进行了整体性的梳理和回顾，以期发现并总结创业板上市公司无形资产信息披露和存续状态的变化特征。本报告的研究表明：首先，创业板上市公司招股说明书的信息披露质量略优于年度报告，且质量较为稳定，而年度报告的信息披露质量不够稳定，起伏较大；其次，无论是年度报告还是招股说明书，人力资源类无形资产的信息披露质量均远远优于技术类无形资产和市场类无形资产，其中，技术类无形资产信息披露得分长期较低且呈现持续下降趋势，市场类无形资产信息披露得分也相对较低，但近年来呈稳步增长趋势；再者，在构成上市公司无形资产质量的一级指标中，规模能力和持续能力得分偏低，且近年来持续下降，竞争能力则长期保持较高水平，说明创业板上市公司的经营业绩较为稳定，但企业技术创新的后劲不足、对研发投入的重视不够；最后，创业板上市

导 论

公司各行业的信息披露指数、质量指数和价值指数存在一定的规律性特征，行业间的差异较为明显。

二是创业板巨无霸公司专题研究。经过十年的发展，一部分企业通过并购或内生增长发展壮大，成为"巨无霸"；也有一部分本身规模巨大的企业，在特定历史时期选择了创业板上市。本研究表明，随着多层次资本市场的不断完善，"巨无霸"在创业板上市可能并非资源配置上的最优解，非"巨无霸"企业反而通过在创业板融资积累了更多的无形资产。在警惕资金空转的新要求下，已融资的巨无霸公司需要提升资金使用效率，加大投入，将部分有形资产转化为有效无形资产，通过内部研发、并购、参股产业链公司、股权激励等方式综合提升其技术类、市场类、人力资本类和资质类无形资产的质量与数量，从而提升企业的竞争力，成为创业板无形资产创造的支柱力量。

四、研究团队

本报告是中南财经政法大学企业价值研究中心师生团队合作研究的成果。中南财经政法大学企业价值研究中心主任汪海粟教授担任编委会主任，编委会成员来自中南财经政法大学、复旦大学、厦门大学、中国人民大学、首都经济贸易大学等高校，以及国内知名的资产评估机构、金融机构和上市公司高管。中南财经政法大学工商管理学院副院长文豪教授担任本报告研究和编写的总顾问，对数据收集和报告撰写提供总体指导。湖北大学商学院博士后吴祺老师负责制定研究方案、研究思路和整体报告的最终审核，陈昊、傅翀负责数据的收集、分析和报告初稿撰写的协调。

在各个具体报告的撰写上，吴祺负责撰写导论、报告一、报告七、报告十五和报告十六；蒋心怡和刘小艺共同撰写报告二；王靖雯撰写报告三；王心雨撰写报告四；秦可缘撰写报告五；温永兴撰写报告六；郗诺撰写报告八；武经纬撰写报告九；王鉴撰写报告十；陈昊撰写报告十一、报告十二；单梦晗撰写报告十三、十四；傅翀撰写报告十七。

需要特别感谢的是中南财经政法大学2020级、2021级资产评估专业全体硕士研究生对本报告数据收集和整理做出的努力，感谢刘熭、张翔宇、周苏晴、程欣怡、程文正、彭白含、贺凯然、谢金超、李诗语、纪金涵、刘中利等同学做了大量数据收集和整理的工作。最后特别感谢上海立信资产评估有限公司对本研究报告出版的支持。

报告一：2020年创业板发展回顾

一、2020年创业板市场整体概况

2020年，创业板市场总体呈现快速增长势头。截至2020年12月31日，创业板上市公司总计892家，总市值突破10万亿元，达到10.93万亿元，比2019年大幅增长78%，平均市盈率达到64.91倍，比2019年增长38%，详见表1-1所示。

本报告根据创业板上市公司年报披露信息，从市场规模及结构、市场行情和企业经营情况三个维度总结创业板市场2020年的发展概况，从整体上把握创业板2020年的发展趋势。

表1-1 2020年创业板市场概况

指标名称	数值	比上年 ±	增减（%）
上市公司数	892	101	12.77
总股本（亿股）	4510.43	413.32	10.09
流通股本（亿股）	3482.30	420.43	13.73
总市值（亿元）	109338.54	47990.92	78.23
流通市值（亿元）	69630.42	29398.68	73.07
创业板指数	2966.26	1168.14	64.96
加权平均股价（元/股）	24.24	9.27	61.93
平均市盈率	64.94	17.90	38.08

指标名称	数值	同比 ±	增减（%）
本年累计成交金额（亿元）	466722.99	235118.80	101.52
本年累计股票筹资额（亿元）	1768.96	852.36	92.99
其中：IPO公司数（家）	107	55	105.77
IPO筹资额（亿元）	892.95	591.74	196.45
本年累计交易印花税（亿元）	466.72	235.12	101.52

资料来源：深圳证券交易所《2020年深圳证券市场概况》。

注：为了和深圳交易所披露的年度信息保持一致，若无特别说明，本书中2020年数据均为截至2020年12月31日数据。

二、创业板市场规模及结构

(一) 上市公司数量

截至 2020 年 12 月 31 日，创业板上市公司数量达到 892 家，比 2019 年年底增加了 101 家，增幅为 14.4%，见图 1-1。创业板新增上市公司增幅相比 2019 年明显提升，说明创业板市场容量有所提高，上市速度有所加快。

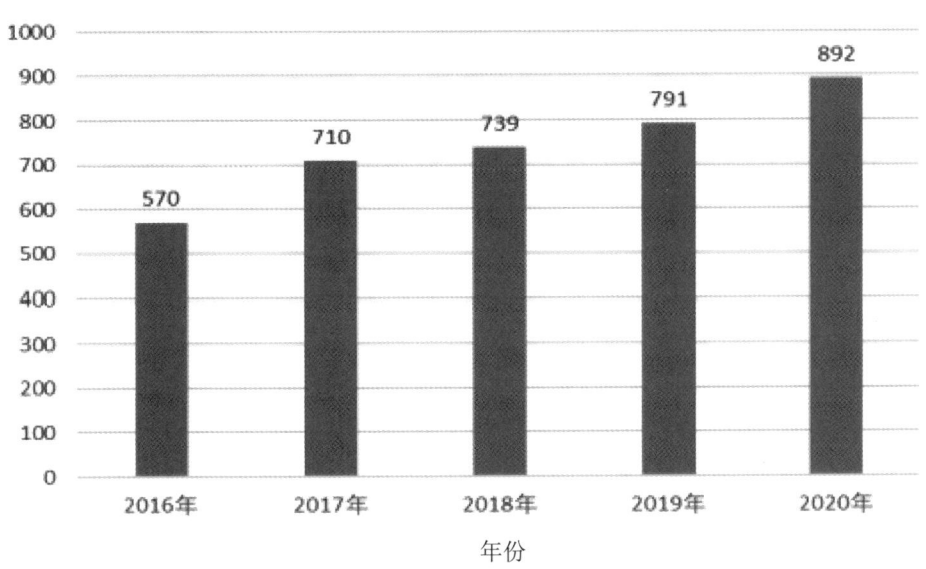

图 1-1 2016—2020 年创业板上市公司数量变化

资料来源：深圳证券交易所《深圳证券交易所市场统计年鉴 2020》。

(二) 上市公司行业分布

根据证监会《上市公司行业分类指引》（2012 年修订），统计 2020 年创业板上市公司所属行业的分布情况，见表 1-2 所示。

从一级行业来看，2020 年上市公司数量排名前三的行业分别为制造业（619 家）、信息技术业（148 家）和科研服务业（25 家），见表 1-2 所示，上述三大行业的企业数量占比之和高达 88.7%。建筑业等 11 个一级行业企业数量在 10 家以下。总体来看，创业板上市公司的行业分布较为集中，主要集中于制造业和信息技术业企业。

表1-2　2020年创业板上市公司行业分布　（单位：家）

证监会一级行业	2020年12月31日
制造业	619
信息技术	148
科研服务	25
公共环保	22
文化传播	15
商务服务	14
建筑业	9
批发和零售业	9
农林牧渔	8
采矿业	5
金融业	5
卫生	4
运输仓储	3
水电煤气	3
房地产	1
居民服务	1
教育	1
总计	892

数据来源：深圳证券交易所，http://www.szse.cn/。

（三）上市公司区域分布

2020年创业板上市公司所属省份分布如表1-3所示。创业板上市公司数量排名前五位均为东部省份，分别是广东省、北京市、江苏省、浙江省、上海市。相对而言，广西省、贵州省、甘肃省和内蒙古自治区创业板上市公司数量相对较少，地区间的差距有进一步扩大的趋势。

表 1-3 2020 年创业板上市公司所属省份分布 （单位：家）

区域	省份	2020年	区域	省份	2020年	区域	省份	2020年
东部	广东	204	中部	湖北	24	西部	四川	32
东部	北京	110	中部	湖南	27	西部	陕西	12
东部	江苏	118	中部	河南	19	西部	重庆	5
东部	浙江	107	中部	安徽	22	西部	内蒙古	3
东部	上海	52	中部	江西	14	西部	新疆	6
东部	山东	40	中部	山西	4	西部	甘肃	3
东部	福建	31				西部	贵州	2
东部	辽宁	12				西部	云南	4
东部	天津	11				西部	广西	1
东部	河北	14				西部	西藏	4
东部	海南	3						
东部	黑龙江	3						
东部	吉林	5						
	合计	710		合计	110		合计	72

数据来源：深圳证券交易所，http://www.szse.cn/。

（四）保荐机构分布

保荐机构对企业 IPO 的成败具有重大影响，并承担相应的法律责任。同时，创业板上市公司的首发保荐人往往也是其股票的主承销商。

截至12月31日，2020年共有213家创业板企业上会，其中通过210家、未通过2家、暂缓表决1家。创业板上会通过率为98.59%。在当年创业板市场IPO上市的107家企业中，共有36家券商投行担任了上市企业的IPO保荐机构。其中表现最突出是，中信建投证券，有8家项目上市；并列排在第二的是，光大证券、国金证券、中金公司，各有7家项目上市，具体如表1-4所示。

表 1-4 2020 年首发保荐业务 5 家以上的保荐机构

排名	2020 年	
	机构名称	保荐业务数量
1	中信建投	8
2	光大证券	7
2	国金证券	7
2	中金公司	7
5	东兴证券	6
5	海通证券	6
5	民生证券	6
8	国信证券	5
8	华泰联合证券	5

数据来源：巨灵金融服务平台，http://terminal.chinaef.com/。

三、创业板市场主要指标与经营业绩变化

（一）市值变化

截至 2020 年底，创业板上市公司总市值首次突破 10 万亿元，相比 2019 年末的 6.13 万亿元增长 78%，市值明显提升，这与 2020 年证券市场整体行情较好紧密相关。从平均市值来看，2020 年创业板上市公司平均市值为 123.3 亿元，相比 2019 年末的 77.56 亿元增长 58%，增速较大。创业板市场总市值的月度变化情况及行业分布情况分别如图 1-2 和图 1-3 所示。

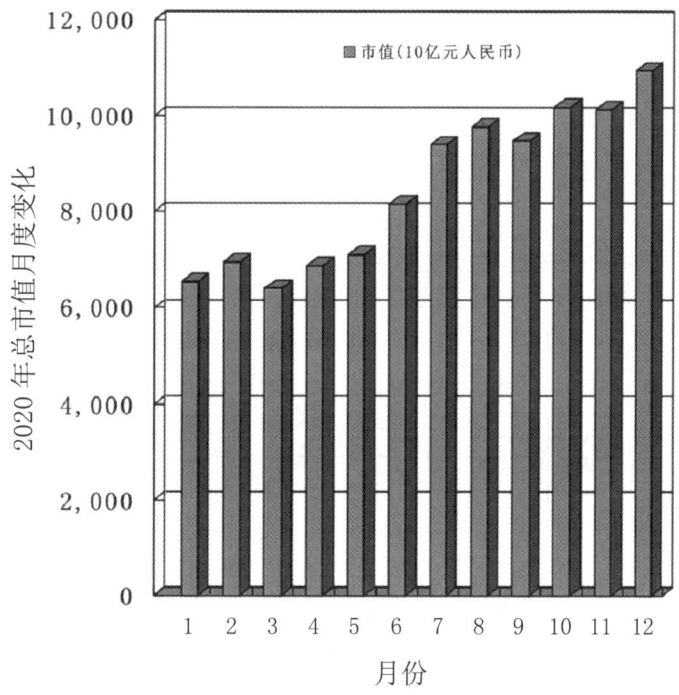

图 1-2 创业板上市公司 2020 年总市值的月度变化

数据来源：深圳证券交易所，http://www.szse.cn/。

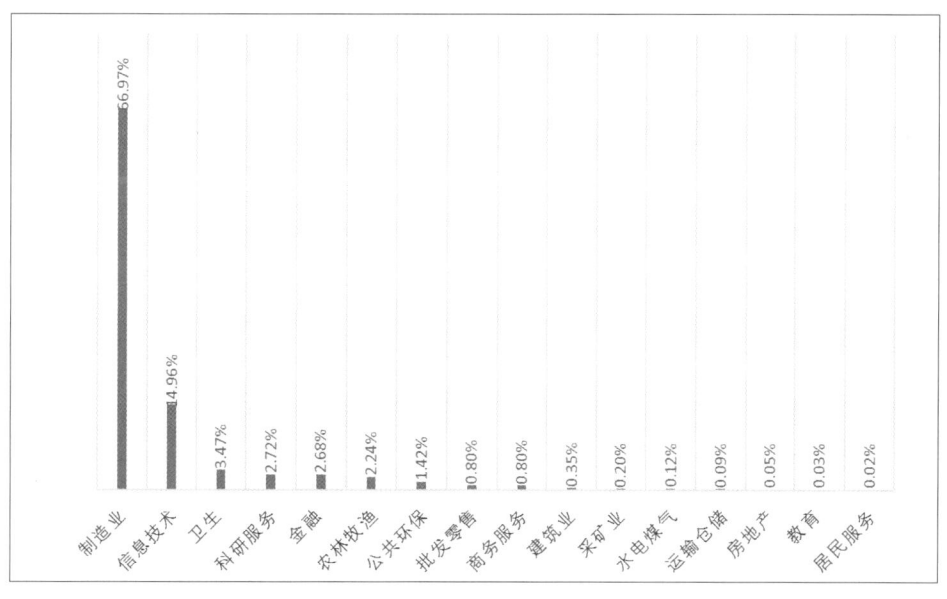

图 1-3 创业板上市公司 2020 年总市值的行业分布

数据来源：深圳证券交易所。

（二）平均市盈率

市盈率是公司的股价与每股盈利的比值，它是最常用来评估股价水平是否合理的指标之一。2020年年底，创业板上市公司平均市盈率为64.91倍，相较2019年末的47.01倍明显上升，达到近4年来的最高点，仅次于2016年的73.21倍。2020年创业板上市公司平均市盈率的月度变化情况如图1-4所示。

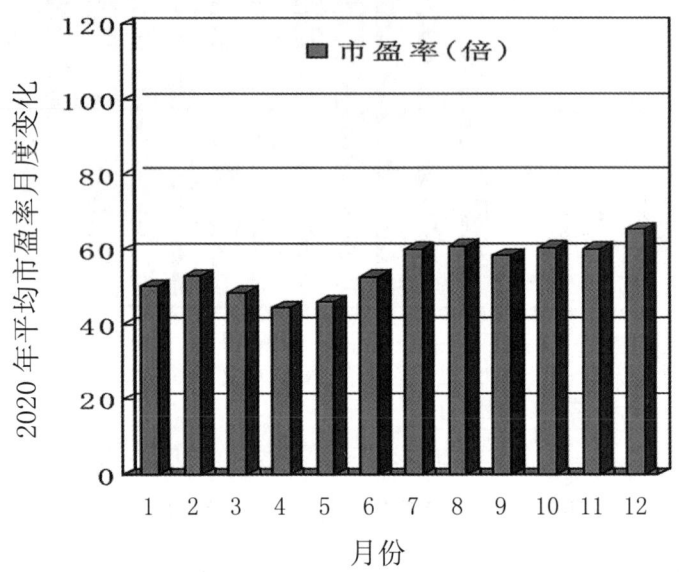

图1-4 创业板上市公司2020年平均市盈率的月度变化

数据来源：深圳证券交易所，http://www.szse.cn/。

（三）经营业绩

经统计，2020年，892家创业板上市公司平均实现营业收入21.85亿元，同比增长9.7%，平均实现净利润1.24亿元，同比增长85.00%，净利润增速达近年来最高水平。与此同时，创业板改革并试点注册制为板块公司带来新活力：已披露年报的公司中，八成实现盈利，六成实现增长，新经济标杆企业表现亮眼，注册制下新公司业绩增速强劲。

具体来看，2020年度创业板上市公司经营业绩呈现三大特点：

第一，公司业绩再上新台阶，发展动能强劲释放。分季度来看，受疫情影响，第一季度净利润同比下滑10.52%，但第二季度、第三季度、第四季度实现快速反弹，同比分别增长56.47%、30.69%、39.99%。此外，892家创业板公司中，760家实现盈利，占比 85.2%；536 家公司实现净利润增长，占比 60%。其中，242 家公司净利润增幅达 50% 以上，141 家公司净利润翻番。

第二，头部公司继续领跑，高质量发展群体显现。2020 年，市值排名位列创业板前 100 名的头部公司实现平均营业收入、平均净利润分别为 86.56 亿元、11.36 亿元，分别同比增长 20.53% 和 41.69%。温氏股份、英科医疗、迈瑞医疗净利润位列创业板前三名，分别为 74.26 亿元、70.07 亿元、66.58 亿元。

第三，新公司业绩增长强劲，资本市场改革成效显著。118 家创业板注册制下新上市公司平均实现营业收入 28.51 亿元，净利润 2.49 亿元，营收及净利润规模均高于板块平均水平。新上市公司中，76 家净利润同比增长，占比 64.41%。

同时，退市机制常态化，优胜劣汰不手软。2020 年，创业板两次实施退市制度改革，打造与注册制相匹配的退市机制，畅通市场出口，促进优胜劣汰。据统计，2020 年全年，创业板共有 6 家上市公司退市。退市新规效果初显，"有进有出、优胜劣汰"的市场化、常态化退市机制逐步建立。

四、创业板市场行情变化

创业板指数反映了创业板市场行情的变化。Wind 数据显示，A 股三大指数——上证指数、深证成指、创业板指 2020 年分别上涨 13.87%、38.73% 和 64.96%，三者的涨幅差距相对较大，创业板指表现尤为亮眼，遥遥领先。2020 年创业板指数的变化情况如图 1-5 所示，从图中可知，创业板指数在 2020 年表现良好，上半年涨幅较大，下半年则处于稳定波动状态。值得注意的是，具体来看，创业板中只有 18% 的股票在 2020 年跑赢了指数。创业板股票 2020 年涨跌幅的中位数是 8%，即有一半的股票涨跌幅超过了 8%，剩余的一半股票涨跌幅则低于 8%。此外，其中股价下跌的股票数量有 300 只，占所有非 2020 年上市的企业数量的比例是 38%，即在指数大涨 64% 的情况下，有 38% 的股票股价是下跌的，上述数据表明创业板上市公司的股价变化存在分化特征，个股差异较为明显。

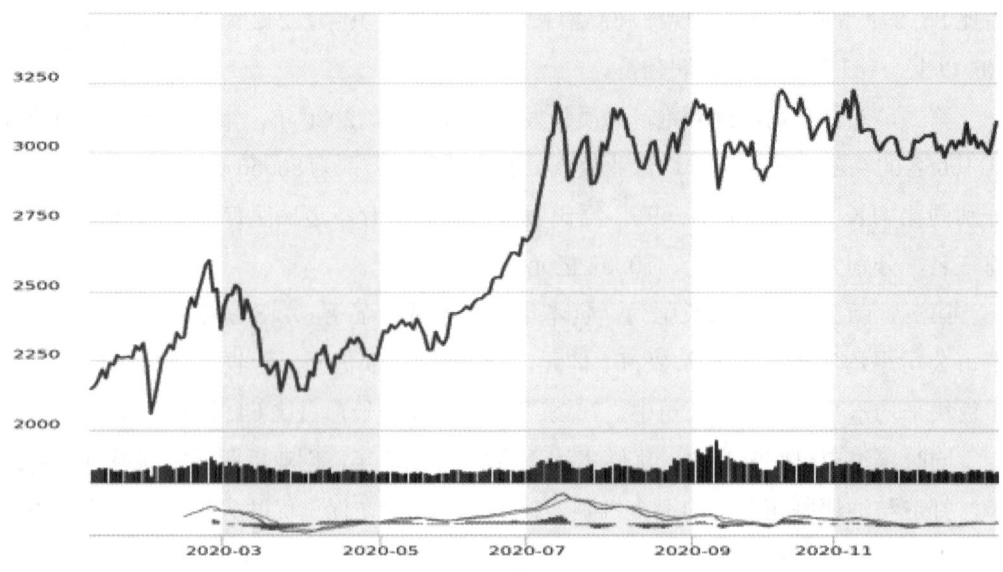

图 1-5 2020 年创业板指数走势

数据来源：深圳证券交易所，http://www.szse.cn/。

五、新增创业板市场规则

2020年6月12日，深交所发布创业板改革并试点注册制相关业务规则及配套安排，共计8项主要业务规则及18项配套细则、指引和通知，涉及首发审核类、再融资和并购重组审核类、持续监管类、发行承销类、交易类等五个方面（见表1-5）。此次政策大范围系统性调整的主要内容包括：设置行业负面清单；修改完善审核时限要求；明确日涨跌幅限制将改为20%；同步放宽相关基金涨跌幅至20%；完善红筹企业上市及退市条件等。重点内容具体包括：

①精简优化发行条件，区分向不特定对象发行和向特定对象发行，差异化设置各类证券品种的再融资条件；

②深交所审核期限为二个月，证监会注册期限为十五个工作日；

③针对"小额快速"融资设置简易程序；

④适当延长未盈利企业控股股东、实际控制人、董监高的持股锁定期；

⑤完善重大资产重组制度；

⑥丰富监管措施类型，提高违法违规成本。

表 1-5 创业板改革并试点注册制深交所相关业务规则及配套安排

一、首发审核类（9项）	1. 创业板股票发行上市审核规则 2. 创业板上市委员会管理办法 3. 行业咨询专家库工作规则 4. 创业板企业发行上市申报及推荐暂行规定 5. 创业板创新试点红筹企业财务报告信息披露指引 6. 创业板上市保荐书内容与格式指引 7. 创业板发行上市申请文件受理指引 8. 关于创业板试点注册制相关审核工作衔接安排的通知 9. 创业板股票首次公开发行上市审核问答
二、再融资、并购重组审核类（3项）	10. 创业板上市公司证券发行上市审核规则 11. 创业板上市公司重大资产重组审核规则 12. 创业板上市公司证券发行上市审核问答
三、持续监管类（5项）	13. 创业板股票上市规则（2020年修订） 14. 创业板上市公司规范运作指引（2020年修订） 15. 上市公司股东大会网络投票实施细则（2020年修订） 16. 香港中央结算有限公司参与深股通上市公司网络投票实施指引（2020年修订） 17. 关于发布创业板上市公司董事（监事、高级管理人员、控股股东、实际控制人）声明及承诺书的通知
四、发行承销类（4项）	18. 创业板首次公开发行证券发行与承销业务实施细则 19. 创业板上市公司证券发行与承销业务实施细则 20. 深圳市场首次公开发行股票网下发行实施细则（2020年修订） 21. 关于发布创业板证券上市公告书内容与格式指引的通知
五、交易类（5项）	22. 创业板交易特别规定 23. 创业板股票异常交易实时监控细则（试行） 24. 创业板转融通证券出借和转融券业务特别规定 25. 关于创业板股票涉及股票质押回购及约定购回交易有关事项的通知 26. 关于创业板股票及存托凭证证券简称及标识的通知

报告二：2020年创业板上市公司无形资产账面价值分析

——基于创业板上市公司财务报表和报表附注

本报告以截至2020年12月31日前上市的创业板上市公司招股说明书，以及在2021年4月30日前已披露的年报为数据来源，对创业板上市公司无形资产账面价值信息进行整体评价。

一、基于招股说明书的创业板上市公司无形资产账面价值分析

2020年5月18日至2020年末的报告期内新增创业板上市公司88家，本报告将针对上述报告期内新增创业板上市公司无形资产账面价值的变化趋势及构成展开分析。

（一）新增公司无形资产账面价值的变化趋势

为考察创业板上市公司无形资产账面价值的整体变化趋势，本报告共统计了上述报告期内新增创业板上市公司招股说明书的无形资产账面价值信息。新上市企业的无形资产账面价值均值在2020年达到3444.32万元，相比2019年新上市公司均值下降约25%，见表2-1。剔除商誉后，报告期内创业板新增上市公司无形资产的账面价值为3412.38万元，相比2019年下降24%，具体见表2-2。

表2-1 2016—2020年新增公司无形资产账面价值（含商誉）

年份	无形资产账面价值			
	总额	新上市家数	均值	均值增长率（%）
2016	350306.83	130	2694.67	/
2017	310198.82	88	3524.99	130.81
2018	528616.5	33	16018.68	454.43
2019	237573.4	52	4568.72	-71.48
2020	368542.7	88	3444.32	-24.61

数据来源：2018年和2019年统计期创业板新增上市公司招股说明书。

注：数据来源改为：2020年统计期创业板新增上市公司招股说明书（原文为2018-2019年）。

表 2-2　2016—2020 年新增公司无形资产账面价值（不含商誉）

年份	无形资产账面价值			
	总额	新上市家数	均值	均值增长率 /%
2016	335613.04	130	2581.64	/
2017	179549.80	88	2040.34	-20.97
2018	517380.80	33	15678.21	549.55
2019	233711.00	52	4494.44	-71.33
2020	365124.32	88	3412.38	-24.08

数据来源：2018 年和 2019 年统计期创业板新增上市公司招股说明书。

（二）新增公司无形资产账面价值的构成分析

本报告延用以前年度《创业板上市公司无形资产蓝皮书》的做法，将无形资产分为"边缘无形资产""经典无形资产""其他无形资产"和"商誉"四个大类。边缘无形资产是指具有无形资产的某些特征，但不能与一般意义上的无形资产一同确认和计量的那部分无形资产，包括土地使用权和特许权[①]。经典无形资产是指现行会计核算体系中表现形态主要是知识产权的那部分无形资产，包括专利权及专有技术、著作权、商标权、软件技术投资、许可权等。其他无形资产是指除了边缘无形资产、经典无形资产和商誉之外的无形资产[②]。按照上述分类方式对 2020 年报告期内新增创业板上市公司招股说明书中的无形资产明细科目的账面价值进行统计分析，结果见表 2-3 所示。

2020 年新上市创业板公司无形资产账面价值的整体结构较之 2019 年上市的公司有如下变化：一是土地使用权的账面均值和占比显著下降，边缘无形资产账面总额的占比从 2019 年的 72.81% 下降至 2020 年的 60.75%；二是商誉的占比有所提高，从 2019 年的 15.28% 上升至 2020 年的 22.83%；三是专利、商标和许可权无形资产占比有所上升，但软件及著作权占比有所下降。

---

① 特许权，也称特许经营权，是指由权力当局（政府）授予个人或法人实体的一项特权。

② 其他无形资产，是指人力资本、客户名单、客户关系等无形资产。

表 2-3   2019 年与 2020 年新增公司无形资产账面价值

类型名称	2020 年 总额	2020 年 均值	2020 年 占比	2019 年 总额	2019 年 均值	2019 年 占比
土地使用权	223889.69	2092.43	60.75%	172965.64	3326.26	72.81%
特许权	0	0	0	0	0	0
小计：边缘无形资产	223889.69	2092.43	60.75%	172965.64	3326.26	72.81%
专利权及专有技术	18869.39	176.35	5.12%	2701.17	51.95	1.14%
软件及著作权	27124.74	253.50	7.36%	21448.01	412.46	9.03%
商标权	2873.93	26.86	0.78%	290.84	5.59	0.12%
许可权	4569.93	42.71	1.24%	0	0	0.00%
小计：经典无形资产	53438.69	499.42	14.50%	24440.02	470.00	10.29%
商誉	84138.30	786.34	22.83%	36305.34	698.18	15.28%
其他无形资产	7076.02	66.13	1.92%	3862.40	74.28	1.63%
无形资产账面价值	368542.7	3444.32	100%	237573.40	4568.72	100%

数据来源：2020 年统计期创业板新增上市公司招股说明书。

二、基于年度报告的创业板上市公司无形资产账面价值变化

（一）无形资产账面价值的变化趋势

为考察创业板上市公司无形资产账面价值的整体变化趋势，本报告共统计了 2020 年报告期内创业板上市公司年度报告中的无形资产账面价值信息[①]，共计 892 家公司，并与之前年份进行对比，如表 2-4 所示。

统计表明，创业板上市公司 2020 年年报披露的无形资产账面价值总额（含商誉）达到 3800 亿元，每家公司无形资产账面价值均值约为 4.3 亿元，占总资产比例为 11.89%，均值和占比相比 2019 年均小幅下降。

---

① 这里的无形资产账面价值信息是企业年度报告合并资产负债表中披露的无形资产账面价值和商誉账面价值之和。

表 2-4　2016—2020 年创业板公司无形资产账面价值及占比（含商誉）

（单位：万元）

年份	无形资产账面价值 总额	无形资产账面价值 均值	资产总额	无形资产占总资产比例 /%
2016	25607338	43402.27	164563454.4	15.56
2017	35348107.77	49231.35	222200545.5	15.91
2018	35744452.95	48043.62	257642263.8	13.87
2019	36111369.28	45309.12	288700122.2	12.51
2020	38636683.82	43314.67	324951083.4	11.89

数据来源：2016—2020 年创业板上市公司年度报告。

注：表中"均值"为无形资产账面价值 / 当年披露年报上市公司数量，"无形资产占总资产比例"为无形资产账面价值 / 资产总额。

由于近年来创业板市场并购活动频繁，企业并购商誉增长较快。为了消除并购活动形成的商誉对无形资产的影响，本报告将剔除商誉后无形资产的账面价值进行了统计，结果见表 2-5。不考虑商誉的账面价值，近 5 年来创业板上市公司报告的无形资产均值逐年上升，从 2016 年的 13067.5 万元 / 家上升到 2020 年的 20929.9 万元 / 家。商誉也对无形资产在总资产中的占比产生了影响，剔除商誉后无形资产占总资产比例从 2016 年开始呈持续上升趋势。与此同时，对比表 2-4 可知，包括商誉在内的无形资产总账面价值占比近年来有所下降，说明商誉账面价值占比近年来下降较为明显。

表 2-5　2016—2020 年创业板公司无形资产账面价值及占比（不含商誉）

（单位：万元）

年份	无形资产账面价值 总额	无形资产账面价值 均值	资产总额	无形资产占总资产比例 /%
2016	7709817.34	13067.49	164563454.4	4.69
2017	10755627.07	14979.98	222200545.5	4.84
2018	13564172.95	18231.42	257642263.8	5.26
2019	16400326.61	20577.57	268989079.5	6.10
2020	18669440.88	20929.87	276584309.3	6.75

数据来源：2016—2020 年创业板上市公司年度报告。表中均值和占比计算方式同表 2-4。

（二）无形资产账面价值的构成分析

2020年创业板上市公司无形资产各明细科目的账面价值见表2-6。2020年年度报告所披露的无形资产账面价值的构成中，边缘无形资产和商誉占比较高，而经典无形资产占比较低。其中，商誉占比进一步上升，边缘无形资产占比小幅下降；经典无形资产无论是均值还是占比均小幅上升，但相比商誉和边缘无形资产仍相对较低。

表2-6　2020年创业板公司无形资产账面价值（含土地使用权）

（单位：万元）

类型名称	2020年 总额	2020年 均值	2020年 占比	2019年 总额	2019年 均值	2019年 占比
土地使用权	6,251,415.44	7008.31	16.18%	6192036.46	7769.18	17.15%
特许权	4,497,310.00	5059.12	11.64%	4670501.82	5860.10	12.93%
小计：边缘无形资产	10,748,725.44	12050.14	27.82%	10862538.28	13629.28	30.08%
专利权及专有技术	1,866,151.83	2092.10	4.83%	1739971.19	2183.15	4.82%
软件及著作权	1,217,055.54	1364.41	3.15%	1001904.71	1257.09	2.77%
商标权	216365.43	242.56	0.56%	116518.81	146.20	0.32%
许可权	0	0	0	0	0	0
小计：经典无形资产	3,299,572.8	3699.07	8.54%	2858394.70	3586.44	7.92%
商誉	22,532,914.00	25261.11	58.32%	19711042.66	24731.55	54.58%
其他无形资产	2,055,471.58	2304.35	5.32%	2679393.632	3361.85	7.42%
无形资产账面价值总额	38636683.82	43314.67	100.00%	36111369.28	45309.12	100.00%

数据来源：创业板上市公司2020年年度报告。表中均值为总额/当年披露年报上市公司数；占比为该类无形资产账面总额/无形资产账面价值总额。

边缘无形资产和商誉通常都是外购形成，以市场价值入账，而经典无形资产通常部分自创无形资产的资本化，或仅以申请、注册登记等程序支出等入账，无法反映其市场价值。为排除土地使用权账面价值的干扰，本报告将剔除此项后的创业板上市公司无形资产账面价值进行统计，结果如表2-7所示。

表2-7 2020年创业板公司无形资产账面价值（不含土地使用权）

（单位：万元）

类型名称	2020年 总额	2020年 均值	2020年 占比	2019年 总额	2019年 均值	2019年 占比
特许权	4,399,187.12	4,931.82	14.02%	4,670,501.82	5,860.10	15.61%
专利权及专有技术	1,810,507.11	2,029.72	5.77%	1,739,971.19	2,183.15	5.82%
软件及著作权	1,129,605.82	1,266.37	3.60%	1,001,904.71	1,257.09	3.35%
商标权	207,094.40	232.17	0.66%	116,518.81	146.20	0.39%
许可权	0	0	0	0	0	0
商誉	21,817,081.36	24,458.61	69.53%	19,711,042.66	24,731.55	65.88%
其他无形资产	2,014,463.73	2,258.37	6.42%	2,679,393.63	3,361.85	8.96%
无形资产账面价值总额	31,377,939.54	35,177.06	100.00%	29,919,332.81	37,539.94	100.00%

数据来源：创业板上市公司2020年年报。表中"均值"和"占比"计算方式同表2-6。

（三）无形资产账面价值的行业比较

本报告基于证监会二级行业分类标准（2012版）对统计期披露了2020年年报的公司进行了行业分类比较分析。各行业无形资产账面价值的基本情况如表2-8所示。2020年，无形资产账面价值均值位居前三的行业依次是水利、环境和公共设施管理业、卫生和社会工作业及水电煤气行业。与此同时，制造业和信息技术业企业数量明显多于其他行业，但其无形资产账面价值均值却相对较低。

表 2-8　2020 年创业板公司分行业无形资产账面价值（含土地使用权）

（单位：万元）

行业	公司数量（家）	2020 年 无形资产账面价值 总额（万元）	均值（万元）
水利、环境和公共设施管理业	22	6,059,428.32	275,428.56
卫生和社会工作	4	828,865.36	207,216.34
电力、热力、燃气及水生产和供应业	3	331,846.74	110,615.58
采矿业	5	542,140.65	108,428.13
文化、体育和娱乐业	15	1,484,424.75	98,961.65
金融业	5	382,553.4	76,510.68
教育	1	109,854.33	109,854.33
租赁和商务服务业	14	1,052,820.3	75,201.45
批发和零售贸易	9	471,256.56	52,361.84
信息传输、软件和信息技术服务业	148	8,048,025.40	54,378.55
科学研究和技术服务业	25	851,380.50	34,055.22
农林牧渔业	8	295,427.52	36,928.44
制造业	619	17,938,062.90	28,979.10
交通运输、仓储和邮政业	3	48,272.44	16,090.81
建筑业	9	103,713.48	11,523.72
居民服务、修理和其他服务业	1	4,021.8	4,021.8
房地产	1	84,589.37	84,589.37
合计	892	38,636,683.82	43,314.67

数据来源：创业板上市公司 2020 年年度报告。表中"均值"为行业无形资产账面价值总额 / 该行业公司数量。

为了排除土地使用权对其他类别无形资产账面价值的干扰，本报告在剔除土地使用权后对各行业的无形资产均值进行再次排序，其结果如表 2-9 所示。从无形资产账面价值中剔除土地使用权后，前三名的行业并未发生变化。与此同时，从绝对金额来看，均值下降最多的是金融业、水利、环境和公共设施管理业、农林牧渔业，表明这些行业土地使用权账面价值占比较高。

表 2-9　2020 年创业板分行业无形资产账面价值（不含土地使用权）

（单位：万元）

行业	公司数量（家）	2020 年 无形资产账面价值 总额（万元）	均值（万元）
水利、环境和公共设施管理业	22	5,557,623.50	252,619.25
卫生和社会工作	4	800,140.48	200,035.12
采矿业	5	342,648.70	68,529.74
电力、热力、燃气及水生产和供应业	3	325,492.59	108,497.53
文化、体育和娱乐业	15	1,245,238.20	83,015.88
教育	1	82,682.55	82,682.55
金融业	5	295,638.60	59,127.72
租赁和商务服务业	14	852,940.62	60,924.33
批发和零售贸易	9	594,594.81	44,066.09
信息传输、软件和信息技术服务业	148	7,652,384.40	51,705.30
科学研究和技术服务业	25	701,259.75	28,050.39
制造业	619	14,965,309.21	24,176.59
建筑业	9	98,425.35	10,936.15
交通运输、仓储和邮政业	3	30,248.94	10,082.98
农林牧渔业	8	243,085.36	30,385.67
居民服务、修理和其他服务业	1	4,021.8	4,021.8
房地产	1	58,374.15	58,374.15
合计	892	33,850,109.01	37,948.55

数据来源：创业板上市公司 2020 年年度报告。表中"均值"计算方法同表 2-8。

为了考察商誉的影响，在剔除商誉账面价值后，无形资产账面价值均值下降最多的行业依次是卫生和社会工作业、金融业和教育业，见表 2-10。

表 2-10　2020 年创业板分行业无形资产账面价值（不含商誉）

（单位：万元）

行业	2020 年 公司数量/家	无形资产账面价值 总额/万元	无形资产账面价值 均值/万元
水利、环境和公共设施管理业	22	5,386,248.56	244,829.48
文化、体育和娱乐业	15	956,286.75	63,752.45
采矿业	5	235,486.60	47,097.32
电力、热力、燃气及水生产和供应业	3	163,764.36	54,588.12
农林牧渔业	8	129,543.68	16,192.96
卫生和社会工作	4	889,242.60	222,310.65
交通运输、仓储和邮政业	3	42,659.94	14,219.98
信息传输、软件和信息技术服务业	148	2,265,884.44	15,310.03
租赁和商务服务业	14	202,486.76	14,463.34
制造业	619	10,652,649.55	17,209.45
科学研究和技术服务业	25	276,590.00	11,063.60
建筑业	9	67,549.50	7,505.50
教育	1	8,692.43	8,692.43
批发和零售贸易	9	59,935.05	6,659.45
金融业	5	19,548.70	3,909.74
居民服务、修理和其他服务业	1	2022.53	2022.53
房地产	1	42,858.24	42,858.24
合计	892	21,401,449.69	23,992.66

数据来源：创业板上市公司 2020 年年度报告。表中"均值"计算方法同表 2-8。

三、研究结论

第一，基于招股说明书，2020 年新上市创业板公司无形资产账面价值的整体结构较之 2019 年上市的公司有如下变化：一是土地使用权的账面均值和占比显著下降，边缘无形资产账面总额的占比从 2019 年的 72.81% 下降至 2020 年的 60.75%；二是商誉的占比有所提高，从 2019 年的 15.28% 上升至 2020 年的 22.83%；三是专利、商标和许可权无形资产占比有所上升，但软件及著作权占比有所下降。

第二，基于年度报告，创业板上市公司 2020 年年报披露的无形资产账面价值总额（含商誉）达到 3800 亿元，每家公司无形资产账面价值均值约为 4.3 亿元，占总资产比例为 11.89%，均值和占比相比 2019 年均小幅下降。其中，商誉占比进一步上升，边缘无形资产占比小幅下降；经典无形资产无论是均值还是占比均小幅上升，但相比商誉和边缘无形资产仍相对较低。

第三，土地使用权依然是影响行业无形资产排名的重要因素。在很多行业中，土地使用权构成了无形资产的绝大部分内容，其他无形资产的占比普遍偏低。例如，剔除土地使用权之后，农、林、牧、渔业无形资产的均值大幅下降。原因在于农林牧渔业的公司的无形资产中土地使用权占比较高，因此将该项剔除后行业排名下降较多。

报告三：创业板上市公司技术类无形资产研究

专利、非专利技术、技术标准和软件著作权均是与技术高度相关的无形资产，与企业竞争力之间存在一定关系。因此，本报告在《蓝皮书（2018—2020）》的基础上，对截至 2020 年 12 月 31 日前上市的 892 家创业板公司的专利、非专利技术、技术标准和软件著作权等四种技术类无形资产的统计数据进行分析，从而持续观测创业板上市公司技术类无形资产的发展情况。

一、概念界定

技术类无形资产是指与技术密切关联的，不具有实物形态，为特定主体拥有或控制并且能够为其带来收益的资产或资源。其基本内容应包括所有与技术密切关联的无形资产，包括常规技术类无形资产及非常规技术类无形资产。其中，常规技术类无形资产包括专利、非专利技术和软件著作权；非常规技术类无形资产主要是指技术标准。

（一）专利技术

专利源于英文"Patent"，为"公开"的意思。专利是以知识产权形态存在的发明创造。根据财政部 2006 年颁布的《企业会计准则第 6 号——无形资产》定义，无形资产主要包括专利权、非专利技术、商标权、著作权、特许权和土地使用权，因此可以确认专利是无形资产的一种。根据我国《专利法》，专利分为发明专利、实用新型专利和外观设计专利三种，其保护期限自申请日起分别为 20 年、10 年和 10 年。专利具有专有性、地区性和时间性特征。

（二）非专利技术

对非专利技术内涵和边界的界定仍然面临诸多争议，原因在于诸多类似概念广泛存在于技术领域，容易产生混淆。为厘清非专利技术与其他相关概念的差别和联系，本报告作出如下梳理与界定（见图 3-1）：

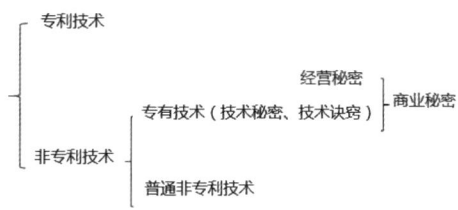

图 3-1 非专利技术相关概念关系图

本报告认为,非专利技术与专有技术是存在差异的。根据我国《技术引进合同管理条例》及其《实施细则》的规定,专有技术(Know-how)是指未予以公开的、未取得工业产权法律保护的制造某种产品或者应用某项工艺以及产品设计、工艺流程、配方、质量控制和管理等方面的技术知识。由此可见,专有技术只是非专利技术成果的一种,非专利技术包含已公开的非专利技术和未公开的非专利技术两类。未公开的非专利技术一般即指专有技术。而已公开的非专利技术,又称为普通非专利技术或公有技术,是指已经向社会公开而为公众所知或不必做过多花费即可获得和掌握的技术成果,包括失效专利技术成果。专有技术是指发明者未申请专利或不够申请专利条件而未经公开、在生产经营活动中已采用了的、能为持有者带来经济利益的各种技术和经验,一般包括工业专有技术、商业贸易专有技术、管理专有技术等,是商业秘密的组成部分。专有技术的特征有非专利性、秘密性、获利性、新颖性、可传授性、动态性等(张瑜,2006)[①]。

1993 年,我国《反不正当竞争法》将商业秘密定义为"不为公众所知悉,能为权利人带来经济利益,具有实用性并经权利人采取保密措施的技术信息和经营信息"。根据该定义,商业秘密包含两类:一类是技术信息,也称为"专有技术""技术秘密""技术诀窍"等,如生产工艺、产品配方、计算机软件等;二是经营信息,主要包括客户名单、经营管理策略广告方案、数据库、产品销售方案、未公开的合同条款、谈判方案、供求分析报告等。因此可以认为:一方面,专有技术可以(但并不必然)构成商业秘密;另一方面,并非所有的商业秘密都涵盖专有技术(何燕华,2004)[②]。

---

① 张瑜. 浅议专有技术的保护 [J]. 商场现代化,2006(06X):2-5.
② 何燕华. 论专有技术的国际保护 [J]. 重庆教育学院学报,2004,17(5):4-5.

综上，本报告将非专利技术定义为：与专利技术相对的，包含处于保密状态尚未公开的专有技术（技术秘密、技术诀窍）和已向社会公开而为公众所知的普通非专利技术的符合法律要求和社会公益的一切技术成果。本报告延用《蓝皮书（2016—2017）》对非专利技术的分类，将创业板公司拥有的非专利技术分为三类：一是明确说明拥有并披露的非专利技术（下称第一类）；二是明确说明拥有并披露的专有技术（下称第二类）；三是根据 28 号准则予以披露的核心技术中，剔除其中说明正在申请专利或是已获得专利授权技术之外的技术（下称第三类）。

（三）技术标准

技术标准是标准中的一种，指的是一种或一系列具有一定强制性要求或指导性功能、内容含有细节技术要求和有关技术方案的文件，其目的是使相关的产品或服务达到一定的安全要求或市场准入要求。技术标准的实质就是对一个或几个生产技术设立必须符合要求的条件。一般来说，能够成为标准的技术都是某行业内先进的、规则的、平台的技术，是经过充分论证的、对特定问题提供有效的解决方案。

技术标准具有许多与无形资产相类似的特征，例如，具有依附性、网络外部性、排他性、未来收益的不确定性等，因此可被归为非常规无形资产。

依据《标准化法》，标准级别可以划分为国家标准、行业标准、地方标准和企业标准 4 个层次。各层次之间有一定的依从关系和内在联系，形成一个覆盖全国又层次分明的标准体系。随着标准级别的提高，技术标准影响的范围越大，使用的主体越多，相应创造的价值也就越大。企业标准的提案方可以通过企业标准，提高产品性能的稳定性凭借高质量的产品吸引消费者，培养新的消费习惯，进而将企业标准申报为行业标准、甚至是国家标准，以提高行业内其他企业的准入门槛，获取时间优势和垄断利润。

（四）著作权

著作权，又称为版权，是自然人、法人或者其他组织对文学、艺术或科学作品依法享有的财产权利和人身权利的总称。根据《中华人民共和国著作权法》的规定，著作权包括发表权、署名权、修改权、复制权等十七项人身权和财产权。此外，中国公民、法人或者其他组织的作品，不论是否发表，依法享有著作权。

从会计核算的角度来看，著作权应纳入无形资产的范畴进行初始确认和后续计量。从资产评估的角度来看，企业也应对所拥有的著作权进行价值评估，从而将其纳入企业的整体价值之中。但让人遗憾的是，本报告在研究过程中发现只有极个别创业板上市公司对其著作权进行了会计核算和资产评估，绝大部分企业忽视和低估了著作权的经济价值。同时也存在部分公司因著作权界定不明确而导致的法律纠纷案例,这些都说明创业板上市公司对著作权的重要性认识还不够深入,对其疏于保护,同时也忽略了对著作权经济价值的挖掘。

二、相关典型事件和文献综述

本报告整理了技术类无形资产的相关典型事件与最新研究成果综述,以把握此类无形资产的实践发展与研究走向。

(一) 典型事件

技术类无形资产是企业核心竞争力的重要组成部分,也是衡量其创新能力的重要指标。本报告整理了 2020 年以来发生的关于技术类无形资产的典型事件(见表 3-1)。

表 3-1   2020 年以来与技术类无形资产相关的典型事件

序号	时间	涉及的无形资产类型	事件及影响	资料来源
1	2020-1	技术类无形资产	国家知识产权局办公室发布"关于在代办处开展自取专利证书服务的通知",自 1 月 1 日起,国家知识产权局将相关专利证书按照区域划分寄送至各代办处。专利代理机构到代办处自取专利证书,将证书交付创新主体	国家知识产权局
2	2020-2	发明专利	教育部、科技部、国知局一纸通知,激起了高校专利事业的波澜。通知提到了停止对专利申请的资助奖励,大幅减少并逐步取消对专利授权的奖励等	教育部
3	2020-3	技术类无形资产	3 月 5 日,国家知识产权局发布 2020 年工作要点,内容共涉及九大方面。重点提到:形成打击非正常专利申请和商标恶意注册、囤积行为的长效机制。推动各地全面取消实用新型、外观设计和商标申请注册环节	国家知识产权局
4	2020-3	专利技术	IBM 近期的专利交易活动没有丝毫减弱的迹象。USPTO 的转让记录显示,这家科技巨头已向阿里巴巴转让了 24 项美国专利和申请。根据记录,这项交易发生于 10 月 2 日,并于三天后被记录在 USPTO 的数据库中	IPR daily 中文网

续表

序号	时间	涉及的无形资产类型	事件及影响	资料来源
5	2020-4	技术类无形资产	最高人民法院印发《关于全面加强知识产权司法保护的意见》，要求各级人民法院充分认识全面加强知识产权司法保护的重大意义，准确把握知识产权司法保护服务大局的出发点和目标定位。着力降低权利人诉讼维权成本、缩短诉讼周期、加大损害赔偿力度和化解当事人举证难，切实增强司法保护实际效果	最高人民法院
6	2020-4	技术类无形资产	在 2020 年世界知识产权日宣传周期间，全球红牛品牌及"红牛"商标的创始者和所有者——泰国天丝集团宣布于 4 月 26 日在中国正式发起并设立"泰国天丝集团中国知识产权保护基金"。基金的发起旨在促进和营造有序的营商环境，持续加强知识产权保护	央视新闻
7	2020-4	技术类无形资产	2020 年 4 月国家发改委明确指出新基建所包含的三大发展方向，即信息基础设施建设、融合基础设施建设、创新基础设施建设。将随着科学技术和实际民生的发展情况做出灵活调整。新型基础设施建设旨在通过信息技术和创新能力的升级，做强做优制造业，长期推进经济存量和增量的数字化、智能化融合发展	国家发改委
8	2020-5	技术类无形资产	《民法典》中对于技术合同规定的变化：明确将"许可"独立于"转让"；关于技术秘密与专利申请的规定；取消对职务技术成果的完成个人应当奖励的规定	中国网

续表

序号	时间	涉及的无形资产类型	事件及影响	资料来源
9	2020-6	无形资产	国知局出台《商标侵权判断标准》全文标准》在《商标法》框架内，立足商标执法业务指导职能，对多年来商标行政保护的有益经验与做法进行了系统梳理和提炼总结，为商标执法相关部门依法行政提供具体操作指引，为市场主体营造透明度高、可预见性强的知识产权保护环境	国家知识产权局
10	2020-6	技术类无形资产	近日，国务院办公厅发布了"关于支持出口产品转内销的实施意见"。意见中提到，支持出口产品进入国内市场，要加强知识产权保障。支持外贸企业与品牌商协商出口转内销产品涉及的知识产权授权，做好专利申请、商标注册和著作权登记。加强对外贸企业知识产权运用的指导和服务	国务院
11	2020-7	技术类无形资产	国务院日前印发《关于促进国家高新技术产业开发区高质量发展的若干意见》，支持金融机构在国家高新区开展知识产权投融资服务，支持开展知识产权质押融资，开发完善知识产权保险	国务院
12	2020-7	专利技术	工业和信息化部、国家知识产权局等十七部门发布了"关于健全支持中小企业发展制度的若干意见"其中提到完善知识产权保护法律法规和政策，建立健全惩罚性赔偿制度，提高法定赔偿额	国家知识产权局
13	2020-7	技术标准	市场监管总局关于《国家市场监督管理总局关于修改部分规章的决定（征求意见稿）》公开征求意见的通知。通知指出，市场监管总局决定：对30件部门规章的部分条款予以修改将其中的"国家知识产权局专利局"修改为"国家知识产权局"	市场监管总局

续表

序号	时间	涉及的无形资产类型	事件及影响	资料来源
14	2020-8	技术类无形资产	《深圳经济特区科技创新条例》经深圳市第六届人民代表大会常务委员会第四十四次会议于2020年8月26日通过，现予公布，自2020年11月1日起施行。其中提到，推动知识产权证券化，推进以知识产权运营未来收益权为底层资产发行知识产权证券化产品。企业成功发行知识产权证券化产品的，市、区人民政府可以给予适当补贴。证券化产品中的知识产权许可在税收管理中视为融资行为	新浪新闻网
15	2020-8	发明专利	由中国人民解放军军事科学院军事医学研究院陈薇院士团队及康希诺生物联合申报的新冠疫苗（Ad5-nCoV疫苗）专利申请已被授予专利权，这是我国首个新冠疫苗专利。该专利于今年3月18日申请，8月11日授权	IPR daily 中文网
16	2020-9	技术类无形资产	国家知识产权局发布关于规范地方专利商标业务窗口名称、稳步推进知识产权业务"一窗通办"的通知。通知指出，对于同一个机构在同一个城市同时承担专利代办和商标受理业务委托的，应尽快实现同一地点办公、同一窗口受理，"一窗通办"。对于在同一个城市专利代办和商标受理由不同机构承担，且办公地点不同的，应积极协调，创造条件，力争早日实现"一窗通办"	国家知识产权局
17	2020-10	专利法	《全国人民代表大会常务委员会关于修改〈中华人民共和国专利法〉的决定》已由中华人民共和国第十三届全国人民代表大会常务委员会第二十二次会议于2020年10月17日通过，自2021年6月1日起施行	中国网
18	2020-10	技术类无形资产	第五届中国医药知识产权峰会于10月在上海召开。大会内容将主要以国内医药知识产权改革为背景，从行业各方参与主体视角探讨专利链接、专利期延长制度落地、专利挑战的新形势	IPR daily 中文网

序号	时间	涉及的无形资产类型	事件及影响	资料来源
19	2020-11	知识产权	11月16日，最高人民法院发布《关于知识产权民事诉讼证据的若干规定》（以下简称《知产证据规定》），该司法解释将于2020年11月18日执行	最高人民法院
20	2020-12	技术类无形资产	《产学研合作协议知识产权相关条款制定指引》《指引》根据产学研合作的通常情形，共分为三种：技术成果的知识产权归高校方、技术成果的知识产权归企业方、技术成果的知识产权双方共有或各自拥有，分别采用不同的知识产权处置模块，并进一步细分为7个指引	国家知识产权局
21	2020-12	发明专利	2020年我国发明专利授权率为47.3%。2020年发明专利平均审查周期压减至20个月，高价值专利审查周期压减至14个月。发明专利申请从开始优先审查到结案的平均周期低于6个月。2020年我国发明专利申请量为149.7万件，同比增长6.9%。其中，国内发明专利申请134.5万件，占总量的89.8%，同比增长8.1%；国外在华发明专利申请15.2万件，占总量的10.2%，同比下降3.0%	国家知识产权局

（二）文献综述

本报告梳理了2016—2020年近五年中国内外关于技术类无形资产的相关研究，以掌握技术类无形资产研究的最新动向。

1. 技术类无形资产的研究

创新驱动新常态下，公司之间的竞争乃至国家之间的竞争逐渐转变为以知识、技术为核心的资源竞争。新科技的不断出现，信息技术的不断优化，导致企业的组织结构发生了重大变化。冯学彬（2016）[①]认为，无形资产作为创新性上市公司的资源，由于其异质性而具备强大的价值创造能力，而技术类无形资产的质量与数量，尤其是

---

① 冯学彬.上市高新技术企业无形资产与企业核心竞争力关系研究[D].山东建筑大学,2016.

其质量成了企业持续迅速发展的主要动力。刘海云和焦文娟（2015）[①]通过研究创业板信息技术行业的技术类无形资产，发现技术类无形资产的持有量相对较大，但质量较低，这严重影响了该类资产的未来收益。Veneta Andonova 和 Guillermo（2016）发现，不同企业的绩效受行业相关因素影响而存在显著差异，技术类无形资产作为企业特定的绩效驱动因素，在此间起着至关重要的作用。郗思雨（2017）[②]则认为，在中国的市场大环境下，文化传媒企业必须重视知识技术类无形资产的重要作用，只有提高对其投资积极性和利用程度，才能增强竞争力、吸引资本市场投资、获得更迅猛发展。

有关技术类无形资产的价值评估研究中，李燕芸（2017）[③]界定了技术类无形资产的概念，分析其特点，并阐明了该类资产价值评估理论基础和方法。Reilly（2015）研究了公司面临破产时，商业秘密、专利申请、技术资料和著作权等无形资产的评估问题。胡仁昱和倪凯时（2015）[④]基于当下无形资产价值评估中主要方法的缺陷性，构建了中小高新技术企业无形资产价值评估模型。王登辉（2015）[⑤]从企业技术类无形资产的认识、无形资产的评估体系，以及评估方法的选择等方面入手，分析其中的问题并提出解决方案，并进一步强调了技术类无形资产的重要性。

2. 专利的研究

有关专利的研究非常丰富，本报告仅选取与报告研究内容关联度较高的文献。张杰和高德步（2016）[⑥]利用中国各省份 1985—2012 年面板数据，从人均真实 GDP 增长率以及经济增长质量所蕴含的速度和质量两个视角，研究了三种类型专利授权量对中国经济增长可能产生的作用效应。研究发现，中国各省份竞相出台的专利资助政策可能造成专利"泡沫"，使专利对中国经济增长的促进作用发生扭曲。李黎明

[①] 刘海云,焦文娟,赵岩.技术类、非技术类无形资产与企业经营绩效相关性研究——基于创业板信息技术行业 2009-2013 年数据资料 [C]. 中国会计学会财务成本分会 2015 学术年会暨第 28 次理论研讨会论文集.2015.

[②] 郗思雨.知识技术类无形资产对企业经营绩效的影响——基于文化传媒概念板块的实证研究 [D]. 北京化工大学，2017.

[③] 李燕芸.C 公司技术类无形资产价值评估研究 [D]. 湖南大学,2017.

[④] 胡仁昱,倪凯时.中小高新技术企业无形资产价值评估研究 [J]. 财务与会计,2015(22):3-5.

[⑤] 王登辉.L 公司技术类无形资产价值管理研究 [D]. 西安石油大学,2015.

[⑥] 张杰,高德步,夏胤磊.专利能否促进中国经济增长——基于中国专利资助政策视角的一个解释 [J]. 中国工业经济,2016(1):16-24.

和陈明媛（2017）[①]用专利案件数量与专利授权数量构建司法和行政保护的指标，借助模糊优选法从投入和产出两个维度筛选专利密集型产业，并以此为基础对比分析中、美专利制度对产业经济增长的影响。张劲帆等（2017）[②]以上市公司和非上市公司为研究样本，对比两者在上市前后的专利申请情况，考察 IPO 对企业创新的影响，发现 IPO 对企业创新具有促进作用。

专利作为技术研发成果的重要载体，已成为一个国家或地区的科技资产中兼具科研价值和经济价值的重要部分。大量学者研究了专利的评价指标。王宏起等（2016）[③]基于专利形成和运用过程，设计了战略性新兴企业专利风险评价指标体系。彭茂祥和李浩（2016）[④]通过分析大数据技术方法及工具，建立了专利分析与大数据之间的技术关联。曹明等（2016）[⑤]在已有的专利评价指标体系基础上，引入协同创新能力等指标，从宏观（地区）、中观（行业）和微观（企业）三个层面构建了技术竞争力综合评价体系，对技术竞争力进行比较研究。谷丽等（2017）[⑥]从专利的技术性、法定性和商业性对专利质量内涵做出界定，并以此为依据对专利质量的评价标准进行综述，进而建立起专利质量评价指标体系。王黎萤等（2017）[⑦]基于创新价值链对区域专利密集型产业的创新过程开展创新效率评价，运用 DEA 考察区域专利密集型产业和非专利密集型产业各阶段创新效率的差异，结果表明区域专利密集型产业创新效率优于非专利密集型产业。

部分学者研究了专利与企业绩效的关系。张漪和彭哲（2016）[⑧]以 273 家深圳制造企业为研究样本，指出不同规模企业的创新获利途径有所不同。李强和顾新（2016）[⑨]利用中国创业板数据，研究了创业板专利数量和质量对企业长期和短期绩效的影响。

[①] 李黎明,陈明媛.专利密集型产业、专利制度与经济增长 [J]. 中国软科学,2017(4):17-24.
[②] 张劲帆,李汉涯,何晖.企业上市与企业创新——基于中国企业专利申请的研究 [J]. 金融研究,2017(5):16-22.
[③] 王宏起,郭雨,武建龙.战略性新兴企业专利风险评价研究 [J]. 科技管理研究,2016,36(1):5-8.
[④] 彭茂祥,李浩.基于大数据视角的专利分析方法与模式研究[J]. 情报理论与实践,2016,39(07):108-113.
[⑤] 曹明,陈荣,孙济庆,吴迪,严素梅,王倩倩.基于专利分析的技术竞争力比较研究 [J]. 科学学研究,2016,34(03):380-385+470.
[⑥] 谷丽,郝涛,任立强,洪晨.专利质量评价指标相关研究综述 [J]. 科研管理,2017,38(S1):27-33.
[⑦] 王黎萤,王佳敏,虞微佳.区域专利密集型产业创新效率评价及提升路径研究——以浙江省为例 [J]. 科研管理,2017,38(03):29-37.
[⑧] 张漪,彭哲.基于企业规模的专利活动与企业绩效比较研究——对深圳制造业的实证分析 [J]. 软科学,2016,30(02):65-68+73.
[⑨] 李强,顾新,胡谍.专利数量和质量与企业业绩的相关性研究——基于中国创业板上市公司的实证分析 [J]. 科技管理研究,2016,36(04):157-161.

魏延辉和张慧颖（2016）[①]以电子信息制造业为例，从产业视角分析了专利数量对产业经济增长的影响。Ernst 和 Conley（2016）利用美国和德国 158 家技术企业的数据进行研究，发现专利保护管理与专利信息管理和企业的财务盈利水平正相关。

3. 非专利技术的研究

国内的非专利技术研究主要关注非专利技术出资和经济发展问题。卢臻（2015）[②]认为，非专利技术出资的特殊性在新公司法框架下没有得到体现，并提出相关建议和解决办法。陈银忠和易小丽（2016）[③]发现，改革开放以来中国经济波动与投资专有技术之间存在一定关系，并用 RBC 模型进行了验证。国外关于非专利技术的研究主要关注专利和非专利技术的激励作用。Takenak 和 Toshiko（2017）以日本制药行业为例，探讨了专利和非专利技术对药物研发的激励作用。

4. 技术标准的研究

部分学者研究了技术标准的发展及问题。王道平和韦小彦（2017）[④]认为，技术标准由研发能力、管理能力和资源能力构成，其设定过程与市场密切相关。技术标准必须经过市场选择，才会产生"花车"效应，成为标准制定者的竞争优势。李福（2016）[⑤]提出，现代技术标准化应以技术使用、质量和管理等综合体系认证为主，以适应全球化经济贸易秩序和新兴产业发展的需求。技术标准的竞争可以作为当前企业间乃至国家间竞争的高级形态。

有学者研究了技术标准和产业发展关系。黄菁茹（2016）[⑥]认为，从许可义务、FRAND 许可费计算方法，以及禁令申请的角度探讨技术标准必要专利权人行使权利的界限。王珊珊等（2016）[⑦]将产业技术标准联盟专利冲突划分为对抗性冲突和非对抗性冲突两大类，提出不同类型冲突的解决思路，为我国产业技术标准联盟专利冲突管

[①] 魏延辉,张慧颖,魏静.电子信息制造业产值增长专利作用[J].中国科技论坛,2016(03):69-74.

[②] 卢臻.非专利技术出资法律制度研究[D].广西大学,2015.

[③] 陈银忠,易小丽.投资专有技术变迁与中国经济波动特征——基于小国开放经济 RBC 模型的分析[J].经济问题探索,2016(03):59-65.

[④] 王道平,韦小彦,邹思明,方放.技术标准联盟主导企业标准化能力研究[J].中国科技论坛,2017(02):92-97.

[⑤] 李福.从技术标准化的历史演变看产业内涵的变迁[J].科学技术哲学研究,2016,33(05):99-103.

[⑥] 黄菁茹.论 FRAND 原则对标准必要专利权行使的限制[J].知识产权,2016(01):90-96.

[⑦] 王珊珊,占思奇,王玉冬.产业技术标准联盟专利冲突可拓模型与策略生成[J].科学学研究,2016,34(10):1487-1497.

理提供了参考。魏津瑜等（2017）[①]研究了高技术产业集群的创新绩效，发现在高技术产业集群定价过程中采用基于技术标准许可的定价模式有利于提升集群整体吸引力，扩大市场份额，推动集群创新。

国外学者更多关注技术标准化过程中政府行为的影响。Arnold 和 Hasse（2015）认为，技术标准是一种政府管制手段，无论是发达国家还是发展中国家都要积极制定本国的标准化战略，作为提升国际竞争力的重要战略工具。

5. 软件著作权的研究

马丽莲（2017）[②]认为，计算机软件由于其价值高又极易复制等特点，已经成为知识产权侵权泛滥的"重灾区"，计算机软件研发人员投身技术创新的积极性也因此受到消极影响。王晓淑（2016）[③]和熊芬（2017）[④]认为，计算机软件著作权违法与犯罪现象日益凸显，对计算机软件进行有效的法律保护已经成为当前的重要课题。王锦瑾（2016）[⑤]从计算机字体著作权的角度出发，探讨在字体权利人和社会公众之间实现利益平衡的模式，为字体产业著作权保护与投资回报的现有困境提供解决思路。Unni V K（2017）认为，对著作权保护范围的确定应当同时考虑作者的创作权利和公众的利益，并在两者之间实现平衡。肖建华和柴芳墨（2017）[⑥]认为，开源软件独特的开发模式具有双面影响效应。因此，应当明确开源许可合同的效力、开源著作权纠纷的管辖适用依据，建立开源登记制度，赋予开源社区原告资格，构建合理的开源著作权风险防控机制。Paterson M（2017）认为，个人知识产权，特别是版权和专利权的覆盖范围不断扩大，导致两者之间的范围发生重叠，从而导致低效的知识产权制度过度保护知识产权。这一现象在计算机软件上尤其严重。理论上，应该将计算机软件划分到版权保护的范畴之内。

三、基于招股说明书的技术类无形资产披露情况

本报告延续以往蓝皮书的研究框架，将技术类无形资产分为专利技术、非专利技术、技术标准和软件著作权四类，各自包含内容及统计口径入下表 3-2 所示。

[①] 魏津瑜,刘月,南广友,刘倩文.基于技术标准的高技术产业集群创新绩效与定价模式研究[J].科学管理研究,2017,35(01):51-54.

[②] 马丽莲.计算机软件知识产权综合法律保护模式研究[D].山东大学,2017.

[③] 王晓淑.我国软件著作权保护现状与对策分析[J].菏泽学院学报,2016,38(01):92-95.

[④] 熊芬.计算机软件著作权法律保护问题研究[J].法制博览,2017(09):13-15.

[⑤] 王锦瑾.计算机字体著作权保护研究[D].武汉大学,2016.

[⑥] 肖建华,柴芳墨.论开源软件的著作权风险及相应对策[J].河北法学,2017,35(06):2-11.

表 3-2　技术类无形资产的分类及统计口径

无形资产类型	分类		统计口径
技术类无形资产	专利技术	发明专利	名称、类型、专利号、授权日期、权利人
		实用新型	
		外观设计	
	非专利技术	第一类	名称、来源、数量、权属人、功能、技术水平、取得时间、许可情况、账面价值
		第二类	
		第三类	
	技术标准		类型、制定/参与制定、数量
	软件著作权		类型、数量、取得方式

从 892 家样本公司招股说明书披露的信息来看，94.96% 家和 79.04% 的创业板上市公司披露了其专利和非专利技术信息，说明超过七成的创业板公司在上市前即拥有一定的核心实力。披露技术标准和软件著作权的企业占比为 34.41% 和 54.82%，较去年均出现上涨。相较之下可以发现，创业板上市公司技术类无形资产的存续结构依然存在较为明显的差异（见表 3-3）。

表 3-3　基于招股说明书的创业板公司技术类无形资产披露情况

技术类无形资产类型	披露公司数量/家	占比/%
专利	847	94.96
非专利技术	705	79.04
技术标准	307	34.41
软件著作权	489	54.82

注："占比"的计算方式为：披露某项技术类无形资产的公司总数/892 家样本公司。

此外，在 892 家公司中，有 15 家公司[①]未拥有或未披露技术类无形资产，占比 1.68%，其余 877 家公司均拥有一种及以上的技术类无形资产。如图 3-2 所示，拥有两种和三种技术类无形资产的公司占比最多，分别是 33.66% 和 41.32%；拥有四种技术类无形

---

① 这 15 家公司为：300015、300022、300144、300175、300336、300350、300380、300392、300399、300418、300419、300426。其中信息技术企业有 6 家，文化企业有 3 家，农产品企业有 2 家，医疗企业 1 家。

资产的公司，占比 15.01%；而仅拥有一种技术类无形资产的公司占比最少，为 8.26%。

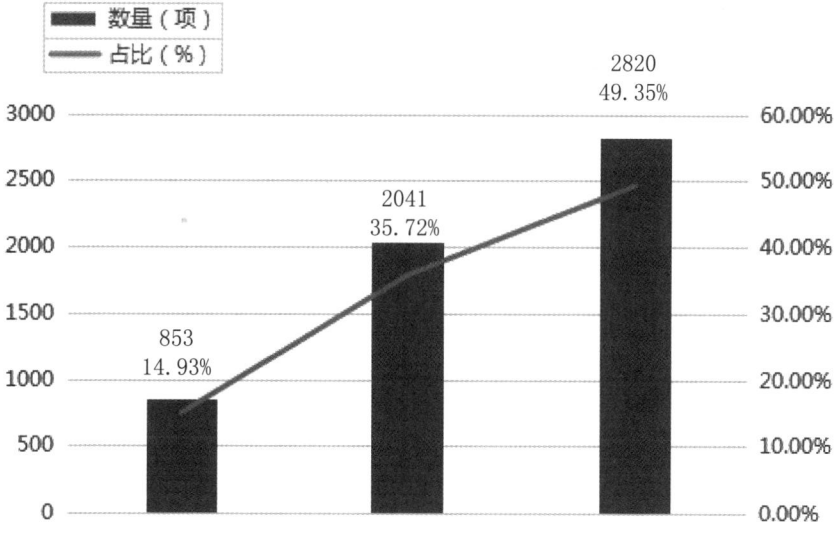

图 3-2 创业板上市公司拥有技术类无形资产种类情况

（一）专利技术

1. 整体披露情况

有 847 家公司披露了专利信息，占所有样本公司的比例为 94.96%，具体披露情况见表 3-4。

表 3-4　专利信息披露整体情况（一）

专利类型	数量/家	占比/%	总数/件	均值/（件/家）
发明专利	676	79.81	13934	16.45
实用新型	683	80.64	26328	31.08
外观设计	393	46.40	8642	10.20

注："数量"指的是披露某项专利信息的公司数量；"占比"的计算方式为：披露某项专利的公司总数/847 家样本公司；"总数"847 家样本公司披露专利总数；"均值"的计算方法为：某项专利的披露总数/847 家样本公司。下表 3-5 同。

表 3-5　专利信息披露整体情况（二）

专利类型	已授权专利 数量（占比）	已授权专利 总数（均值）	正在申请专利 数量（占比）	正在申请专利 总数（均值）
发明专利	676 (79.81%)	9826 (11.60)	276 (32.59%)	4108 (4.85)
实用新型	683 (80.64%)	25077 (29.61)	159 (18.77%)	1251 (1.47)
外观设计	393 (46.40%)	8079 (9.54)	54 (6.38%)	563 (0.66)
其他	25 (3.45%)	77 (0.12)	304 (41.93%)	30 (0.04)

注："其他"指的是披露了专利技术情况但未说明具体专利类型。

2. 分行业披露情况

从专利的行业分布看，制造业，信息传输、软件和信息技术服务业，科学研究和技术服务业拥有最多的已授权专利；而制造业、电力、热力、燃气及水生产和供应业、科学研究和技术服务业的已授权专利均值最高。从正在申请的专利看，制造业、信息传输、软件和信息技术服务业和电力、热力、燃气及水生产和供应业的总量和均值均位于前三位。从已授权专利中发明专利占比看，信息传输、软件和信息技术服务业与科学研究和技术服务业均超过45%；而建筑业、卫生和社会工作，以及文化、体育和娱乐业正在申请专利中发明专利占比最高，均为100%。

表 3-6　分行业专利信息披露描述（一）

行业	发明专利	实用新型	外观设计
采矿业	4 (80%)	3 (60%)	2 (40%)
电力、热力、燃气及水生产和供应业	3 (100%)	3 (100%)	0 (0)
房地产业	0 (0)	1 (100%)	0 (37.50%)
建筑业	6 (60%)	8 (80%)	2 (20%)
交通运输、仓储和邮政业	1 (33.33%)	0 (0)	0 (0)
教育	2 (100%)	1 (100%)	2 (100%)

续表

行业	发明专利	实用新型	外观设计
金融业	1 (0)	2 (50%)	0 (100%)
居民服务、修理和其他服务业	0 (0)	1 (100%)	1 (100%)
科学研究和技术服务业	20 (83.33%)	17 (70.83%)	10 (41.67%)
农林牧渔业	5 (62.50%)	3 (37.50%)	2 (25%)
批发和零售贸易	4 (40%)	5 (50%)	7 (70%)
水利、环境和公共设施管理业	19 (86.36%)	20 (90.91%)	9 (40.91%)
卫生和社会工作	1 (25%)	2 (50%)	0 (0)
文化、体育和娱乐业	3 (20%)	2 (13.33%)	2 (13.33%)
信息传输、软件和信息技术服务业	90 (60.81%)	78 (52.70%)	51 (34.46%)
制造业	580 (94.31%)	542 (88.13%)	313 (50.89%)
租赁和商务服务业	6 (42.86%)	6 (42.86%)	4 (28.57%)

注：括号外数据表示对应行业中披露某项专利信息的公司数量，括号中数据为该行业中披露某项专利信息的公司占比，计算方式为：披露该项信息公司数／该行业公司总数。下表3-8同。

根据表3-6统计结果显示，整体来看，每个行业披露这三类专利的情况参差不齐，每个行业均进行了专利披露。其中，披露情况最好的前三行业分是水利、环境和公共设施管理业、制造业和科学研究和技术服务业，不仅三项专利资产均进行了披露，而且发明专利和实用新型专利披露均达到了50%以上。

表 3-7 分行业专利信息披露描述（二）

行业	发明专利	实用新型	外观设计
采矿业	26 (5.20)	68 (13.60)	120 (24)
电力、热力、燃气及水生产和供应业	222 (7.33)	108 (36)	0 (0)
房地产业	0 (0)	9 (9)	0 (0)
建筑业	28 (2.80)	223 (22.40)	75 (7.5)
交通运输、仓储和邮政业	3 (1)	0 (0)	0 (0)
教育	13 (6.50)	120 (60)	66 (33)
金融业	2 (0.40)	21 (4.20)	0 (0)
居民服务、修理和其他服务业	0 (0)	6 (6)	12 (12)
科学研究和技术服务业	481 (20.04)	1200 (50)	928 (38.67)
农林牧渔业	54 (6.75)	137 (17.13)	26 (3.25)
批发和零售贸易	24 (2.40)	174 (17.40)	147 (14.70)
水利、环境和公共设施管理业	317 (14.41)	710 (32.27)	39 (1.77)
卫生和社会工作	9 (2.25)	10 (2.50)	0 (0)
文化、体育和娱乐业	7 (0.47)	24 (1.60)	2 (0.13)
信息传输、软件和信息技术服务业	2609 (17.63)	1286 (8.69)	406 (2.74)
制造业	10234 (16.64)	21337 (34.69)	6800 (11.06)
租赁和商务服务业	50 (3.57)	100 (7.14)	12 (0.86)

注：括号外数据表示对应行业中披露的某项专利的总数，括号中数据为该行业中某项专利的均值，计算方式为：某项专利的披露总数／该行业公司总数。下表 3-9 同。

由表 3-7 可知，披露专利最多的行业是制造业，三类专利总量分别达到了 10234 项、21337 项和 6800 项。从发明专利、实用新型和外观设计三类专利在每个行业的披露情况看，科学研究和技术服务业发明专利均值最高为 20.04 项／家，科学研究和技术服务业实用新型专利均值最高为 50 项／家，科学研究和技术服务业外观设计专利均值最高为 38.67 项／家。

表 3-8 分行业专利信息披露描述（三）

行业	发明专利 已授权	发明专利 正在申请	实用新型 已授权	实用新型 正在申请	外观设计 已授权	外观设计 正在申请
采矿业	3 (60%)	3 (60%)	2 (40%)	1 (20%)	2 (40%)	0 (0)
电力、热力、燃气及水生产和供应业	3 (100%)	1 (33.33%)	3 (100%)	0 (0)	0 (0)	0 (0)
房地产业	0 (0%)	0 (0%)	1 (100%)	0 (0)	0 (0)	0 (0)
建筑业	5 (50%)	2 (20%)	8 (80%)	1 (10%)	2 (20%)	0 (0)
交通运输、仓储和邮政业	1 (33.33%)	0 (0)	0 (0)	0 (0)	0 (0)	0 (0)
教育	2 (100%)	1 (50%)	1 (50%)	0 (0)	2 (100%)	0 (0)
金融业	0 (0)	1 (20%)	2 (40%)	0 (0)	0 (0)	0 (0)
居民服务、修理和其他服务业	0 (0)	0 (0)	1 (100%)	0 (0)	1 (100%)	0 (0)
科学研究和技术服务业	19 (79.17%)	4 (16.67%)	16 (66.67%)	3 (12.50%)	10 (41.67%)	1 (4.17%)
农林牧渔业	5 (62.50%)	2 (25%)	3 (37.50%)	0 (0)	2 (25%)	1 (12.50%)
批发和零售贸易	4 (40%)	1 (10%)	5 (50%)	2 (20%)	7 (70%)	0 (0)
水利、环境和公共设施管理业	17 (77.27%)	10 (45.45%)	20 (90.91%)	8 (36.36%)	8 (36.36%)	2 (9.09%)
卫生和社会工作	0 (0)	1 (25%)	2 (50%)	0 (0)	0 (0)	0 (0)
文化、体育和娱乐业	3 (20%)	1 (6.67%)	2 (13.33%)	0 (0)	2 (13.33%)	0 (0)
信息传输、软件和信息技术服务业	74 (50%)	39 (26.35%)	75 (50.68%)	23 (15.54%)	50 (33.78%)	9 (6.08%)
制造业	537 (87.32%)	203 (33.01%)	538 (87.48%)	117 (19.02%)	306 (49.76%)	40 (6.50%)
租赁和商务服务业	5 (35.71%)	6 (42.86%)	5 (35.71%)	4 (28.57%)	3 (21.43%)	2 (14.29%)

表 3-9　分行业专利信息披露描述（四）

专利类型 行业	发明专利 已授权	发明专利 正在申请	实用新型 已授权	实用新型 正在申请	外观设计 已授权	外观设计 正在申请
采矿业	15 (3)	11 (2.20)	65 (13)	3 (0.60)	120 (24)	0 (0)
电力、热力、燃气及水生产和供应业	20 (6.67)	2 (0.67)	108 (36)	0 (0)	0 (0)	0 (0)
房地产业	0 (0)	0 (0)	9 (9)	0 (0)	0 (0)	0 (0)
建筑业	26 (2.60)	2 (0.20)	221 (22.10)	3 (0.30)	75 (7.50)	0 (0)
交通运输、仓储和邮政业	3 (1)	0 (0)	0 (0)	0 (0)	0 (0)	0 (0)
教育	8 (4)	5 (2.50)	120 (60)	0 (0)	66 (33)	0 (0)
金融业	0 (0)	2 (0.40)	21 (4.20)	0 (0)	0 (0)	0 (0)
居民服务、修理和其他服务业	0 (0)	0 (0)	6 (6)	0 (0)	12 (12)	0 (0)
科学研究和技术服务业	429 (17.88)	52 (2.17)	1179 (49.13)	21 (0.88)	927 (38.63)	1 (0.04)
农林牧渔业	51 (6.38)	3 (0.38)	137 (17.13)	0 (0)	13 (1.63)	13 (1.63)
批发和零售贸易	20 (2)	4 (0.4)	169 (16.9)	5 (0.50)	147 (14.70)	0 (0)
水利、环境和公共设施管理业	170 (7.73)	147 (6.68)	668 (30.36)	42 (1.91)	35 (1.59)	4 (0.18)
卫生和社会工作	0 (0)	9 (2.25)	10 (2.5)	0 (0)	0 (0)	0 (0)
文化、体育和娱乐业	6 (0.40)	1 (0.07)	24 (1.60)	0 (0)	2 (0.13)	0 (0)
信息传输、软件和信息技术服务业	1320 (8.92)	1289 (8.71)	1201 (8.11)	85 (0.57)	336 (2.27)	70 (0.47)
制造业	7698 (12.52)	2536 (4.12)	20292 (33)	1045 (1.70)	6328 (10.29)	472 (0.77)
租赁和商务服务业	35 (2.50)	15 (1.07)	78 (5.57)	22 (1.57)	9 (0.64)	3 (0.21)

通过表 3-8、3-9 统计结果显示可知，科学研究和技术服务业，水利、环境和公共设施管理业，制造业，信息传输、软件和信息技术服务业及租赁和商务服务业对授权专利和正在申请专利信息的披露情况优于其他行业。另外，授权专利的披露情况明显优于正在申请专利的情况，且前者的总量和均量均高于后者。

（二）非专利技术

1. 整体披露情况

在 892 家样本企业中，有 705 家披露了非专利技术，占所有样本公司的比例为 79.04%，具体披露情况见图 3-3。

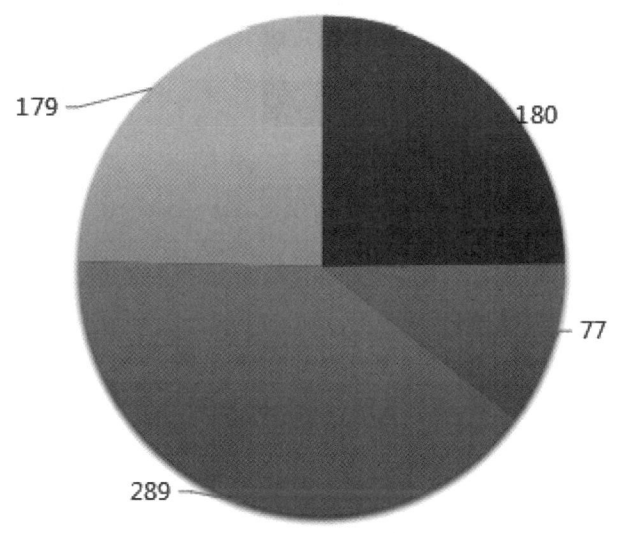

图 3-3 创业板上市公司非专利技术信息披露情况

注：公司在招股说明书中并没有披露专有技术或是非专利技术，但其在核心技术板块披露了核心技术，在核心技术中有的技术已成功申请专利或是正在申请专利，剔除这些已经成功申请和正在申请专利技术后剩余的核心技术也是企业非专利技术的一部分，我们把这类公司归为"第三类——披露但未明确说明"。

经统计，892 家样本公司共计拥有 5976 件非专利技术，各类型非专利技术的数量及占比见图 3-4。

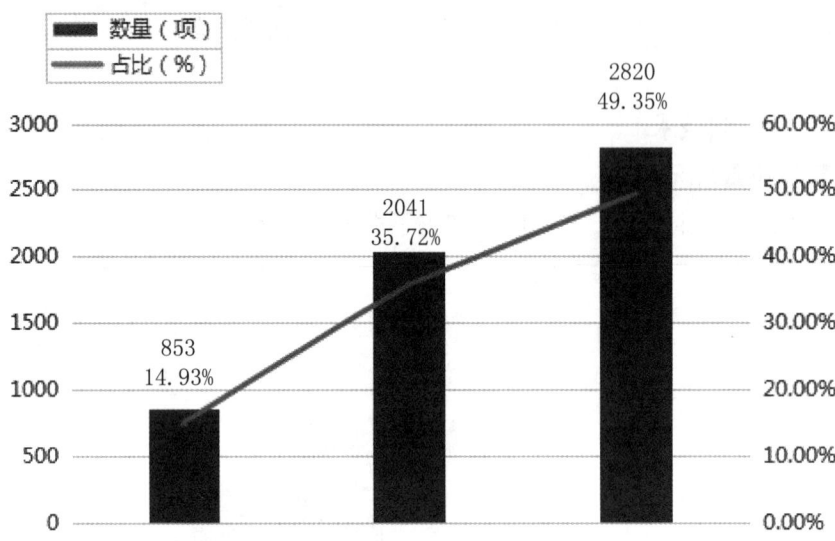

图 3-4 各类型非专利技术的披露数量及占比

注："数量"是指每类非专利技术的披露项数；"占比"是指每类非专利技术披露项数占非专利技术披露项数总数之比。

2. 分行业披露情况

表 3-10   分行业非专利技术信息披露描述（一）

行业	第一类	第二类	第三类
采矿业	4 (80%)	0 (0)	0 (0)
电力、热力、燃气及水生产和供应业	0 (0)	2 (66.67%)	0 (0)
房地产业	0 (0)	0 (0)	0 (0)
建筑业	3 (30.00%)	1 (10%)	5 (50%)

续表

行业	第一类	第二类	第三类
交通运输、仓储和邮政业	1 (33.33%)	0 (0)	0 (0)
教育	0 (0)	1 (50%)	1 (50%)
金融业	3 (60.00%)	1 (20%)	1 (20%)
居民服务、修理和其他服务业	0 (0)	0 (0)	1 (100.00%)
科学研究和技术服务业	8 (33.33%)	0 (0)	10 (41.67%)
农林牧渔业	3 (37.50%)	1 (12.50%)	3 (37.50%)
批发和零售贸易	2 (20.00%)	1 (10.00%)	4 (40.00%)
水利、环境和公共设施管理业	6 (30.00%)	1 (5.00%)	7 (35.00%)
卫生和社会工作	0 (0)	1 (25.00%)	2 (50.00%)
文化、体育和娱乐业	4 (26.67%)	1 (6.67%)	5 (33.33%)
信息传输、软件和信息技术服务业	43 (29.25%)	15 (10.20%)	63 (42.86%)
制造业	219 (36.26%)	52 (8.61%)	208 (34.44%)
租赁和商务服务业	2 (16.67%)	2 (16.67%)	6 (50.00%)

注：括号外数据表示对应行业中披露某项非专利技术信息的公司数量，括号中数据为该行业中披露某项非专利技术信息的公司占比，计算方式为：披露该项信息公司数/该行业公司总数。

在十七个行业里，有九个行业的公司对三类非专利技术都进行了披露，有三个行业的公司对两类非专利技术都进行了披露，有四个行业仅披露了第三类的非专利技术，房地产业未披露非专利技术的情况，详情见表3-10。

表 3-11　分行业非专利技术信息披露描述（二）

行业	第一类	第二类	第三类
采矿业	30 (6.00)	0 (0)	0 (0)
电力、热力、燃气及水生产和供应业	0 (0)	25 (8.33)	0 (0)
房地产业	0 (0)	0 (0)	0 (0)
建筑业	15 (1.50)	3 (0.30)	73 (7.30)
交通运输、仓储和邮政业	15 (5.00)	0 (0)	0 (0)
教育	0 (0)	11 (5.50)	16 (8.00)
金融业	77 (15.40)	7 (1.40)	10 (2.00)
居民服务、修理和其他服务业	0 (0)	0 (0)	10 (10.00)
科学研究和技术服务业	3 (0.13)	0 (0)	46 (1.92)
农林牧渔业	5 (0.63)	2 (0.25)	11 (1.38)
批发和零售贸易	4 (0.40)	19 (1.90)	36 (3.60)
水利、环境和公共设施管理业	57 (2.85)	66 (3.30)	73 (3.65)
卫生和社会工作	0 (0)	7 (1.75)	44 (11.00)
文化、体育和娱乐业	32 (2.13)	5 (0.33)	45 (3.00)
信息传输、软件和信息技术服务业	308 (2.10)	165 (1.12)	683 (4.65)
制造业	1515 (2.51)	525 (0.87)	1906 (3.16)
租赁和商务服务业	11 (0.92)	20 (1.67)	28 (2.33)

注：括号外数据表示对应行业中披露的某项非专利技术的总数，括号中数据为该行业中某项非专利技术的均值，计算方式为：某项非专利技术的披露总数/该行业公司总数。

非专利技术拥有总量排在前三位的行业分别是制造业（3946项），信息传输、软件和信息技术服务业（1156项）和水利、环境和公共设施管理业（196项）。从三类非专利技术的行业均值来看，金融业的第一类非技术专利最多为15.4项／家，电力、热力、燃气及水生产和供应业的第二类非专利技术最多为8.33项／家，卫生和社会工作业的第三类非专利技术最多为11项／家。制造业的公司数量多，披露总量的情况优于其他行业，另外信息传输、软件和信息技术服务业，水利、环境和公共设施管理业，以及科学研究和技术服务业里面聚集大量的高科技企业，拥有的工业专有技术、商业贸易专有技术、管理专有技术等为其带来经济收益。

（三）技术标准

1. 整体披露情况

在892家样本公司中，只有307家拥有并披露了技术标准信息。剔除32家未准确披露技术标准数量的公司后，剩余的275家占所有样本公司的30.82%，在其招股说明书中披露共计技术标准1967项。892家样本公司的整体平均拥有量是2.21项／家。

2. 分行业披露情况

如表3-12所示，技术标准主要集中在制造业，但披露数量比例最高的是建筑业，而且行业之间存在差异明显，仅有九个行业拥有技术标准，科学研究与技术服务业均值排名最高达到8.48项／家，其次是水利、环境和公共设施管理业为3.27项／家。这主要与行业属性有关，科学、信息技术行业需要技术标准去规范和发展。

表3-12 分行业技术标准信息披露描述

行业	披露公司数量（占比）	披露总数（均值）
采矿业	2 (40%)	7 (1.40)
电力、热力、燃气及水生产和供应业	0 (0)	0 (0)
房地产业	0 (0)	0 (0)
建筑业	6 (60.00%)	18 (1.80)
交通运输、仓储和邮政业	0 (0)	0 (0)
教育	1 (50.00%)	20 (10.00)

续表

行业	披露公司数量 （占比）	披露总数 （均值）
金融业	0 (0)	0 (0)
居民服务、修理和其他服务业	0 (0)	0 (0)
科学研究和技术服务业	10 (43.48%)	195 (8.48)
农林牧渔业	0 (0)	0 (0)
批发和零售贸易	2 (20.00%)	2 (0.20)
水利、环境和公共设施管理业	8 (36.36%)	72 (3.27)
卫生和社会工作	0 (0)	0 (0)
文化、体育和娱乐业	1 (7.14%)	20 (1.43)
信息传输、软件和信息技术服务业	44 (29.73%)	316 (2.14)
制造业	232 (37.79%)	1314 (2.14)
租赁和商务服务业	0 (0)	0 (0)

注："披露公司数量"表示对应行业中披露某项技术标准信息的公司数量；"占比"为该行业中披露某项技术标准信息的公司占比，计算方式为：披露该项信息公司数／该行业公司总数；"披露总数"为对应行业中披露的某项技术标准的总数；"均值"为该行业中某项技术标准的均值，计算方式为：某项技术标准的披露总数／该行业公司总数。

（四）软件著作权

1. 整体披露情况

在892家样本公司中，只有489家创业板上市公司在其招股说明书中披露了软件著作权共计17993项，较上年增加1368项。892家样本公司的整体平均拥有量是20.17项／家。

2. 分行业披露情况

超过七成的行业披露软件著作权超过一半。制造业，信息传输、软件和信息技术服务业，以及文化、体育和娱乐业所拥有的软件著作权数量最多，占软件著作权总量的比例分别为49.20%、38.08%和4.70%，三者合计占比达总量的9成以上。在剔除无软件著作权样本公司的情况下，平均拥有软件著作权数量排名前三的行业分别是文化、体育和娱乐业（52.73项/家），信息传输、软件和信息技术服务业（60.11项/家），以及科学研究和技术服务业（34.61项/家），详见下表3-13。

表3-13 分行业软件著作权信息披露描述

行业	披露公司数量（占比）	披露总数（均值）
采矿业	2（40%）	93（18.60）
电力、热力、燃气及水生产和供应业	1（33.33%）	3（1.00）
房地产业	1（100%）	29（29.00）
建筑业	2（20%）	39（3.90）
交通运输、仓储和邮政业	3（100%）	56（18.67）
教育	1（50%）	21（10.50）
金融业	4（80%）	140（28.00）
居民服务、修理和其他服务业	1（100%）	1（1.00）
科学研究和技术服务业	18（78.26%）	796（34.61）
农林牧渔业	1（12.50%）	2（0.25）
批发和零售贸易	4（40%）	13（1.30）
水利、环境和公共设施管理业	9（40.91%）	61（2.77）
卫生和社会工作	2（50%）	23（5.75）
文化、体育和娱乐业	13（86.67%）	791（52.73）
信息传输、软件和信息技术服务业	139（93.92%）	9044（61.11）
制造业	274（44.55%）	6692（10.88）
租赁和商务服务业	10（71.43%）	107（7.64）

注："披露公司数量"表示对应行业中披露某项软件著作权信息的公司数量；"占比"为该行业中披露某项软件著作权信息的公司占比，计算方式为：披露该项信息公司数／该行业公司总数；"披露总数"为对应行业中披露的某项软件著作权的总数；"均值"为该行业中某项软件著作权的均值，计算方式为：某项软件著作权的披露总数／该行业公司总数。

四、基于年报的技术类无形资产披露情况

表3-14　　基于年报的创业板公司技术类无形资产披露情况（一）

年份	2016	2017	2018	2019	2020
专利技术	456 (75.87%)	584 (81.84%)	636 (85.60%)	698 (88.46%)	762 (85.42%)
非专利技术	189 (31.5%)	295 (41.10%)	330 (44.41%)	269 (34.09%)	271 (30.38%)
技术标准	130 (21.63%)	129 (17.79%)	186 (25.03%)	196 (24.84%)	166 (18.61%)
软件著作权	245 (40.78%)	258 (35.93%)	309 (41.59%)		

注：括号外数据表示对应年份中披露某项技术类无形资产信息的公司数量，括号中数据为该年份中披露某项技术类无形资产信息的公司占比，计算方式为：披露该项信息公司数／该年份所有上市公司总数。

根据表3-14的统计结果，上市公司在年报中对专利技术的披露情况明显好于另外三类技术类无形资产。披露非专利技术的公司比例仅为专利技术的一半。技术标准的披露数量比例最低，在10%～25%之间。而软件著作权的披露比例自2018年呈现出下降的趋势。

就四类技术类无形资产披露的情况来看，专利技术的总量和均值高速增长，2020年的总量较2016年翻两番；非专利技术呈U形变化，2018年大幅增加，均量达到最大值，为7.6项／家，2019年、2020年两年数量骤减；技术标准的总量和均值呈现出一增一降的波动变化，2020年略有下降；软件著作权的总量和均值也是表现出U形趋势，详见表3-15。

表 3-15　基于年报的创业板公司技术类无形资产披露情况（二）

年份	2016	2017	2018	2019	2020
专利技术	50716 (84.39)	64392 (89.68)	72374 (97.41)	66543 (84.34)	80924 (90.72)
非专利技术	337 (0.56)	1033 (1.44)	5781 (7.78)	335 (0.42)	497 (0.56)
技术标准	1174 (1.95)	838 (1.17)	1294 (0.73)	2927 (3.71)	3645 (4.09)
软件著作权	20241 (33.68)	26446 (36.83)	37257 (50.14)		

注：括号外数据表示对应年份中披露的某项技术类无形资产的总数，括号中数据为该年份中披露的某项技术类无形资产均值，计算方式为：披露的某项技术类无形资产的总数／该年份所有上市公司总数。

（一）专利

1. 整体披露情况

表 3-16　2016—2020 年专利信息披露整体情况

年份	发明专利 披露公司数量（占比）	发明专利 披露总数（均值）	实用新型 披露公司数量（占比）	实用新型 披露总数（均值）	外观设计 披露公司数量（占比）	外观设计 披露总数（均值）
2016	456 (75.87%)	10476 (17.43)	456 (75.87%)	19534 (32.50)	456 (75.87%)	4108 (6.84)
2017	584 (81.84%)	14410 (20.07)	584 (81.84%)	23252 (32.38)	584 (81.84%)	5104 (7.11)
2018	636 (85.60%)	16404 (22.07)	636 (85.60%)	25457 (34.26)	636 (85.60%)	41861 (56.34)
2019	469 (59.44%)	27945 (35.42)	352 (44.61%)	34879 (44.21)	219 (27.76%)	3719 (4.71)
2020	453 (50.78%)	29075 (32.30)	346 (38.79%)	43530 (48.80)	223 (25%)	8319 (9.33)

注："披露公司数量"表示对应年份中披露某项专利信息的公司数量；"占比"为该年份中披露某项专利信息的公司占比，计算方式为：披露该项信息公司数／该年份上市公司总数；"披露总数"为对应年份中披露的某项专利的总数；"均值"为该年份中某项专利的均值，计算方式为：某项专利的披露总数／该年份上市公司总数。下表3-21、表3-26、表3-31统计对应技术类无形资产披露信息，指标计算同此说明。

根据表 3-16 对授权专利技术的统计，披露专利技术的上市公司比例整体呈现下降的趋势，情况最好时达到 90.95%，而 2017 年仅为 81.84%。

从披露的具体情况看，创业板上市公司授权专利数量持续增长。目前授权专利达到了 64392 项，平均拥有量达到了 89.7 项／家。除实用新型专利技术外，发明技术和外观设计专利均值呈现持续增长。其中，楚天科技（300358）和飞天诚信（300386）分别拥有 2505 项专利和 1144 项专利，表现十分突出。

2. 分行业披露情况

考虑到行业的代表性以及行业样本公司的数量，本报告从 14 个证监会一级行业分类中选取上市公司数量较多的四个行业来实施典型分析，具体包括制造业，信息传输、软件和信息技术服务业，科学研究和技术服务业，以及水利、环境和公共设施管理业。报告四、报告六和报告七的行业选取同此报告。

（1）制造业

根据表 3-17 的统计结果，近五年制造业披露专利技术的上市公司比例呈现下降趋势。各类专利披露占比最高的年份均为 2016 年，其中，发明专利为 67.79%，实用新型专利为 52.88%，外观设计专利为 32.21%；而 2020 年，这一比例变为 58.44%、44.97% 和 29.06%。虽然，披露的三类专利的总数是上升的，但实用新型和外观设计的均值稍有下降。

表 3-17 制造业专利信息披露整体情况

年份	发明专利 披露公司数量（占比）	发明专利 披露总数（均值）	实用新型 披露公司数量（占比）	实用新型 披露总数（均值）	外观设计 披露公司数量（占比）	外观设计 披露总数（均值）
2016	282 (67.79%)	8338 (20.04)	220 (52.88%)	16790 (40.36)	134 (32.21%)	3375 (8.11)
2017	339 (67.00%)	11216 (22.17)	255 (50.40%)	20094 (39.71)	156 (30.83%)	4013 (7.93)
2018	329 (63.89%)	13169 (25.57)	251 (48.74%)	21317 (41.39)	157 (30.49%)	4666 (9.06)
2019	360 (66.79%)	21138 (39.22)	276 (51.21%)	30302 (56.22)	168 (31.17%)	3021 (5.60)
2020	360 (58.44%)	22730 (36.90)	277 (44.97%)	37791 (61.35)	157 (29.06%)	7247 (11.76)

注："披露公司数量"表示对应年份中披露列示技术类无形资产的制造业公司数量；"占比"为该年份中披露某项专利信息的制造业公司占比，计算方式为：披露该项信息制造业公司数／该年份制

造业上市公司总数;"披露总数"为对应年份制造业中披露的某项专利的总数;"均值"为该年份制造业中某项专利的均值,计算方式为:制造业中某项专利的披露总数/该年份制造业上市公司总数。以下分行业统计各类技术类无形资产披露情况的指标计算均同此说明。

(2) 信息传输、软件和信息技术服务业

该行业整体公司数量在增加,但披露情况呈现缓慢的波动。2020年,披露发明专利和外观设计专利的上市公司占比与2016年差异不明显,而实用新型专利披露情况有小幅度的上升。就披露的数量上看,不论总量还是均值,都是明显的上升趋势,详见表3-18。

表3-18　信息传输、软件和信息技术服务业专利信息披露整体情况

年份	发明专利 披露公司数量（占比）	发明专利 披露总数（均值）	实用新型 披露公司数量（占比）	实用新型 披露总数（均值）	外观设计 披露公司数量（占比）	外观设计 披露总数（均值）
2016	44 (37.93%)	1528 (13.17)	32 (27.59%)	993 (8.56)	22 (18.97%)	538 (4.64)
2017	45 (35.43%)	2100 (16.54)	29 (22.83%)	1266 (9.97)	23 (18.11%)	974 (7.67)
2018	53 (40.46%)	2024 (15.45)	40 (30.53%)	1829 (13.96)	30 (22.90%)	658 (5.02)
2019	59 (42.14%)	5259 (37.56)	36 (25.71%)	1764 (12.60)	29 (20.71%)	619 (4.42)
2020	83 (33.11%)	4482 (30.28)	40 (22.30%)	2184 (14.76)	30 (17.57%)	760 (5.14)

(3) 科学研究与技术服务业

该行业整体公司数量在增加,但专利信息披露情况呈现明显的下降趋势。2020年,披露发明专利、实用新型、外观设计信息的上市公司数量占比分别为41.67%、33.33%和16.67%。就披露的数量上看,不论总量还是均值,发明专利较之前都是明显增加;实用新型专利的总量增长,但均值却有下降;而外观设计在总量和均值上均有所下降,详见表3-19。

表 3-19　科学研究与技术服务业专利信息披露整体情况

年份	发明专利 披露公司数量（占比）	发明专利 披露总数（均值）	实用新型 披露公司数量（占比）	实用新型 披露总数（均值）	外观设计 披露公司数量（占比）	外观设计 披露总数（均值）
2016	7（77.78%）	153（17.00）	6（66.67%）	465（51.67）	2（22.22%）	39（4.33）
2017	9（56.25%）	510（31.88）	7（43.75%）	589（36.81）	4（25.00%）	33（2.06）
2018	9（45.00%）	607（30.35）	6（30.00%）	457（22.85）	3（15.00%）	31（1.55）
2019	10（50%）	654（32.70）	8（40%）	425（21.25）	4（20%）	26（1.30）
2020	10（41.67%）	817（34.04）	8（33.33%）	1028（42.83）	4（16.67%）	132（5.50）

（4）水利、环境和公共设施管理业

根据表 3-20 的统计，该行业中披露发明专利和实用新型专利信息的上市公司数量占比较之前年份明显减少；而外观设计专利的披露占比有所增加。从披露的数量上看，发明专利的总数和均值呈现上升趋势，另外两类专利技术都呈现下降的趋势。

表 3-20　水利、环境和公共设施管理业专利信息披露整体情况

年份	发明专利 披露公司数量（占比）	发明专利 披露总数（均值）	实用新型 披露公司数量（占比）	实用新型 披露总数（均值）	外观设计 披露公司数量（占比）	外观设计 披露总数（均值）
2016	6（54.55%）	121（11.00）	5（45.45%）	326（29.64）	1（9.09%）	6（0.55）
2017	6（46.15%）	190（14.62）	5（38.46%）	286（22.00）	3（23.08%）	11（0.85）
2018	4（28.57%）	83（5.93）	4（28.57%）	196（14）	2（14.29%）	10（0.71）
2019	10（58.82%）	253（14.88）	7（41.18%）	579（34.06）	5（29.41%）	34（2）
2020	10（45.45%）	416（18.91）	7（31.82%）	868（39.45）	5（22.73%）	86（3.91）

（二）非专利技术

1. 整体披露情况

2016—2020 年，第二类和第三类非专利技术的披露情况明显下降，第一类非专利技术的披露情况有所好转，2020 年披露公司数量占比 30.20%。2020 年，第一类非专利技术均值出现好转，达到 0.52 项／家，第二类和第三类均值下降，分别达到了 0.11 项／家和 0 项／家。

表 3-21　2016—2020 年非专利技术信息披露整体情况

年份	第一类 披露公司数量（占比）	第一类 披露总数（均值）	第二类 披露公司数量（占比）	第二类 披露总数（均值）	第三类 披露公司数量（占比）	第三类 披露总数（均值）
2016	159 (26.46%)	216 (0.36)	23 (3.83%)	51 (0.08)	7 (1.16%)	70 (0.12)
2017	30 (4.12%)	65 (0.09)	191 (26.60%)	305 (0.42)	74 (10.31%)	663 (0.93)
2018	63 (8.48%)	8 (0.01)	198 (26.65%)	124 (0.17)	70 (9.42%)	5545 (7.46)
2019	217 (21.29%)	0	34 (4.31%)	335 (0.43)	18 (2.28%)	0
2020	241 (30.20%)	408 (0.52)	27 (3.38%)	89 (0.11)	3 (0.38%)	0

2. 分行业披露情况

（1）制造业

根据表 3-22 的统计结果，较之 2018 年，2020 年披露第一类非专利技术信息的制造业上市公司占比明显增加，但第二类和第三类非专利技术信息的制造业上市公司占比下降。2020 年，披露三类非专利技术的上市公司占比分别为 30.79%、3.08% 和 0.74%。从三类非专利技术披露的总数来看，第一类非专利技术的披露总数在增加，均值稍有减小，第二类和第三类非专利技术总数和均值迅速减少。

表 3-22　制造业非专利技术信息披露整体情况

年份	第一类 披露公司数量（占比）	第一类 披露总数（均值）	第二类 披露公司数量（占比）	第二类 披露总数（均值）	第三类 披露公司数量（占比）	第三类 披露总数（均值）
2018	50 (9.71%)	8 (0.02)	145 (28.16%)	71 (0.14)	51 (9.90%)	5499 (10.68)
2019	168 (30.83%)	142 (0.69)	25 (4.59%)	0 (0)	12 (2.20%)	0 (0)
2020	190 (30.79%)	152 (0.38)	19 (3.08%)	89 (0.22)	3 (0.74%)	0 (0)

（2）信息传输、软件和信息技术服务业

根据表 3-23 的统计结果，2020 年该行业披露非专利技术信息的上市公司数量较之 2019 年减少。2020 年，披露三类非专利技术的上市公司占比分别达到 22.03%、2.54% 和 0%。信息传输、软件和信息技术服务业对第三类非专利技术信息的披露实现了从有到无。

表 3-23　信息传输、软件和信息技术服务业非专利技术信息披露整体情况

年份	第一类 披露公司数量（占比）	第一类 披露总数（均值）	第二类 披露公司数量（占比）	第二类 披露总数（均值）	第三类 披露公司数量（占比）	第三类 披露总数（均值）
2018	8 (6.11%)	0 (0)	26 (19.85%)	0 (0)	12 (9.16%)	33 (0.25)
2019	25 (17.86%)	0 (0)	6 (4.29%)	0 (0)	4 (2.86%)	0 (0)
2020	26 (22.03%)	0 (0)	3 (2.54%)	0 (0)	0 (0)	0 (0)

（3）科学研究与技术服务业

根据表 3-24 的统计结果，2019 年，科学研究与技术服务业上市公司对第一类非专利技术信息的披露实现了从无到有；2020 年对第三类非专利技术的披露比例却下降到零。

表 3-24　科学研究与技术服务业非专利技术信息披露整体情况

年份	第一类 披露公司数量（占比）	第一类 披露总数（均值）	第二类 披露公司数量（占比）	第二类 披露总数（均值）	第三类 披露公司数量（占比）	第三类 披露总数（均值）
2018	0 (0)	0 (0)	3 (15.00%)	0 (0)	3 (15.00%)	4 (0.20)
2019	2 (9.52%)	0 (0)	1 (4.76%)	0 (0)	1 (4.76%)	0 (0)
2020	4 (16.67%)	0 (0)	1 (4.17%)	0 (0)	0 (0)	0 (0)

（4）水利、环境和公共设施管理业

根据表 3-25 的统计结果，从三类非专利技术披露的总数和均值来看，只有第三类非专利技术有所披露，实现零的突破。

表 3-25　水利、环境和公共设施管理业非专利技术信息披露整体情况

年份	第一类 披露公司数量（占比）	第一类 披露总数（均值）	第二类 披露公司数量（占比）	第二类 披露总数（均值）	第三类 披露公司数量（占比）	第三类 披露总数（均值）
2018	1 (7.14%)	0 (0)	5 (35.71%)	0 (0)	0 (14.29%)	4 (0.29)
2019	5 (29.41%)	0 (0)	0 (0)	0 (0)	1 (5.88%)	0 (0)
2020	6 (2.73%)	0 (0)	0 (0)	0 (0)	0 (0)	0 (0)

（三）技术标准

1. 整体披露情况

总体来看，拥有技术标准并予以披露的创业板上市公司数量呈上升趋势。2018 年披露占比最高，为 25.17%；2020 年下降至 18.61%。在剔除未披露技术标准数量或披露不清的样本后，创业板上市公司披露的技术标准总量呈现出上升趋势，2020 年为 3645 项，相比去年增加 718 项，均值增加了 0.38 项/家，详见表 3-26。

表 3-26   2016—2020 年技术标准信息披露整体情况

年份	披露公司数量（占比）	披露总数（均值）
2016	130 (21.63%)	1174 (1.95)
2017	129 (17.97%)	838 (1.12)
2018	187 (25.17%)	1294 (1.74)
2019	196 (24.84%)	2927 (3.71)
2020	166 (18.61%)	3645 (4.09)

2. 分行业披露情况

（1）制造业

根据表 3-41 的统计结果，制造业中披露技术标准的公司数量逐渐先增多后减少，2020 年的披露占比为 19.77%。披露的技术标准总数增加，2020 年均值达到 3.68 项/家。

表 3-27   制造业技术标准信息披露整体情况

年份	披露公司数量（占比）	披露总数（均值）
2016	86 (20.67%)	827 (1.99)
2017	96 (18.97%)	507 (1.00)
2018	102 (19.81%)	701 (1.36)
2019	140 (25.97%)	1691 (3.14)
2020	122 (19.77%)	2268 (3.68)

（2）信息传输、软件和信息技术服务业

根据表 3-28 的统计结果，该行业披露技术标准的公司数量先增后减，2020 年披露占比为 13.51%。披露的技术标准总量和均值持续增长，2020 年达 324 项。

表 3-28　信息传输、软件和信息技术服务业技术标准信息披露整体情况

年份	披露公司数量（占比）	披露总数（均值）
2016	16 (13.79%)	77 (0.66)
2017	18 (14.17%)	98 (0.77)
2018	17 (12.98%)	128 (0.98)
2019	33 (23.57%)	253 (1.81)
2020	20 (13.51%)	324 (2.19)

（3）科学研究与技术服务业

根据表 3-29 的统计结果，科学研究与技术服务业中披露技术标准的公司占比持续增高，2020 年最高达到 45.83%。披露的技术标准总数呈现倒 U 形变化，2020 年较 2019 年少披露了 74 项。

表 3-29　科学研究与技术服务业技术标准信息披露整体情况

年份	披露公司数量（占比）	披露总数（均值）
2016	4 (44.44%)	461 (51.22)
2017	1 (6.25%)	1 (0.06)
2018	7 (35.00%)	410 (20.50)
2019	10 (50%)	859 (42.95)
2020	11 (45.83%)	785 (32.71)

（4）水利、环境和公共设施管理业

根据表 3-30 的统计结果，该行业中披露技术标准的公司数量与披露公司数量占比一直处于波动，2020 年均值最大，达 7.05 项／家；同时披露公司占比最高时曾达到 36.37%。

表 3-30　水利、环境和公共设施管理业技术标准信息披露整体情况

年份	披露公司数量（占比）	披露总数（均值）
2016	4（36.36%）	27（2.45）
2017	3（23.08%）	8（0.62）
2018	4（28.57%）	18（1.29）
2019	2（11.76%）	11（0.65）
2020	8（36.37%）	155（7.05）

（四）软件著作权

1. 整体披露情况

2016—2020 年，创业板上市公司中披露软件著作权的公司数量整体在上升，但是披露此项信息的公司占比出现了小幅度下降。2018 年的披露占比 41.59%，是 5 年来的最高值，往后占比下降。软件著作权披露的总量逐渐增多，2020 年披露总量为 66878 项。从年度均值的变化来看，2016—2020 年创业板上市公司的软件著作权平均拥有量不断增加，且增幅较大，2020 年含著作权的公司的均值达到了 74.98 项/家。披露软件著作权信息的企业中不乏表现优秀者，其中中胤时尚（300901）以 7905 项软件著作权，成为拥有软件著作权最多的企业（见表 3-31）。

表 3-31　2016—2020 年软件著作权信息披露整体情况

年份	披露公司数量（占比）	披露总数（均值）
2016	245（40.78%）	20241（32.75）
2017	258（35.93%）	26446（36.83）
2018	309（41.59%）	37257（50.14）
2019	267（33.50%）	44287（55.57）
2020	327（36.66%）	66878（74.98）

2. 分行业披露情况

（1）制造业

根据表 3-32 的统计结果，制造业中披露软件著作权信息的公司数量呈现先减少后增加的变化趋势，披露比例由 2016 年的 33.17% 下降至 2018 年的 19.81%，而后上涨至 2020 年 31.28%。披露的软件著作权的总量呈 U 形变化，2020 年达到均值的最大值，为 38.14 项／家。整体来看，制造业的软件著作权披露情况有所好转，增长趋势明显。

表 3-32　制造业软件著作权信息披露整体情况

年份	披露公司数量（占比）	披露总数（均值）
2016	138 （33.17%）	7193 （17.29）
2017	163 （32.21%）	9386 （18.55）
2018	102 （19.81%）	701 （1.36）
2019	156 （28.94%）	18152 （33.68）
2020	193 （31.28%）	23535 （38.14）

（2）信息传输、软件和信息技术服务业

根据表 3-33 的统计结果，该行业中披露软件著作权的公司数量波动变化，披露比例由 75% 下降至 12.98%，而后上涨至 2020 年的 62.16%。披露软件著作权的总量波动变化，2020 年达到均值的最大值，为 212.22 项／家。整体来看，信息传输业的软件著作权披露情况增长趋势明显。

表 3-33　信息传输、软件和信息技术服务业软件著作权信息披露整体情况

年份	披露公司数量（占比）	披露总数（均值）
2016	87 （75.00%）	11345 （97.80）
2017	80 （62.99%）	14282 （112.46）
2018	17 （12.98%）	128 （0.98）
2019	81 （57.86%）	22732 （162.37）
2020	92 （62.16%）	31408 （212.22）

（3）科学研究与技术服务业

根据表 3-34 的统计结果，科学研究与技术服务业中披露软件著作权的公司数量，以及披露的软件著作权总数与均值均于 2020 年达到最大值，分别为 43.48%、9729 项和 422.96 项／家。

表 3-34　科学研究与技术服务业软件著作权信息披露整体情况

年份	披露公司数量（占比）	披露总数（均值）
2016	1 (11.11%)	5 (0.56)
2017	6 (37.50%)	514 (32.13)
2018	7 (35.00%)	410 (20.50)
2019	6 (30%)	1060 (53)
2020	10 (43.48%)	9729 (422.96)

（4）水利、环境和公共设施管理业

根据表 3-35 的统计结果，该行业中披露软件著作权的公司数量变化波动较小。披露的软件著作权总数与均值呈现上升趋势，2020 年达到最大值，为 186 项和 8.45 项／家。

表 3-35　水利、环境和公共设施管理业软件著作权信息披露整体情况

年份	披露公司数量（占比）	披露总数（均值）
2016	3 (27.27%)	13 (1.18)
2017	3 (23.08%)	13 (1.00)
2018	4 (28.57%)	18 (1.29)
2019	4 (23.53%)	50 (2.94)
2020	10 (45.45%)	186 (8.45)

五、研究结论
（一）技术类无形资产的行业差异依旧明显

从总量上看，由于各个行业之间企业数量差距等原因，制造业、信息传输、软件和信息技术服务业各类技术类无形资产总量均排在前列，具有明显的规模优势。从技术类无形资产的行业均值来看，专利平均拥有量较高的行业是信息传输、软件和信息技术服务业和制造业；非专利技术平均拥有量较高的行业是水利、环境和公共设施管理业、信息传输、软件和信息技术服务业以及租赁和商务服务业；技术标准平均拥有量较高的行业是信息传输、软件和信息技术服务业，水利、环境和公共设施管理业以及制造业；软件著作权平均拥有量较高的行业是信息传输、软件和信息技术服务业。另外，近几年制造业，信息传输、软件和信息技术服务业的技术类无形资产规模呈现出较高增速的趋势，原因一是现代企业更加依靠技术类无形资产带来收益，所以加大了技术类无形资产的研发投入，二是可能受到政府政策及宏观经济的影响。

（二）技术类无形资产的结构不均衡

技术类无形资产的结构不均衡主要反映在创业板上市公司对不同类型技术类无形资产的披露质量及重视程度。在招股说明书中，专利及非专利技术类无形资产的披露情况都明显高于技术标准及软件著作权。但在上市之后，除了专利技术覆盖率呈上升趋势之外，其他技术类无形资产的总体披露情况都有所下降。可能的原因：其一，非专利技术作为公司的主要核心技术，不适合向外界公布；其二，参与技术标准的制定的门槛相对较高，获得技术标准认定的难度比较大；其三，软件著作权对于部分行业企业的作用不显著，缺乏对软件著作权的重视。总体而言，技术类无形资产结构不平衡的现状十分明显。

报告四：创业板上市公司市场类无形资产研究

商标、客户、竞争地位和竞争优势均是与市场高度相关的无形资产，构成了公司核心竞争力的重要组成部分。本报告延续《蓝皮书（2018—2020）》的研究框架，对 2020 年 12 月 31 日前上市的 892 家公司的商标、客户、竞争地位、核心竞争优势等信息进行描述性统计，以探究创业板公司有关市场类无形资产的现状和变化趋势，得出有价值的研究结论。

一、概念界定
（一）商标

商标是用来区别一个经营者的品牌或服务和其他经营者的商品或服务的标记。我国《商标法》规定，经商标局核准注册的商标，包括商品商标、服务商标和集体商标、证明商标，商标注册人享有商标专用权，受法律保护，如果是驰名商标，将会获得跨类别的商标专用权法律保护。作为一种可辨认的常规无形资产，商标是市场经济下供买卖双方在商品交换活动中辨认商品质量、档次、品位的标志。商标权则是将商标法律化、制度化并且为消费大众所认可的一种知识产权。

（二）客户

客户指用货币或某种有价值的物品来换取接受财产、服务、产品或某种创意的自然人或组织。客户是商业服务或产品的采购者，他们可能是最终的消费者、代理人或供应链内的中间人。大客户又被称为重点客户、主要客户、关键客户、优质客户等，指的是对产品（或服务）消费频率高、消费量大、客户利润率高而对企业经营业绩能产生一定影响的要害客户，除此之外的客户群则可划入中小客户范畴。客户属于非常规的一类无形资产，但是随着市场经济和企业竞争的加剧，客户资源逐步成为衡量企业无形资产状况的重要指标之一。

（三）竞争地位

竞争地位是指企业在目标市场中所占据的位置，是企业规划竞争战略的重要依据。企业的竞争地位不同，其竞争战略也不同。创业板公司竞争地位主要由"核心产品的市场占有率"和"市场排名"两项指标加以体现。其中，市场占有率指的是，一个企业的销售量（或销售额）在市场同类产品中所占的比重，体现了企业对市场的控制能力；市场排名一般是根据既有规则对企业多个要素打分后按照权重进行加总的分数排名，能够较为全面地体现企业在行业中的竞争地位。在当前经济环境下，竞争地位也开始被纳入非常规无形资产的范畴，一个企业在行业中所处的地位也成为其重要的资源与能力。

（四）竞争优势

竞争优势是一种特质，它可以使组织在市场中得到的价值超过它的竞争对手。企业组织通过保持竞争优势，模仿或取代竞争对手获得更多的经济价值。延续之前蓝皮书的做法，本报告市场类无形资产的企业核心竞争优势从企业的技术研发、产品性能、品牌、客户资源、行业经验、人才团队、服务、营销网络、管理、资质、商业模式、市场地位、成本、产业链和企业文化15个方面进行评价。作为非常规的一类无形资源，企业的各项能力作为持续竞争优势的潜在来源，指的是一个公司比其他公司做得特别突出的一系列活动，它可能出现在特定的职能中，也可能与特定技术或产品设计相联系，或者存在于管理价值链各要素的联系之中。

二、相关典型事件和文献综述

本报告整理了市场类无形资产的相关典型事件与最新研究成果综述，以把握此类无形资产的实践发展与研究走向。

（一）典型事件（见表4-1）

表4-1　　2020年以来与市场类无形资产相关的典型事件

序号	时间	涉及的无形资产类型	事件及影响	资料来源
1	2017-8	商标	2017年8月24日，苏州中级人民法院做出判决，三名以New Boom品牌制造鞋子的生产商必须支付New Balance150万美元（约合1000万元人民币）的侵权赔偿金和法律费用，这是因为它们侵犯了这家美国运动公司知名的倾斜"N"标志。苏州中级人民法院在裁决书中称，三名被告以New Boom的品牌制造鞋子，"抢占New Balance运动鞋的市场份额""对新百伦公司商誉的损害极大"	新浪财经：New Balance在华打赢商标诉讼获千万赔偿 http://finance.sina.com.cn/roll/2017-08-25/doc-ifykiqfe1381832.shtml

续表

序号	时间	涉及的无形资产类型	事件及影响	资料来源
2	2017-5	商标	《中国好声音》的名称使用权之争吸引了众多的关注，2月27日，香港国际仲裁中心仲裁庭在经过多轮听证之后做出最终裁决，裁定包括《中国好声音》这一中文节目名称在内的所有知识产权属于原版权方荷兰Talpa公司所有。而唐德购买了荷兰原版模式，那么这个名称也就属于唐德影视。名称之争就此尘埃落定，然而诉讼并未停止。5月24日，"好声音"商标侵权案在北京知识产权法院正式开庭审理。唐德影视认为灿星公司和世纪丽亮公司实施了商标侵权和不正当竞争行为，索赔5.1亿元。而在此之前，浙江广播电视集团已经正式针对唐德影视向浙江省高级人民法院提起不正当竞争之诉，并进一步要求唐德影视赔偿1.2亿元经济损失	搜狐财经：产权之争落地 唐德唱响中国好声音 http://www.sohu.com/a/127549540_114986
3	2017-8	商标	王老吉与加多宝持续多年的拉锯战终于尘埃落定。2017年8月，最高人民法院终审判决广药集团与加多宝公司对"红罐王老吉凉茶"包装装潢权益的形成均作出了重要贡献，双方可在不损害他人合法利益的前提下，共同享有"红罐王老吉凉茶"包装装潢的权益。11月，加多宝官网宣称，广东高级人民法院就加多宝与王老吉公司、广药集团"怕上火"广告语一案的终审裁决：加多宝公司一直使用的"怕上火喝×××"等广告语句式改用在"加多宝凉茶"产品上，不构成不正当竞争；撤销广州中院一审判决，并驳回王老吉公司与广药集团的全部诉讼请求。这意味着，两家凉茶企业也将共享"怕上火"的广告语。战则两伤，和则两利。持久的消耗战或许只会对双方和社会资源造成巨大的浪费，放眼长远，共享无疑是对双方最好的安排	新浪网：加多宝与王老吉红罐之争尘埃落定 http://finance.sina.com.cn/zt_d/hongguanzhizheng/

报告四：创业板上市公司市场类无形资产研究

续表

序号	时间	涉及的无形资产类型	事件及影响	资料来源
4	2017-8	商标	8月18日，作为"红牛"商标所有者的TCP集团成员泰国天丝医药保健有限公司及"红牛"商标创始者许氏家族，以"商标侵权"为首要理由，宣布起诉投资成立"中国红牛"的华彬集团董事长严彬。随后在21日，中国红牛发表声明首次回应了"红牛商标使用权"，在稳定市场的同时，表达了想在谈判桌上解决争议的想法，此举也间接承认了红牛商标的争议性。业内人士分析认为，对于泰国红牛来说，手上的红牛商标是其最大的筹码；对于中国红牛来说，20年来积累的生产能力与渠道关系，成了它对抗泰国红牛的一把利剑。泰国红牛想重新掌握对中国红牛的控制权，中国红牛则尝试在双方的博弈中争取更大的话语权	人民网：泰国天丝和严彬抢"红牛"它躲在幕后"摘桃子"http://paper.people.com.cn/gjjrb/html/2017-08/28/content_1800840.htm
5	2017-10	竞争优势 竞争地位	创业板开板八周年，截至2017年9月30日，创业板共有410家公司上市前获得创投的资金支持，初始投资总额达239亿元	网易财经：http://money.163.com/17/1030/07/D1VQKM72002580S6.html
6	2017-11	竞争优势	创业板公司不断强化培养创新能力，共投入研发经费475亿元，同比增长24.35%。创业板高新技术企业家数达617家，占比85.22%，拥有的与自营产品相关的核心专利技术已达22453项	《经济观察报》：创业板8周年专题《创业板八周年成绩单亮相：这八大变化你要知道》
7	2020-6	商标	乐视网拥有的1354项商标从6月29日10点起拍，历经上千次竞价，天津嘉睿汇鑫企业管理有限公司以最高应价竞得，拍卖成交价为人民币131367916.70元。据北京市第三中级人民法院报告显示，商标评估价格为194881元	腾讯网：乐视网商标拍卖，13.64万起拍1.31亿成交，商标如此值钱？

（二）文献综述

1. 商标

信息化拓展了商标权的定义和范畴，越来越多的企业开始重视商标权的注册和保护，立法者和学术界也开始解读和重新定义商标权的边界。

（1）商标保护研究

马玉凤（2017）[1]着重分析未注册商标的概念与特点，讨论了商标法对此类商标保护的现实意义，并在此基础上提出了实施保护的基本原则和制度设计。Dai（2018）通过 Probit 模型和 Tobit 模型考察了商标权保护这一制度环境对工业企业研发投入的作用。

（2）商标恶意抢注法律规制路径

魏丽丽（2021）[2]通过对不同法律的局限性和边界条件研究，提出为有效规制恶意抢注，应当结合《商标法》《侵权责任法》《反不正当竞争法》前述立法的功能定位选择多元化法律规制路径，并从明确恶意抢注商标不予注册、规定未经实际使用的注册商标不得转让、限制恶意抢注商标的请求权方面对我国商标立法以制度完善。

（3）商标权在法律上的边界研究

袁文涛（2018）[3]以商标法为实例缩微"大国际私法"体系，即通过对商标权法律冲突法、程序法的论述，全面系统构筑国际商标法律制度。蒋克林（2018）[4]从 App 上传者与商店管理者两方面入手，对商标侵权认定标准进行了细化研究，提出在司法实践中有必要针对 App 商标自身特点以及当前商标侵权认定过程所存在的问题，对于商标侵权认定给出一个具体明确、可操作性强的标准。商标显著性的制度目的是防止以商标权的方式独占通用性、描述性与功能性标志以保护公平竞争，其本质是显示与所指定商品或服务之间的区别性。

（4）商标培育与商标权保护对企业绩效的影响

刘红霞和张烜（2015）[5]以 2004—2014 年间获得中国驰名商标认定的沪、深 A 股上市公司为样本，结合商标资产对公司绩效的影响机理，研究了驰名商标认定前后公

---

[1] 马玉凤.论商标法对未注册商标的保护 [J].法制与经济,2017(12):32-33.
[2] 魏丽丽.商品状况改变后再销售中商标权用尽规则的适用问题研究 [J].中州学刊,2021(02):56-58.
[3] 袁文涛.论商标权的法律冲突与法律适用 [D].南京大学,2018.
[4] 蒋克林.移动互联网领域下 APP 商标侵权的认定研究 [J].法制博览,2018(5):2-4.
[5] 刘红霞,张烜.驰名商标价值管理与企业绩效研究——以上市公司营销活动和研发活动为例 [J].甘肃社会科学,2015(06):181-185.

司绩效的变化，发现上市公司获得驰名商标认定后，其绩效有显著提升；而且，公司拥有的与驰名商标商品同类的普通注册商标数量越多，公司绩效提升越多。Agostini（2016）通过建立 Rest 支持的面板回归模型，研究了专利和商标对意大利不同行业中小企业经济和财务绩效的影响，发现商标与专利的受保护数量与企业财务绩效呈正相关关系。

2. 客户

客户是企业重要的利益相关者，重要客户是否对企业的经营、财务决策以及风险产生影响是一个重要的理论和实务问题。

（1）客户集中度与企业运营能力的研究

单文涛和王永青（2018）[1] 以 2007—2014 年中国 A 股制造业上市公司为样本，研究了客户集中度对企业资产营运能力的影响。研究表明，客户集中度越高，企业资产营运能力越低，二者呈显著负相关关系。进一步研究发现，不同产权性质的企业中，客户集中度对企业资产营运能力的影响存在差异性，客户集中度与企业资产营运能力的负相关关系只存在于非国有企业中。

孙兰兰和翟士运（2019）[2] 以引入资金周转绩效作为中介变量，研究客户关系如何影响企业营运资金结构。实证结果表明，客户集中度越高，企业越倾向于选择稳健的营运资金结构，保证企业的正常运营能力。

（2）客户集中度与企业现金持有量的研究

Matsumura（2009）[3] 研究发现，客户集中度降低了投资效率，加剧了过度投资和投资不足的问题；同时，客户集中度与公司的现金持有量之间呈现显著的正相关关系。对投资效率的进一步研究表明，现金持有在客户集中度与投资效率之间存在着部分中介效应。

王洋帅等（2017）[4] 以 2011—2015 年我国沪、深两市 A 股上市公司为样本，通过多元回归分析，发现由于预防性动机和承诺性动机的存在，客户集中度与企业现金持有水平正相关；相比于国有企业，在客户关系不稳定且融资相对困难的非国有企业中，客户集中度与现金持有水平的正相关关系更为明显。

---

[1] 单文涛，王永青. 产权性质、客户集中度与资产营运能力 [J]. 财会通信, 2018(12):56-58+85.

[2] 孙兰兰，翟士运. 客户关系影响企业营运资金融资决策吗？——基于资金周转中介效应的实证分析 [J]. 财经论丛, 2019(08):63-72.

[3] MATSUMURAEL, SCHLOETZERJD. Strong buyers and inter-organizational cost [D]. Madison: University of Wisconsin-Madison, 2009.

[4] 王洋帅，陈琳，童纪新. 客户集中度与制度环境对现金持有水平影响的实证检验 [J]. 财会月刊, 2017(15):51-61.

方宗与陈佳煌（2019）[①]以2012—2016沪、深两股制造业上市公司为样本数据，创新新地将供应商集中度作为调节变量，研究认为，在其他条件一定情况下，客户集中度与企业现金持有水平呈正相关关系，特别是非国有企业和竞争较为激烈的行业，客户集中度与企业现金持有水平正相关关系更强。

李国兰和杜姝颖（2020）[②]通过对2007—2017年沪、深A股上市公司为样本研究表明：企业的客户集中度显著正向影响业绩波动并且该正相关关系会随着自由现金流的增加而减弱，同时客户集中度对业绩波动性的正向作用主要体现在小规模以及股权分散的企业中，自由现金流的调节效应在股权集中度不同的企业中存在差异。

（3）客户集中度的治理效应研究

杨晰等（2018）[③]以2007—2014年A股制造业上市公司为样本，对客户集中度与内部控制缺陷的关系进行研究，发现两者之间呈显著负相关。这一现象在非国有企业以及议价能力较低的企业中更为显著。

焦小静和张鹏伟（2017）[④]以2007—2015年沪深交易所披露了前五大客户信息的A股上市公司为样本，研究客户集中与现金股利之间的关系。研究发现，客户集中度与公司的股利支付显著负相关，这一结论在采用PSM和Heckman检验控制内生性问题后仍然成立。进一步的分析表明，这种负相关关系的传导路径是客户的治理效应而不是风险效应。

杨肃昌和马亚红（2020）[⑤]以2008—2017年沪、深A股上市公司为对象，研究发现在客户集中度较高的样本组，客户集中度会增加公司诉讼风险，而在客户集中度较低的样本组，客户集中度对公司诉讼风险无显著影响。进一步区分公司规模、产权性质、内部控制质量、地区市场化程度后发现，客户集中度对诉讼风险的影响仅在规模较小、非国有控股、内部控制较弱和市场化程度较低区域的公司中表现显著。

（4）客户集中度与企业创新的研究

方红星、严苏艳（2020）[⑥]以2009—2015年沪、深A股上市公司作为研究样本，

[①] 方宗,陈佳煌.供应链环境下客户集中度对现金持有量水平影响研究[J].财会通信,2019(18):118-123+128.

[②] 李国兰,杜姝颖.客户集中度、自由现金流与业绩波动性[J].财会月刊,2020(02):39-47.

[③] 杨晰,靳燕娟,李刚.试论客户集中度与内部控制缺陷[J].商业经济研究,2018(16):166-168.

[④] 焦小静,张鹏伟.客户集中度影响公司股利政策吗：治理效应抑或风险效应[J].广东财经大学学报,2017,32(04):70-81.

[⑤] 杨肃昌,马亚红.客户集中度与公司诉讼风险[J].江西财经大学学报,2020(01):48-61.

[⑥] 方红星,严苏艳.客户集中度与企业创新[J].科研管理,2020,41(5):9.

对客户集中度与企业创新投入、创新产出之间的关系进行了实证分析,并进一步探讨了产品独特性、高新技术行业对客户集中度与企业创新关系的影响。

孟庆玺等(2018)[①]以企业技术创新为切入点,利用2005—2014年上市公司年报信息,研究了以客户集中度为指标,关系型交易的经济后果、作用机制以及客户个体特征的调节作用。实证检验表明,较高的客户集中度会阻碍而非助力企业技术创新。其作用机制在于,当客户集中度增加时,企业的融资约束加剧、经营风险上升,二者共同阻碍了技术创新。基于客户特征的进一步分析还发现,只有当客户的议价能力较强、破产风险较高或者与企业具有关联关系时,客户集中度对企业技术创新的阻碍效应才会存在,但上述效应不会受到客户技术水平的显著影响。

文旭倩和叶勇(2020)[②]基于供应链管理的视角,利用A股制造业上市公司2014—2017年的观察数据为样本,实证检验后发现(1)客户集中度与创新投入呈显著正相关关系;(2)外源融资在客户集中度与企业创新投入的关系中存在部分中介作用,但内源融资的中介效应不显著;(3)相对于技术密集型行业,劳动和资本密集型制造业的客户集中度对企业创新投入影响更大(4)客户集中度可以通过影响股权融资和商业信用从而影响企业创新投入,但银行借款对两者关系存在抑制作用。

3. 竞争地位

(1)企业竞争地位对权益资本成本的影响研究

魏卉和郑伟(2019)[③]以2004—2014年沪、深A股非金融行业上市公司为研究样本,结合企业竞争地位,系统分析并验证供应链集中度影响权益资本成本的作用机理及可能的传导路径。研究发现,较高的企业竞争地位能够弱化供应链集中度对权益资本成本的负面影响,且企业竞争地位是通过缓解企业的经营风险这条路径影响了二者之间的关系,即较高的企业竞争地位因其具有较强的抵御风险能力从而缓解了供应链集中度引发的经营风险,继而对供应链集中度与企业权益资本成本之间的正相关关系产生弱化作用。

---

① 孟庆玺,白俊,施文.客户集中度与企业技术创新:助力抑或阻碍——基于客户个体特征的研究[J].南开管理评论,2018,21(04):62-73.

② 文旭倩,叶勇.客户集中对企业创新投入的影响——基于融资结构的中介效应[J].数理统计与管理,2020,39(04):675-690.

③ 魏卉,郑伟.企业竞争地位、供应链集中度与权益资本成本[J].商业研究,2019(02):109-118.

（2）企业竞争地位对企业双元创新投资的影响研究

朱磊和唐琳玉等人（2018）[①] 以 2013—2015 年我国中小板公司为样本，基于"掠夺效应"和市场势力理论，从行业竞争程度和企业竞争地位的双重视角分析了产品市场竞争对企业双元创新投资的作用机制。研究发现，行业竞争程度对企业双元创新投资会产生激励作用，与开发式创新投资相比，对探索式创新投资的激励作用更显著。企业竞争地位对企业双元创新投资产生抑制效应，其中对探索式创新投资的抑制作用更强。企业竞争地位强化了行业竞争程度对创新投资的激励作用。

（3）企业竞争地位对企业金融资产配置的影响

李顺彬（2020）[②] 通过选取 2007—2018 年我国 A 股非金融类上市公司的经验数据为样本，实证研究表明产品市场竞争程度和企业竞争地位与企业金融资产配置均呈正相关关系，企业竞争地位在产品市场竞争程度与企业金融资产配置的关系中起到了反向的交互作用，而且竞争地位高的企业更倾向于配置金融资产，市场套利动机是企业进行金融资产配置的主要动因。

4. 竞争优势

（1）企业优势对市场竞争力的影响

李世刚等（2016）[③] 建立了一个包含企业异质性变量的理论模型来分析企业市场势力的决定因素。研究结果显示，行业或地区的企业数量越多，企业的平均市场势力越小；代表需求优势的企业资本、年龄、营销支出与企业市场势力正相关；代表成本优势的企业 TFP 与企业市场势力正相关。Ketchen 等（2007）[④] 也指出，市场导向倡导企业通过提供或维持卓越的产品质量和服务品质为顾客创造最大的消费价值，从而提升顾客对于企业品牌的感知水平。研究结果显示，市场导向通过竞争优势作用于组织绩效，三者之间存在显著的正向因果关系。但市场导向及竞争优势的不同因素对其因变量的影响不一，而环境特征和企业所采取的战略类型对上述因果关系有显著的影响。

[①] 朱磊,唐琳玉,王春燕,吕梓毓.产品市场竞争与企业双元创新投资——来自中小板的经验数据[J].财务研究,2018(04):35-44.

[②] 李顺彬.产品市场竞争、竞争地位与企业金融资产配置[J].经济体制改革,2020(01):119-127.

[③] 李世刚,杨龙见,尹恒.异质性企业市场势力的测算及其影响因素分析[J].经济学报,2016,3(02):69-89.

[④] KETCHENDJ,HULT,GTM, SLATERSF. Toward Greater Understanding of Market Orientation and the Resource-based view. Strategic Management Journal, 2007, 28(9): 961-964.

（2）企业核心竞争优势的构建

金子坚（2017）[①]通过构建存在风险偏好的模糊市场容量古诺模型，运用风险偏好系数和三角模糊函数刻画企业对市场容量的预测，以及均衡产量过程；在此基础上，分析企业竞争优势获得的来源以及其变化趋势。通过研究中小企业国际化案例，发现营销和研发投资是建立动态变化能力和竞争优势的必要条件，但不是充分条件。同时，企业遵循自身战略的程度与竞争优势的基础密切相关。

（3）创业、创新与企业竞争优势的关系研究

段梦等（2018）[②]通过对全国 203 家企业的实证研究发现，开发式创新和探索式创新对企业竞争优势存在正向影响，并在创业导向和竞争优势之间发挥中介效应。付丙海等（2015）[③]利用长三角地区 196 家企业数据进行实证分析，指出开发式创新和探索式创新均对创新绩效和企业竞争优势的建立具有显著正向影响，且前者作用更大；但两者的交互作用对竞争优势具有显著负向影响。

杨俊等（2020）[④]通过对 969 家新三板 IT 企业数据统计分析的理论建构，提出了基于商业模式创新的效率优势和新颖优势的形成逻辑不同导致其存在非对称性互动强化关系。

三、基于招股说明书的市场类无形资产披露情况

本报告延续以往蓝皮书的研究框架，将市场类无形资产分为商标、客户、竞争地位和竞争优势四类，各自包含内容及统计口径如表 4-2 所示。

[①] 金子坚.存在风险偏好的模糊市场容量古诺模型构建与竞争优势分析[J].全国流通经济,2017(04):101-104.

[②] 段梦,周颖,吕巍,罗津.创业导向、双元创新与企业竞争优势[J].工业工程与管理,2018,23(01):110-114+121.

[③] 付丙海,谢富纪,韩雨卿.创新链资源整合、双元性创新与创新绩效：基于长三角新创企业的实证研究[J].中国软科学,2015(12):176-186.

[④] 杨俊,张玉利,韩炜,叶文平.高管团队能通过商业模式创新塑造新企业竞争优势吗？——基于 CPSED Ⅱ 数据库的实证研究[J].管理世界,2020,36(07):55-77+88.

表 4-2 市场类无形资产的分类及统计口径

市场类无形资产	统计口径
商标	商标图形或名称、持有商标数量、申请商标数量、商标荣誉、有效日期、取得方式、注册证号、商标类别、商标权属
客户	"前五大客户销售占比"和"主要客户基本情况"
竞争地位	"核心产品的市场占有率"和"市场排名"
竞争优势	技术研发、产品性能、品牌、客户资源、行业经验、人才团队、服务、营销网络、管理、资质、商业模式、市场地位、成本、产业链和企业文化

从 892 家样本公司招股说明书披露的信息来看，拥有并披露商标、客户和竞争地位等市场类无形资产的公司占比均超过 80%，低于上一年披露情况；而披露核心竞争优势和客户信息的公司占比达到 99%（见表 4-3），信息披露情况基本与往年持平。

表 4-3 基于招股说明书的创业板公司市场类无形资产披露情况

市场类无形资产类型	2019 披露公司数量/家	占比/%	2020 披露公司数量/家	占比/%
商标	796	98.27	755	84.64
客户	780	96.30	887	99.44
竞争地位	807	99.63	725	81.28
核心竞争优势	808	99.75	889	99.66

注："占比"的计算方式为：披露某项市场类无形资产的公司总数/892 家样本公司。

（一）商标

1. 整体披露情况

基于公司招股说明书数据，892 家创业板上市公司总计持有 25826 项商标（见表 4-4），平均每家公司持有商标数为 28.95 项，高于上年的 8.61 项/家，说明 2020 年新上市的 107 家公司（300812-300999）平均商标持有量较之前有明显增加。此外，共有 133 家公司披露了正在申请的商标数量，为 417 项，平均每家公司正在申请商标数为 0.47 项，从均值来看低于上年。新上市企业使用副商标模式有利于商标的推广和保护，有助于运用商标实施品牌战略，但同时也增加了相关的管理费用。

表 4-4　商标信息披露整体情况

商标状态	2019 数量/家	占比/%	总数/件	均值/（件/家）	2020 数量/家	占比/%	总数/件	均值/（件/家）
持有商标	748	92.35	6976	8.61	718	81.61	25826	28.95
申请商标	167	20.62	1738	2.15	133	14.91	417	0.47
商标荣誉	230	28.40	275	0.34	443	49.66	491	0.55

注 "数量"指的是披露某项商标信息的公司数量；"占比"的计算方式为：披露某项商标信息的公司总数/892家样本公司；"总数"指892家样本公司披露商标总数；"均值"的计算方法为：某项商标信息的披露总数/892家样本公司。

从商标荣誉来看，2019年新增上市公司中有11家公司披露了商标荣誉共13项，合计披露了商标荣誉的公司数量达到230家。2020年共有443家样本公司披露了不同等级的商标荣誉。其中，持有"中国驰名商标"的公司数量为60家，持有省、直辖市一级商标荣誉的公司数量为152家，持有地级市及其他同级别商标荣誉的公司数量为40家。

2. 分行业披露情况（建议给出各行业公司数量）

如表4-5所示，从商标持有量的披露情况来看，2020年农林牧渔业、教育业、卫生和社会工作披露该项信息公司占比较低，均未达60%。整体而言，电力、热力、燃气及水生产和供应业最重视商标信息的披露，公司数量最多的制造业、信息传输、软件和信息技术服务业对商标信息披露较为重视。

表 4-5　2019—2020年分行业商标信息披露公司数及占比

行业	2019年 持有商标（占比）	申请商标（占比）	商标荣誉（占比）	2020年 持有商标（占比）	申请商标（占比）	商标荣誉（占比）
采矿业	4（80%）	2（40%）	2（40%）	3（60%）	0（0%）	1（20%）
电力、热力、燃气及水生产和供应业	3（100%）	1（33.30%）	1（33.30%）	3（100%）	1（33.33%）	3（100%）
建筑业	8（80%）	1（10%）	1（10%）	7（70%）	0（0%）	5（50%）
交通运输、仓储和邮政业	2（100%）	1（50%）	0（0%）	2（66.67%）	1（33.33%）	1（33.33%）

续表

行业	2019年 持有商标（占比）	2019年 申请商标（占比）	2019年 商标荣誉（占比）	2020年 持有商标（占比）	2020年 申请商标（占比）	2020年 商标荣誉（占比）
教育业	2 (100%)	0 (0%)	2 (100%)	1 (50%)	1 (50%)	1 (50%)
金融业	2 (50%)	2 (50%)	0 (0%)	4 (80%)	0 (0%)	1 (20%)
居民服务、修理和其他服务业	1 (100%)	0 (0%)	0 (0%)	1 (100%)	0 (0%)	0 (0%)
科学研究和技术服务业	23 (100%)	4 (17.40%)	2 (8.70%)	21 (87.50%)	4 (16.67%)	9 (37.50%)
农林牧渔业	5 (71.40%)	4 (57.10%)	2 (28.60%)	3 (37.50%)	1 (12.50%)	3 (37.50%)
批发和零售贸易	10 (100%)	1 (10%)	5 (50%)	7 (70%)	1 (10%)	5 (50.00%)
水利、环境和公共设施管理业	14 (82.40%)	2 (11.80%)	1 (5.90%)	16 (72.73%)	7 (31.82%)	8 (36.36%)
卫生和社会工作	3 (100%)	1 (33.30%)	2 (66.70%)	2 (50%)	2 (50%)	2 (50.00%)
文化、体育和娱乐业	13 (100%)	2 (15.40%)	3 (23.30%)	12 (80%)	3 (20%)	7 (46.67%)
信息传输、软件和信息技术服务业	132 (93%)	34 (23.90%)	17 (12%)	128 (86.49%)	16 (10.81%)	80 (54.05%)
制造业	535 (96.60%)	104 (18.80%)	188 (33.90%)	499 (80.88%)	96 (15.56%)	314 (50.82%)
租赁和商务服务业	14 (100%)	6 (42.90%)	3 (21.40%)	9 (64.29%)	0 (0%)	3 (21.43%)

注：括号外数据表示对应行业中披露某项商标信息的公司数量，括号中数据为该行业中披露某项商标信息的公司占比，计算方式为：披露该项信息公司数／该行业公司总数。

如表4-6所示，从总量上看，由于上市企业数量较多，制造业的商标持有量、申请量和商标荣誉均较多。从均值上看，批发和零售贸易的表现则更好。

如表4-6所示，从各行业各类商标均值来看，采矿业、金融业、科学研究和技术服务业、批发和零售贸易、文化、体育和娱乐业、信息传输、软件和信息技术服务业、制造业、租赁和商务服务业的持有商标均值都超过20件，其中采矿业、金融业、科学研究和技术服务业、批发和零售贸易、文化、体育和娱乐业、信息传输、软件和信息技术服务业、制造业、租赁和商务服务业公司数量都超过100家，但行业持有商标均值均超过 20 件，表明这些行业对商标品牌高度重视。

表 4-6　2019—2020 年分行业商标信息披露总数与均值

行业	2019年 持有商标（占比）	2019年 申请商标（占比）	2019年 商标荣誉（占比）	2020年 持有商标（占比）	2020年 申请商标（占比）	2020年 商标荣誉（占比）
采矿业	89 (17.8)	20 (4)	2 (0.4)	145 (29)	0 (0)	1 (0.2)
电力、热力、燃气及水生产和供应业	23 (7.7)	2 (0.7)	1 (0.3)	2 (10.67)	1 (0.33)	3 (1)
建筑业	80 (8)	2 (0.2)	1 (0.1)	38 (3.8)	0 (0)	5 (0.5)
交通运输、仓储和邮政业	8 (4)	12 (6)	0 (0)	11 (3.67)	0 (0)	1 (0.33)
教育业	17 (8.5)	0 (0)	2 (1)	6 (3)	1 (0.5)	1 (0.5)
金融业	47 (11.8)	15 (3.8)	0 (0)	231 (46.2)	0 (0)	1 (0.2)
居民服务、修理和其他服务业	39 (39)	0 (0)	0 (0)	2 (2)	0 (0)	0 (0)
科学研究和技术服务业	611 (26.6)	117 (5.1)	2 (0.1)	1219 (50.8)	5 (0.21)	11 (0.46)
农林牧渔业	87 (12.4)	8 (1.1)	2 (0.3)	38 (4.8)	9 (1.13)	3 (0.38)
批发和零售贸易	1294 (129.4)	4 (0.4)	6 (0.6)	1181 (118.1)	0 (0)	7 (0.7)
水利、环境和公共设施管理业	155 (9.1)	80 (4.7)	2 (0.1)	390 (17.7)	9 (0.41)	8 (0.36)
卫生和社会工作	38 (12.7)	6 (2)	2 (0.7)	11 (2.8)	13 (3.25)	2 (0.5)
文化、体育和娱乐业	757 (58.2)	56 (4.3)	3 (0.2)	324 (21.6)	44 (2.93)	7 (0.47)
信息传输、软件和信息技术服务业	3567 (25.1)	342 (2.4)	19 (0.1)	3566 (24.1)	86 (0.58)	88 (0.59)
制造业	11491 (20.7)	1022 (1.8)	227 (0.4)	18090 (29.3)	249 (0.4)	350 (0.57)
租赁和商务服务业	379 (27.1)	52 (3.7)	4 (0.3)	466 (33.3)	0 (0)	3 (0.21)

注：括号外数据表示对应行业中披露的某项商标的总数，括号中数据为该行业中某项商标的均值，计算方式为：某项商标的披露总数／该行业公司总数。

(二) 客户

1. 整体披露情况

本报告以"主导客户类型"反映企业最主要客户的所有制属性。例如，国企客户占多数，则该企业被归为国企客户主导类型；以"前五大客户合计销售占比"描述企业客户集中程度。客户集中度高，有利于企业管理，降低交易成本，但过度依赖大客户也会带来潜在风险。

从客户类型上看，2016—2020年，在招股说明书中明确披露公司客户信息的上市公司数量依次为128家、86家、91家、52家和89家。民企、国企、外企这三类客户主导的上市公司占比最高（见表4-7）。

表4-7　基于招股说明书的创业板公司2016—2020年主导客户类型占比情况

年份		2016	2017	2018	2019	2020
披露年度客户的公司数／家		128	86	91	52	89
主导客户类型占比	国企	29.70%	34.60%	27.50%	23.10%	24.73%
	外企	18.80%	18.30%	13.10%	21.20%	34.35%
	民企	43%	39.20%	50.50%	34.60%	27.13%
	行政事业单位	3.10%	1.70%	6.60%	7.70%	1.31%
	其他	5.50%	6.20%	2.30%	13.50%	12.48%

注：表格中的数据只统计每年报告期内新增上市公司披露情况的数据。"其他"类型的客户包括台资企业、港资企业、中外合资企业等所有制性质的企业客户。

2. 分行业披露情况

如表4-8所示，从披露公司数量占比来看，除文化、体育和娱乐业，其他行业的公司披露率都是100%，说明绝大部分行业内的企业开始逐步将客户信息纳入重要的无形资产披露范畴。从前五大客户合计销售额占比来看，前三名行业为采矿业（52.09%）、制造业（52.09%）、建筑业（48.29%），后三名行业为卫生和社会工作（11.37%）、农林牧渔业（17.99%）和居民服务、修理和其他服务业（17.99%）、批发和零售贸易（22.59%）。这也反映出不同行业对于大客户依赖程度的强弱存在差异。

表 4-8　2019—2020 年分行业客户信息披露描述

行业	2019 年 披露公司数量（占比）	2019 年 前五大客户合计销售占比均值	2020 年 披露公司数量（占比）	2020 年 前五大客户合计销售占比均值
采矿业	5 (100%)	52.09%	4 (100%)	52.09%
电力、热力、燃气及水生产和供应业	3 (100%)	28.36%	1 (100%)	28.36%
建筑业	10 (100%)	48.29%	10 (100%)	48.29%
交通运输、仓储和邮政业	2 (100%)	41.22%	10 (100%)	41.22%
教育业	2 (100%)	未披露	1 (100%)	33.97%
金融业	4 (100%)	8.23%	16 (100%)	26.50%
居民服务、修理和其他服务业	1 (100%)	33.97%	9 (100%)	17.99%
科学研究和技术服务业	4 (100%)	28.22%	8 (100%)	22.59%
农林牧渔业	7 (100%)	17.99%	9 (100%)	35.41%
批发和零售贸易	10 (100%)	22.59%	6 (100%)	11.37%
水利、环境和公共设施管理业	17 (100%)	37.93%	10 (90.00%)	42.25%
卫生和社会工作	3 (100%)	11.37%	524 (100%)	32.65%
文化、体育和娱乐业	11 (84.60%)	41.59%	127 (94.50%)	35.17%
信息传输、软件和信息技术服务业	133 (93.70%)	36.61%	9 (100%)	27.13%
制造业	554 (100%)	33.29%	4 (100%)	52.09%
租赁和商务服务业	14 (100%)	30.10%	1 (100%)	28.36%

注："披露公司数量"表示对应行业中披露相关客户信息的公司数量；"占比"为该行业中披露相关客户信息的公司占比，计算方式为：披露该项信息公司数 / 该行业公司总数；"前五大客户合计销售占比均值"为对应行业中前五大客户合计销售的均值，计算方式为：行业各公司前五大客户销售占比累加 / 行业企业数量。

（三）竞争地位

1. 整体披露情况

创业板公司竞争地位主要由"核心产品的市场占有率"和"市场排名"两项指标加以体现。其中，"市场占有率"指一个企业的销售量（或销售额）在市场同类产品中所占的比重，体现了企业对市场的控制能力；"市场排名"一般是根据既有规则对企业多个要素打分后按照权重进行加总的分数排名，能够较为全面地体现企业在行业中的竞争地位。

2019年，810家样本公司中，有797家披露了竞争地位相关信息，占比98.40%。2020年，892家样本公司中，有725家披露了竞争地位相关信息，占比81.28%。2020年新上市的107家中，有77家披露，占比71.96%。

绝大多数披露竞争地位信息的公司都拥有多个产品类型，虽然不同产品的市场占有率差异较大，但各项产品的市场排名较为稳定，多数集中于市场前十名。

从主营产品的市场占有率来看，有11家公司超过了70%。其中，制造业公司占据10席，信息传输、软件和信息技术服务业占据1席。除天泽信息（300209）主要提供专业化服务外，其余10家公司均是提供具有实物形态工业产品的企业。值得注意的是，2020年新上市的107家公司中有41家披露了市场占有率信息（见表4-9）。

表4-9　基于招股说明书的主营产品市场占有率大于70%的企业

证券代码	公司名称	行业	产品类型	市场占有率
300004	南风股份	制造业	核电领域	72.44%
300026	红日药业	制造业	血必净注射液	100.00%
			盐酸法舒地尔注射液	97.40%
300034	钢研高纳	制造业	高温合金	90.00%
300077	国民技术	制造业	USBKEY安全芯片	72.90%
300082	奥克股份	制造业	光伏电池用晶硅切割液	70.00%
300105	龙源技术	制造业	等离子体点火设备	92.31%
300159	新研股份	制造业	农机装备行业	78.00%
			耕作机械	95.00%
300209	天泽信息	信息技术业	公路运输车辆远程管理信息服务	100.00%
300285	国瓷材料	制造业	陶瓷粉体材料	75.00%
300686	智动力	制造业	消费电子功能性器件：AMOLED面板	90.00%
300691	联合光电	制造业	20倍、30倍及以上安防视频监控变焦镜头	79.40%

注：市场占有率数据来源于上市公司的招股说明书，未披露相关信息的公司不在统计范围内。

2. 分行业披露情况

如表 4-10 所示，从总量上看，披露竞争地位的公司数量前三大行业分别是制造业，信息传输、软件和信息技术服务业和水利、环境和公共设施管理业，而这其中制造业占据披露企业的绝大部分。从占比上看，采矿业，电力、热力、燃气及水生产和供应业，交通运输、仓储和邮政业，教育业，金融业等这五个行业的公司全部（100%）对竞争地位进行了披露；而后三名行业分别为科学研究和技术服务业（66.67%），批发和零售贸易（70.00%），农林牧渔业和卫生和社会工作并列倒数第三（75%）（注：公司数量为 0 的行业除外）。行业间存在较大差距的原因主要有两个方面：一是占比达到 100% 的行业其上市公司数量极少，二是不同行业由于行业性质和所处市场环境，其竞争程度存在差异，故披露程度也存在差异。

表 4-10 分行业竞争地位信息披露公司数量及占比

行业	截至 2020 披露公司数量（占比）	截至 2019 披露公司数量（占比）
采矿业	5（80.00%）	5（100.00%）
电力、热力、燃气及水生产和供应业	3（66.70%）	3（100.00%）
建筑业	9（66.70%）	8（80.00%）
交通运输、仓储和邮政业	2（50.00%）	3（100.00%）
教育业	2（100%）	2（100.00%）
金融业	3（66.70%）	5（100.00%）
居民服务、修理和其他服务业	0（0）	0（0）
科学研究和技术服务业	48（41.67%）	16（66.67%）
农林牧渔业	7（57.14%）	6（75.00%）

续表

行业	截至2020披露公司数量（占比）	截至2019披露公司数量（占比）
批发和零售贸易	9（55.56%）	7（70.00%）
水利、环境和公共设施管理业	15（66.67%）	18（81.82%）
卫生和社会工作	3（66.67%）	3（75.00%）
文化、体育和娱乐业	11（72.73%）	12（80.00%）
制造业	539（66.60%）	503（81.76%）
信息传输、软件和信息技术服务业	145（65.52%）	121（81.52%）
租赁和商务服务业	9（77.78%）	12（85.71%）

注："披露公司数量"表示对应行业中披露相关竞争地位信息的公司数量；"占比"为该行业中披露相关竞争地位信息的公司占比，计算方式为：披露该项信息公司数/该行业公司总数。

（四）核心竞争优势

1. 整体披露情况

本报告沿用《蓝皮书（2018—2020）》做法，从技术研发、产品性能、品牌、客户资源、行业经验、人才团队、服务、营销网络、管理、资质、商业模式、市场地位、成本、产业链和企业文化，这15个方面对企业核心竞争优势进行评价。2019年810家样本公司中有809家披露了竞争地位相关信息，占比99.88%。2020年，892家样本公司中，有889家披露了竞争优势相关信息，占比99.66%。

2. 分行业披露情况

如表4-11所示，制造业上市公司披露的各项核心竞争优势都是最多的，其次是信息传输、软件和信息技术服务业和科学研究和技术服务业。对核心竞争优势披露较少的行业分别是居民服务、修理和其他服务业，教育和房地产业。其他行业在这15项核心竞争优势方面都或多或少有所欠缺。

表 4-11　2020 年各行业拥有核心竞争优势的公司数量　（单位：家）

行业	技术研发	产品性能	品牌	客户资源	行业经验	人才团队	服务	营销网络	管理	资质	商业模式	市场地位	成本	产业链	企业文化
采矿业	5	2	2	1	0	5	2	1	3	0	3	0	1	0	0
电力、热力、燃气及水生产和供应业	2	2	1	1	1	2	0	1	2	0	1	0	0	0	0
房地产业	0	0	1	1	0	1	0	0	1	1	0	0	0	0	0
建筑业	7	5	5	1	4	8	3	4	5	4	3	4	1	1	1
交通运输、仓储和邮政业	0	1	2	2	0	2	2	0	2	0	1	0	0	0	0
教育	1	1	0	1	1	0	0	1	1	1	2	2	0	0	0
金融业	5	2	2	4	1	4	2	2	2	1	0	0	2	0	0
居民服务、修理和其他服务业	0	0	1	0	1	0	1	1	1	1	1	1	1	1	1
科学研究和技术服务业	22	10	16	10	9	15	13	6	10	9	10	10	2	6	2
农林牧渔业	7	3	4	2	3	4	3	4	3	0	3	3	1	3	1
批发和零售贸易	6	4	6	6	2	6	6	7	1	6	3	6	0	0	0
水利、环境和公共设施管理业	16	6	14	4	6	17	9	1	9	5	4	3	1	3	0
卫生和社会工作	4	1	2	1	2	0	1	3	2	3	0	0	0	0	0
文化、体育和娱乐业	6	3	14	5	3	11	2	8	6	1	8	6	3	5	2
制造业	603	440	297	316	122	309	202	187	248	134	142	201	156	144	49
信息传输、软件和信息技术服务业	134	59	68	86	45	92	79	52	45	34	46	52	8	14	12
租赁和商务服务业	10	3	9	9	4	9	6	5	5	0	2	1	1	0	1

如表 4-12 所示，综合来看，核心竞争优势拥有比率较高的前五大行业分别是制造业，科学研究和技术服务业，信息传输、软件和信息技术服务业，水利、环境和公共设施管理业和文化、体育和娱乐业，而核心竞争优势拥有量较低的三大行业分别是交通运输、仓储和邮政业，居民服务、修理和其他服务业和采矿业，表 4-11 和 4-12 的统计表明，核心竞争优势构成受到行业特性以及其发展阶段的影响而呈现差异化。

表 4-12　　2020 年各行业公司核心竞争优势拥有比率　　（单位：%）

行业	技术研发	产品性能	品牌	客户资源	行业经验	人才团队	服务	营销网络	管理	资质	商业模式	市场地位	成本	产业链	企业文化
采矿业	100.0	53.8	61.5	46.2	53.8	53.8	30.8	7.7	46.2	23.1	23.1	46.2	53.8	23.1	30.8
电力、热力、燃气及水生产和供应业	66.7	66.7	33.3	33.3	33.3	66.7	0.0	33.3	66.7	0.0	33.3	0.0	0.0	0.0	0.0
房地产业	0.0	0.0	100.0	100.0	0.0	100.0	100.0	0.0	0.0	100.0	100.0	0.0	0.0	0.0	0.0
建筑业	70.0	50.0	50.0	10.0	40.0	80.0	30.0	40.0	50.0	40.0	30.0	40.0	10.0	10.0	10.0
交通运输、仓储和邮政业	0.0	33.3	66.7	66.7	0.0	66.7	66.7	0.0	66.7	0.0	33.3	0.0	0.0	0.0	0.0
教育	50.0	50.0	0.0	50.0	50.0	0.0	0.0	50.0	50.0	50.0	100.0	100.0	0.0	0.0	0.0
金融业	100.0	40.0	40.0	80.0	0.0	40.0	40.0	40.0	40.0	20.0	0.0	40.0	0.0	0.0	0.0
居民服务、修理和其他服务业	0.0	0.0	100.0	0.0	100.0	0.0	100.0	100.0	100.0	0.0	100.0	100.0	100.0	100.0	100.0
科学研究和技术服务业	91.7	41.7	66.7	41.7	37.5	62.5	54.2	25.0	41.7	37.5	41.7	41.7	8.3	25.0	8.3
农林牧渔业	87.5	37.5	50.0	25.0	37.5	50.0	37.5	50.0	37.5	0.0	37.5	25.0	12.5	37.5	12.5
批发和零售贸易	60.0	40.0	60.0	0.0	40.0	60.0	70.0	70.0	10.0	0.0	30.0	10.0	40.0	10.0
水利、环境和公共设施管理业	72.7	27.3	63.6	18.2	27.3	77.3	40.9	4.5	40.9	22.7	18.2	13.6	4.5	13.6	0.0
卫生和社会工作	100.0	25.0	50.0	25.0	0.0	50.0	0.0	25.0	75.0	50.0	75.0	0.0	0.0	0.0	0.0
文化、体育和娱乐业	40.0	20.0	93.3	33.3	20.0	73.3	13.3	53.3	40.0	6.7	53.3	40.0	20.0	33.3	13.3
信息传输、软件和信息技术服务业	90.5	39.9	45.9	58.1	30.4	62.2	53.4	35.1	30.4	23.0	31.1	35.1	5.4	9.5	8.1
制造业	97.7	71.3	48.1	51.2	19.8	50.1	32.7	30.3	40.2	21.7	23.0	32.6	25.3	23.3	7.9
租赁和商务服务业	71.4	21.4	64.3	64.3	28.6	64.3	42.9	35.7	35.7	0.0	14.3	7.1	7.1	0.0	7.1

注：核心竞争优势拥有比率的计算方式为：行业中拥有该核心竞争优势的企业数量/行业企业总数。

四、基于年报的市场类无形资产披露情况

截至 2020 年 12 月 31 日，共有 892 家创业板上市公司披露了 2020 年年报。由表 4-13 统计数据显示，2019 年和 2020 年报中创业板上市公司对商标信息进行披露的仅占四分之一左右，远低于招股说明书的信息披露比例，而关于客户、竞争地位和竞争优势信息披露的公司占比都较高。

表 4-13　基于 2020 年年报的创业板公司市场类无形资产披露情况

年份	2019 年	2020 年
商标	201 （25.22%）	226 （25.34%）
客户	797 （100%）	803 （90.02%）
竞争地位	795 （99.75%）	857 （96.08%）
核心竞争优势	797 （100%）	892 （100%）

注：括号外数据表示对应年份中披露某项市场类无形资产信息的公司数量，括号中数据为该年份中披露某项市场类无形资产信息的公司占比，计算方式为：披露该项信息公司数/该年份所有上市公司总数。

（一）商标

1. 整体披露情况

基于公司年报数据，892 家创业板上市公司披露持有商标信息的比例为 14.01%，总计持有 9861 项（见表 4-14）商标，平均每家公司持有商标数为 19.69 项/家，高于上年的 13.01 项/家，说明披露年报的公司平均商标持有量较上年有明显上升。此外，共有 6 家公司披露了正在申请的商标数量，为 416 项，从均值来看多于上年，披露的商标荣誉的公司为 109 家，为 134 项，从均值来看少于上年。两类商标信息披露均值未出现明显上涨的态势，说明上市公司一方面更聚焦推广主商标，另一方面对副商标推广模式趋于理性。

表 4-14　2020 年商标信息披露整体情况

年份	持有商标 披露公司数量（占比）	持有商标 披露总数（均值）	申请商标 披露公司数量（占比）	申请商标 披露总数（均值）	商标荣誉 披露公司数量（占比）	商标荣誉 披露总数（均值）
2019	104 （13.05%）	10368 （13.01）	12 （1.51%）	301 （0.4）	100 （12.55%）	131 （0.16）
2020	125 （14.01%）	17567 （19.69）	6 （0.67%）	416 （0.47）	109 （12.21%）	134 （0.15）

注："披露公司数量"表示对应年份中披露某项商标信息的公司数量；"占比"为该年份中披露某项

商标信息的公司占比，计算方式为：披露该项信息公司数／该年份上市公司总数；"披露总数"为对应年份中披露的某项商标的总数；"均值"为该年份中某项商标的均值，计算方式为：某项商标的披露总数／该年份上市公司总数。以下对分行业及分区域披露情况的统计中，指标计算均同此说明。

2. 分行业披露情况

（1）制造业

如表4-15所示，从制造业商标信息披露情况来看，持有商标披露公司数量占比12.32%，低于整体披露情况，披露总数为11985项，均值为19.42项／家，低于整体披露情况，说明制造业上市公司更聚焦于主商标的培育与推广。另外，制造业上市公司中披露申请商标、商标荣誉的公司占比为0.65%、15.56%，均值为0.37项／家、0.20项／家，多个指标均低于整体披露情况，这从另一方面说明制造业中上市公司相比整体较少采用副商标战略。

表4-15　2019—2020年制造业商标信息披露整体情况

年份	持有商标		申请商标		商标荣誉	
	披露公司数量（占比）	披露总数（均值）	披露公司数量（占比）	披露总数（均值）	披露公司数量（占比）	披露总数（均值）
2019	57（10.46%）	5829（10.7）	4（0.73%）	59（0.1）	85（15.6%）	113（0.2）
2020	76（12.32%）	11985（19.42）	4（0.65%）	226（0.37）	96（15.56%）	121（0.2）

（2）信息传输、软件和信息技术服务业

如表4-16所示，从信息传输、软件和信息技术服务业商标信息披露情况来看，持有商标披露公司数量占比21.62%，高于整体披露情况，披露总数为3165项，均值为21.39项／家，高于整体披露情况，说明信息传输、软件和信息技术服务业上市公司偏好副商标战略。另外，信息传输、软件和信息技术服务业上市公司中披露申请商标、商标荣誉的公司均值为1.28项／家、0.03项／家，前一个指标高于整体披露情况，后一个指标低于整体披露情况。这从另一方面说明该行业上市公司相比整体较多采用副商标战略。

表 4-16　2019—2020 年信息传输、软件和信息技术服务业商标信息披露整体情况

年份	持有商标 披露公司数量（占比）	持有商标 披露总数（均值）	申请商标 披露公司数量（占比）	申请商标 披露总数（均值）	商标荣誉 披露公司数量（占比）	商标荣誉 披露总数（均值）
2019	29 (20.71%)	2101 (15.0)	6 (4.29%)	189 (1.4)	6 (4.29%)	8 (0.1)
2020	32 (21.62%)	3165 (21.39)	2 (1.35%)	190 (1.28)	5 (3.38%)	5 (0.03)

（3）科学研究与技术服务业

如表 4-17 所示，从科学研究与技术服务业商标信息披露情况来看，持有商标披露公司数量占比 7.41%，低于整体披露情况，披露总数为 513 项，均值为 19 项/家，低于整体披露情况。另外，科学研究与技术服务业上市公司中披露申请商标、商标荣誉的公司占比为 3.7%，均值为 5.55 项/家，两个指标均高于整体披露情况，商标荣誉披露数量为 0。这从另一方面说明该行业上市公司相比整体较多采用副商标战略。

表 4-17　科学研究与技术服务业商标信息披露整体情况

年份	持有商标 披露公司数量（占比）	持有商标 披露总数（均值）	申请商标 披露公司数量（占比）	申请商标 披露总数（均值）	商标荣誉 披露公司数量（占比）	商标荣誉 披露总数（均值）
2019	3 (14.29%)	1102 (52.5)	1 (4.76%)	48 (2.3)	1 (4.76%)	1 (0.05)
2020	2 (7.41%)	513 (19)	1 (3.7%)	150 (5.55)	0 (0%)	0 (0)

（二）客户

1. 整体披露情况

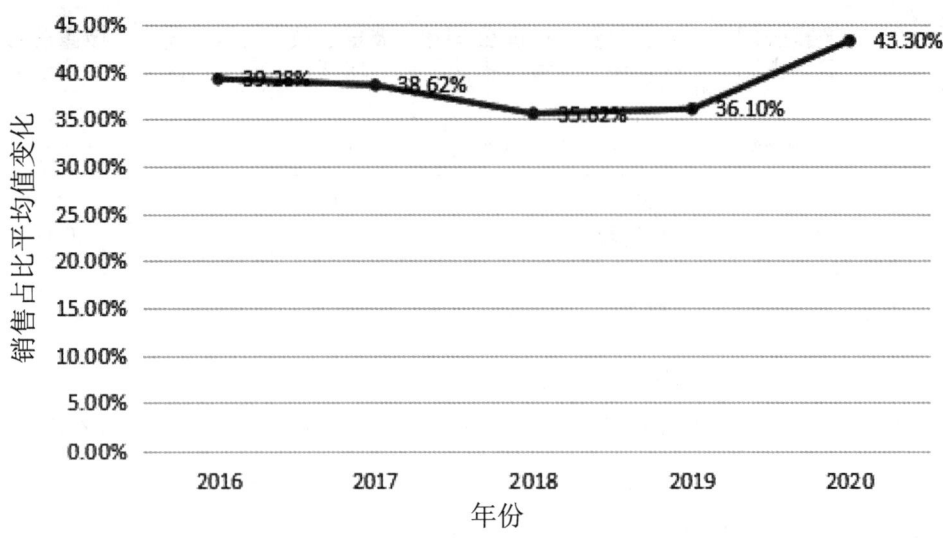

图 4-1　2016—2020 年创业板公司前五大客户合计销售占比平均值变化

如图 4-1 所示，从前五大客户合计销售占比平均值来看，2016 年、2017 年基本保持持平（39.28%、38.62%），但 2017 年有所回落（38.62%），2018 年大幅下降（35.62%），2019 年有所上升（36.10%），2020 年大幅度上升（43.30%）整体呈现先减后增的趋势。总的来看，创业板上市公司客户集中度呈现波动上升的趋势。说明创业板上市公司企业越来越重视培育优质主导客户，认识到优质的大客户会带来产业链整合效应，使整个产业链商品的流动性更加协调，最大化产业链利益。但值得注意的是，客户集中度应保持在一个适度的水平，过高或过低都存在潜在的问题。

（三）竞争地位

1. 整体披露情况

从 2013 年开始，部分公司开始选择"用数据说话"，采用定量方式描述竞争地位变动情况的公司数量明显增加（见表 4-18）。未在年报中披露竞争地位的企业占比呈波动变化趋势。2020 年，未披露竞争地位的企业占比为 3.92%，而披露信息的企业仍然大多数选择定量描述（53.03%），定量描述企业所占比重有所下降，另外有 43.05% 的企业选择定性描述。

表 4-18　　2016—2020 竞争地位信息披露整体情况　（单位：%）

年份	定性描述	定量描述	未披露	上升企业占比
2016 年	79.53	14.31	6.16	24.96
2017 年	56.54	42.20	1.26	37.65
2018 年	38.31	59.84	1.85	40.55
2019 年	80.9	13.04	6.02	8.41
2020 年	43.05	53.03	3.92	39.8

本报告对创业板上市公司市场竞争地位的变动情况进行进一步分析。统计发现，近年来市场竞争地位上升的企业占比呈现波动变化趋势，这可能与近年来行业整体产能过剩、市场竞争加剧的宏观经济背景相关。

2. 分行业披露情况

根据对选取的制造业，信息传输、软件和信息技术服务业，科学研究与技术服务业三个典型行业的分析，披露竞争地位信息时选择定性描述的公司占比均大幅下降，选择定量描述的公司占比则大幅上升，见表 4-19 所示。

表 4-19　　2019—2020 年竞争地位信息披露整体情况（单位：%）

年份	行业	定性描述	定量描述	未披露	上升企业占比
2019 年	制造业	83.12	12.84	4.04	8.44
	科学研究与技术服务业	76.19	19.05	4.76	9.52
	信息传输、软件和信息技术服务业	80.71	10.71	8.57	5.00
2020 年	制造业	44.69	50.64	2.61	41.33
	科学研究与技术服务业	65.38	30.77	3.85	54.17
	信息传输、软件和信息技术服务业	44.59	50.00	5.41	31.76

(四) 核心竞争优势

1. 整体披露情况

证监会准则要求公司年报应对企业核心竞争优势的变化进行有效披露，包括设备、专利、核心技术人员等七大类。表4-20反映了2016—2020年创业板企业的竞争优势总数变动情况。

表4-20　　2016—2020年核心竞争优势数量变动披露情况　（单位：项）

指标	2016年	2017年	2018年	2019年	2020年
设备	117	158	62	527	635
专利	80	124	19	765	873
非专利技术	190	221	56	749	853
特许经营权	67	75	0	60	49
核心技术人员	257	175	375	639	669
独特经营方式和盈利模式	46	68	330	498	472
资源要素使用	0	0	2	2	0

注："资源要素使用"指允许他人使用自己所有的资源要素或作为被许可方使用他人资源要素（下同）。

表4-21为竞争优势的变动率，计算方式为：当年的变动量除以上一年的总量。可以发现，2016—2020年样本公司核心竞争优势的变化率总体呈现上升趋势，但2018年之前变化幅度较小，2019年和2020年则普遍大幅增加，说明近两年上市公司对核心竞争优势的披露更为重视，但资源要素使用则基本保持稳定。

表 4-21　　2016—2020 年核心竞争优势变动占比统计　（单位：%）

指标	2016 年	2017 年	2018 年	2019 年	2020 年
设备	15.46	19.24	7.3	66.12	71.19
专利	10.57	15.10	2.3	95.98	97.87
非专利技术	25.11	26.92	6.6	93.98	95.63
特许经营权	8.85	9.14	0.0	7.53	54.93
核心技术人员	33.95	21.32	44.4	80.18	75.00
独特经营方式和盈利模式	6.08	8.28	39.1	62.48	52.91
资源要素使用	0.0	0.0	0.2	0.25	0

注：变动占比指的是每种竞争优势占竞争优势总变动量比重，即某种指标变动数量/核心竞争优势变动总量。下表 4-26 同此说明。

2. 分行业披露情况

2019—2020 年制造业，信息传输、软件和信息技术服务业，科学研究与技术服务业三个代表性行业中披露了核心竞争优势变动的公司数量。2020 年，三个行业中涉及到专利、非专利技术和核心技术人员的竞争优势变动数量最多，见表 4-22 所示。

表 4-22　　2019—2020 年代表性行业核心竞争优势变动的数量披露情况（单位：项）

指标	2019 年 制造业	2019 年 信息传输、软件和信息技术服务业	2019 年 科学研究与技术服务业	2020 年 制造业	2020 年 信息传输、软件和信息技术服务业	2020 年 科学研究与技术服务业
设备	380	93	7	616	148	24
专利	529	132	20	617	148	24
非专利技术	515	133	19	591	145	22
特许经营权	32	9	0	30	7	1

续表

指标	2019年 制造业	2019年 信息传输、软件和信息技术服务业	2019年 科学研究与技术服务业	2020年 制造业	2020年 信息传输、软件和信息技术服务业	2020年 科学研究与技术服务业
核心技术人员	413	134	18	460	125	14
独特经营方式和盈利模式	323	105	8	309	98	7
资源要素使用	1	0	0	0	0	0

2019—2020 年制造业，信息传输、软件和信息技术服务业，科学研究与技术服务业三个代表性行业中披露了核心竞争优势变动数量的占比情况见表 4-23 所示。2019年，制造业核心竞争优势变动占比最高的是专利、非专利技术和核心技术人员；信息传输、软件和信息技术服务业核心竞争优势变动占比最高的是非专利技术、专利和设备；科学研究与技术服务业核心竞争优势变动占比最高的是专利、非专利技术和核心技术人员。

表 4-23　2019—2020 年制造业核心竞争优势变动占比统计（单位：%）

指标	2019年 制造业	2019年 信息传输、软件和信息技术服务业	2019年 科学研究与技术服务业	2020年 制造业	2020年 信息传输、软件和信息技术服务业	2020年 科学研究与技术服务业
设备	69.72	15.55	33.33	99.84	1	1
专利	97.06	22.23	95.24	1	1	1
非专利技术	94.5	37.78	90.48	95.79	97.97	91.67
特许经营权	5.87	2.22	0.0	4.86	4.73	4.17
核心技术人员	75.78	6.67	85.71	74.55	84.46	58.33
独特经营方式和盈利模式	59.27	15.53	38.1	50.08	66.22	29.17
资源要素使用	0.18	0.00	0.00	0.00	0.00	0.00

五、研究结论

(一) 市场类无形资产覆盖率较高但是质量迥异

无论从招股说明书还是年报来看，创业板公司普遍富集市场类无形资产。以招股说明书为例，绝大多数公司披露了至少一项市场类无形资产，四类资产的披露比率均超过80%，总体而言披露的比例较高。同时，不同创业板公司所拥有的同类资产披露情况存在较大差别，一些企业对其市场类无形资产进行了详细披露（包含报告中所涉及的各项要素），而不少企业仅披露了简单的数量信息，这也与企业自身经营情况的差异性有关。

(二) 市场类无形资产存在明显的行业异质性

对于不同行业，创业板公司所拥有的市场类无形资产状况存在较大的差异。以商标类资产为例，制造业和信息传输、软件和信息技术服务业在持有商标项数、申请商标项数和获得商标荣誉这三项指标中占有绝对优势，且商标荣誉的均值也位居各行业首位。同样的，以客户类资产为例，采矿业和制造业的前五大客户销售额占比最大，对大客户依存度最高，批发和零售贸易占比最小，以散户为主，对大客户依存度最低。这都反映出了不同行业的创业板公司在市场类无形资产方面存在很大的行业异质性。

(三) 市场类无形资产数量年度变化趋势不一

从2016—2020年年报披露的商标数据来看，平均每家公司的商标持有数量有所上升，创业板公司越来越重视商标权的保护，商标状况总体上得到改善和提高。再以年报客户数据为例，前五大客户合计销售占比平均值在2016—2018年持续下降，2019年至今逐步回升。有关竞争地位信息披露的情况在2016—2020年呈现出先减少再增加再减少的变化，而核心竞争优势的各项变化趋势都不尽相同。

报告五：创业板上市公司人力资源类无形资产研究

创业板以快速成长的高科技中小企业为主体。此类企业通常具有无形资产富集的特征，除了会计制度接受并纳入计量报告范围的以专利、商标为代表的常规无形资产外，以高管团队为核心的人力资源类无形资产开始受到越来越多投资者的关注。根据证监会相关规定，上市公司需要在招股说明书和年度报告中对人力资源类无形资产进行信息披露。本报告在《蓝皮书（2018—2020）》的基础上，以2020年12月31日前的892家公司为对象，研究创业板公司的人力资源类无形资产。

一、概念界定

本报告涉及的人力资源类无形资产主要包括：高级管理人员、独立董事、创业股东、员工四类。

（一）高级管理人员

高级管理人员是创业板上市公司人力资源类无形资产的重要组成部分，在企业生产经营中制定决策、规范运营和引导发展。根据《公司法》第二百一十七条：高级管理人员，是指公司的经理、副经理、财务负责人、上市公司董事会秘书和公司章程规定的其他人员。《蓝皮书（2012—2013）》对高管的概念及相关研究进行了全面详细的梳理，本报告继续沿用这些定义。

（二）独立董事

根据证监会《关于在上市公司建立独立董事制度的指导意见》，上市公司独立董事是指，不在上市公司担任除董事外的其他职务，并与其所受聘的上市公司及其主要股东不存在可能妨碍其进行独立客观判断关系的董事。独立董事作为公司治理模式的重要组成部分，在公司监管，尤其是上市公司监管方面具有重要意义。该制度的实施效果，以及独立董事履行专业和制衡能力的强弱与公司治理水平高度相关。因此，可将独立董事视作上市公司的异质性无形资产，即非常规无形资产。

（三）创业股东

创业股东是企业处于创业阶段时的实际控制人，是创业板公司快速成长的关键因素。《蓝皮书（2012—2013）》对创业股东的内涵、特征与分类，及其对企业价值贡献等问题进行了深入分析，本报告继续沿用相关定义和研究框架。

（四）员工

员工与高管、独董、创业股东共同构成创业板上市公司的人力资源，但较之其他类型人力资源无形资产，员工的流动性更大。本报告沿用《蓝皮书（2016—2017）》对员工类无形资产的研究路径，主要关注创业板上市公司劳动力集合（生产型人力资本）和技术研发型人力资本两部分。

二、相关典型事件和文献综述
（一）典型事件

表5-1　2019年以来与人力资源类无形资产相关的典型事件

序号	时间	涉及的无形资产类型	事件及影响	资料来源
1	2019-9	高管	截至2018年末，天翔环境控股股东、实际控制人邓亲华非经营性占用公司资金243,101.71万元，对担保事项均未履行审议程序，也未及时履行临时信息披露义务，涉及金额36,750万元。天翔环境的财务会计报告被出具无法表示意见的审计报告。对成都天翔环境股份有限公司控股股东、实际控制人、董事长邓亲华，董事兼总经理邓翔，董事兼副总经理王军，董事兼财务总监娄雨雷给予公开谴责的处分。公开认定成都天翔环境股份有限公司控股股东、实际控制人、董事长邓亲华，董事兼总经理邓翔五年内不适合担任上市公司董事、监事、高级管理人员。对成都天翔环境股份有限公司副董事长杨武，董事兼董事会秘书王培勇，独立董事范自力、刘兴祥，监事余雅彬、董显银、周迎锋给予通报批评的处分	深交所

续表

序号	时间	涉及的无形资产类型	事件及影响	资料来源
2	2019-10	高管	1. 因公司 2017 年度业绩预告、业绩快报披露的净利润与年度报告相比存在较大差异，且未进行修正，2018 年 10 月，深圳证券交易所给予时任董事长金绍平、董事兼总经理 Tjoa Mui Liang、时任财务总监林天雁通报批评的处分 2. 2017 年 10 月，公司实际控制人、时任公司董事长金绍平私自使用公司公章，以公司名义违规为天津乐宝乐尔旅游科技发展有限公司提供最高额为 3.4 亿元的借款担保，该担保事项未履行相应审议程序，也未履行信息披露义务。2019 年 10 月，深圳证券交易所给予金绍平公开谴责的处分，给予时任董事兼总经理 Tjoa Mui Liang、时任财务总监林天雁通报批评的处分	深交所
3	2020-5	高管	对浙江向日葵大健康科技股份有限公司时任代董事长吴峰、总经理施华新、财务总监潘卫标给予通报批评的处分	深交所
4	2020-4	高管	郑州华晶金刚石股份有限公司董事长郭留希、总经理刘永奇、财务总监刘国炎未能恪尽职守、履行诚信勤勉义务，对公司违规对外提供财务资助，业绩预告、业绩快报披露不准确的违规行为负有重要责任，对郑州华晶金刚石股份有限公司董事长郭留希、总经理刘永奇、财务总监刘国炎给予公开谴责的处分。对郑州华晶金刚石股份有限公司时任财务总监张超伟给予通报批评的处分	深交所

续表

序号	时间	涉及的无形资产类型	事件及影响	资料来源
5	2020-5	高管	浙江向日葵大健康科技股份有限公司时任代董事长吴峰、总经理施华新、财务总监潘卫标未能恪尽职守、履行诚信勤勉义务，对浙江向日葵大健康科技股份有限公司时任代董事长吴峰、总经理施华新、财务总监潘卫标给予通报批评的处分	深交所
6	2020-5	高管	香雪制药董事长兼总经理王永辉、董事会秘书徐力、时任财务总监陈炳华未能恪尽职守、履行诚信勤勉义务，对香雪制药担保事项补充履行董事会审议程序未披露负有重要责任，给予通报批评的处分	深交所

（二）文献综述

1. 高管

（1）薪酬

顾海峰和翟淋源（2021）[1]选取2010—2019年中国A股上市公司数据，经实证分析发现：高管薪酬黏性对企业投资效率具有负向影响，会加剧企业过度投资，由此加大非效率投资及降低投资效率。风险承担在高管薪酬黏性与企业投资效率的关系中承担着中介作用，高管薪酬黏性通过影响企业风险承担来影响企业投资效率，"高管薪酬黏性—风险承担—企业投资效率"的传导渠道有效。栾甫贵和纪亚方（2020）[2]发现当企业高管薪酬高于行业高管薪酬均值时，外部薪酬差距具有正向激励效应，能显著提升企业创新投入和创新质量；当企业高管薪酬低于行业高管薪酬均值时，管理者的不公平感抑制了企业创新投入和创新质量，这一效应在非国有企业中更显著。苑泽明、程思悟和范琳（2020）[3]选取2008—2017年A股上市公司作为研究对象，实证检验了经济政策不确定性与高管薪酬业绩敏感性之间的关系。研究发现，经济政策不确

---

[1] 顾海峰,翟淋源.高管薪酬粘性、风险承担与企业投资效率——管理者权力与融资约束的调节作用[J].证券市场导报,2021(01):33-43.

[2] 栾甫贵,纪亚方.高管外部薪酬差距、公司治理质量与企业创新[J].经济经纬,2020,37(01):114-122.

[3] 苑泽明,程思悟,范琳.经济政策不确定性与高管薪酬业绩敏感性[J].会计之友,2020(04):72-79.

定性抑制了企业的高管薪酬业绩敏感性,并且国有企业中这一抑制作用更加显著;董事会独立性越低的企业,经济政策不确定性对高管薪酬业绩敏感性的抑制作用越强。

(2)激励

王靖宇和刘红霞(2020)[①]以2010—2018年我国央企和非国企上市公司相关样本为研究对象,对央企高管薪酬管制政策效应进行实证检验。结果表明,相较于不受薪酬管制政策影响的非国企样本而言,薪酬管制政策抑制了央企的研发投入水平;股权激励有助于缓解薪酬管制对央企研发投入的负相关关系。李莉、黄培峰和崔静(2020)[②]通过分析2014—2018年信息技术行业中实施股权激励的上市公司的样本,发现高管股权激励强度对公司研发支出形成显著负向影响,每增加一单位的高管股权激励强度会使研发支出强度减少7.4%。黄庆华、张芳芳和陈习定(2019)[③]以2008—2016年中国沪、深A股上市公司为样本,研究发现:高管短期薪酬提高了企业的技术创新投入、增加了企业的技术创新产出,并提高了企业的技术创新效率;外部监管对高管短期薪酬与企业技术创新二者关系具有显著的调节作用,外部监管力度越大,高管短期薪酬产生的激励作用越明显。朱淇和关希如(2019)[④]以企业高管团队薪酬激励政策与创新研发投入行为的关系为切入点,选取A股2009—2013年3862家上市公司作为观测样本,发现薪酬水平差距的提高并不能够提高创新研发投入,但是股权激励却能对创新研发投入有正相关影响。

(3)背景

张晓亮、文雯和宋建波(2020)[⑤]选取2010—2016年中国沪深A股上市公司样本,实证检验CEO学术经历对高管在职消费行为的影响。研究发现,学术经历有助于CEO强化道德自觉、增强道德自律,形成内在的自我约束与监督机制,进而抑制了其所在企业的高管在职消费活动。张卫国、杨波和于连超等(2020)[⑥]研究发现

[①] 王靖宇,刘红霞.央企高管薪酬激励、激励兼容与企业创新——基于薪酬管制的准自然实验[J].改革,2020(02):138-148.

[②] 李莉,黄培峰,崔静.股权激励及其集中度对研发支出的影响——基于信息技术行业高管激励与核心技术人员激励的差异视角[J].技术经济与管理研究,2020(02):18-22.

[③] 黄庆华,张芳芳,陈习定.高管短期薪酬的创新激励效应研究[J].科研管理,2019,40(11):257-265.

[④] 朱淇,关希如.高管团队薪酬激励影响创新投入的实证分析[J].科研管理,2019,40(08):253-262.

[⑤] 张晓亮,文雯,宋建波.学者型CEO更加自律吗?——学术经历对高管在职消费的影响[J].经济管理,2020,42(02):106-126.

[⑥] 张卫国,杨波,于连超,毕茜.高管IT背景与企业创新:来自烙印理论的解释[J].财会月刊,2021(02):106-115.

高管 IT 背景对企业创新具有显著的正向影响，这种正向影响在国有企业与民营企业中不存在显著差异。在信息技术投入较少、管理者风险偏好较低的企业中这种影响更显著，在信息不对称程度较低的企业与信息不对称程度较高的企业中不存在显著差异。何瑛、于文蕾和戴逸驰等（2019）[①]从职能部门、企业、行业、组织机构和地域类型五个维度构建了复合型职业经历的衡量指标——职业经历丰富度指数，CEO 职业经历越丰富，企业创新水平越高，其中跨企业经历对创新水平的影响最为显著，其次是跨行业经历和跨组织机构经历，跨职能部门经历和跨地域经历对企业创新水平的影响最小。张振钢、户安涛和黄洁明（2019）[②]对我国沪、深 A 股上市的 398 家技术密集型企业 2013—2016 年数据进行分析，研究结果显示，高管团队职能背景异质性不利于提升企业创新绩效，3 种职能背景中只有"产出型"高管对创新绩效有正向影响。

2. 独立董事

（1）背景

高凤莲、董必荣和王杰等（2020）[③]探讨了独立董事背景特征对审计质量的影响，独立董事受教育程度高，兼任董事身份多，拥有海外学习或工作生活经历及行业协会背景阅历时，有利于独立董事保持较高的独立性，拓宽信息获取渠道，增强了对公司的监督管理，促进信息公开透明，进而提高了审计质量。岳殿民和李雅欣（2020）[④]从声誉激励的视角研究了法律背景独立董事对企业违规行为的抑制效应，法律背景独立董事声誉与企业违规行为显著负相关，相比于高声誉理论界法学学者独立董事，高声誉实务界律师独立董事抑制上市公司违规行为的作用更显著；并且地区法律环境越完善，高声誉法律背景独立董事对企业违规行为的抑制作用越大。项慧玲（2019）[⑤]以我国 2008—2017 年间沪深 A 股主板 1569 家上市公司为样本，运用非平衡面板数据进行回归分析，首先研究独立董事海外背景对企业内部薪酬差距的影响，结果表明企业聘用具有海外背景的独立董事显著扩大了内部薪酬差距，这种扩大作用在国有企业

---

① 何瑛,于文蕾,戴逸驰,王砚羽.高管职业经历与企业创新[J].管理世界,2019,35(11):174-192.
② 张振刚,户安涛,黄洁明.高管团队职能背景与企业创新绩效——"精力"与"资源"的中介作用[J].科技进步与对策,2019,36(24):143-152.
③ 高凤莲,董必荣,王杰,凌华.独立董事背景特征与审计质量的实证研究[J].审计与经济研究,2020,35(02):27-39.
④ 岳殿民,李雅欣.法律背景独立董事声誉、法律环境与企业违规行为[J].南方金融,2020(02):22-31.
⑤ 项慧玲.独立董事海外背景、内部薪酬差距与企业绩效[J].华东经济管理,2019,33(10):129-137.

（2）独董与企业绩效

扈文秀、杜金柱和章伟果（2020）[①]通过建立多元回归分析模型分析信息披露质量与公司业绩的关系，并进一步分析独立董事治理对信息披露质量和公司业绩关系的调节作用。研究结果表明：存在一个最优信息披露点，使信息披露质量与公司业绩之间呈倒 U 形关系，同时独立董事治理作用的有效发挥能够显著影响信息披露质量与公司业绩之间的关系，并降低最优信息披露点。励莉和周芳玲（2019）[②]通过理论研究和统计分析发现，独立董事的性别特征对公司绩效没有显著影响；独立董事的平均年龄与公司绩效之间呈现倒 U 形关系；独立董事的学历水平越高，对公司绩效的贡献就越大；独立董事的职业背景对公司绩效有着显著影响；独立董事的兼职情况对公司绩效没有显著影响。袁春生和李琛毅（2018）[③]利用 2013—2015 年我国 A 股上市民营企业数据开展实证研究，发现高校教师独立董事能够凭借其专业的科研及学术水平，提升民营企业的创新绩效；但其薪酬水平与创新绩效之间不存在明显的相关关系。

3. 创业股东

根据我们的前期研究，创业股东具有部分或者全部的企业家特质，尤其是那些使企业成功上市的创业股东，其企业家特质更为明显。可以认为，创业股东人力资本属于企业家人力资本范畴。

（1）企业家精神

宋玉禄和陈欣（2020）[④]利用 2010—2017 年上市公司数据，研究企业家精神对企业价值的影响及其路径机制。研究将企业家精神分为经营精神、创新精神、基于长期生产发展的战略决策精神三种形态，它们分别通过影响成本领先、产品差异化、研发创新效率、全要素生产率几个中介变量来实现企业价值的提升。周先平、皮永娟和刘仁芳（2020）[⑤]以 2008—2016 年我国中小板非金融行业的上市公司为样本，使用熵权

[①] 扈文秀,杜金柱,章伟果.信息披露质量影响公司风险承担：治理效应抑或声誉效应？[J].运筹与管理,2021,30(07):210-217.

[②] 励莉,周芳玲.独立董事身份特征对公司绩效的影响研究[J].经济问题,2019(06):97-103.

[③] 袁春生,李琛毅.高校教师背景的独立董事对企业创新绩效影响研究[J].财会通信,2018(09):79-82.

[④] 宋玉禄,陈欣.新时代企业家精神与企业价值——基于战略决策和创新效率提升视角[J].华东经济管理,2020,34(04):108-119.

[⑤] 周先平,皮永娟,刘仁芳.企业家精神、投资效率与企业价值[J].金融与经济,2020(02):45-51.

法构造企业家精神指数，以 Richardson 模型为基础构造企业非效率投资。最终得到结果：企业家精神对企业非效率投资具有显著的抑制作用，市场化程度低的地区企业家精神的作用更大。并且企业家精神对企业价值具有积极的促进作用，然而非效率投资会降低这种促进作用。谢众和张杰（2019）[1]利用 2008—2017 年中国上市公司数据构建企业家精神衡量指标体系，研究营商环境、企业家精神对实体企业绩效的影响，研究发现随着营商环境的逐步改善，培育企业家精神对实体企业绩效有显著的促进作用，且在不同产权性质实体企业存在异质性影响，并通过门槛检验发现国有企业对营商环境变化反应不敏感是造成异质性的主要原因。

（2）企业家社会资本

褚杉尔、高长春和高晗（2019）[2]用 2010—2016 年 134 家沪、深文化创意上市公司的数据进行实证研究，得到不同类型的企业家社会资本对创新绩效有不同影响。企业家专业技能资本可通过缓解文化创意企业的融资约束来提高其创新绩效，而政治关系资本与商业关系资本对其影响不显著。进一步检验发现，企业家社会资本的作用因所有权性质差异而表现出不同。叶传盛和陈传明（2019）[3]收集江苏和安徽两地的企业创业者的问卷数据，通过实证研究发现创业者社会资本与企业绩效存在显著正相关关系，组织学习在创业者社会资本和企业绩效之间起完全中介作用，对企业绩效提升效果显著，且环境复杂性会对企业绩效产生影响。李巍等（2018）[4]运用我国制造型中小企业的 192 份数据进行实证研究发现，企业家商业社会资本积极影响效率型与新颖型商业模式创新，而政治社会资本仅对新颖型商业模式创新的影响效果显著。

---

[1] 谢众,张杰.营商环境、企业家精神与实体企业绩效——基于上市公司数据的经验证据[J].工业技术经济,2019,38(05):89-96.

[2] 褚杉尔,高长春,高晗.企业家社会资本、融资约束与文化创意企业创新绩效[J].财经论丛,2019(10):53-63.

[3] 叶传盛,陈传明.组织学习对创业者社会资本与绩效的中介机制:以环境复杂性为调节变量[J].科技进步与对策,2019,36(17):11-19.

[4] 李巍,代智豪,丁超.企业家社会资本影响经营绩效的机制研究——商业模式创新的视角[J].华东经济管理,2018,32(02):51-57.

4. 员工

（1）绩效

李群、唐文静和闫梦含（2021）[①]以制造业新生代员工为研究对象，采用多层线性模型，根据情感事件理论和社会交换理论引入团队层面的工匠精神和个体层面的工作嵌入作为中介变量，基于团队和个体两个层面构建跨层次双中介模型，深入剖析包容型领导对新生代员工创新绩效的影响。结果表明：包容型领导、团队工匠精神和工作嵌入均对新生代员工创新绩效具有显著正向影响；团队工匠精神和工作嵌入分别在团队和个体层面对包容型领导与新生代员工创新绩效之间起部分中介作用；团队工匠精神和工作嵌入在包容型领导与新生代员工创新绩效之间起链式中介作用。张光磊、董悦和李铭泽（2020）[②]探讨了政府联系对员工绩效的跨层次影响效应，经实证研究表明，政府联系对员工绩效有显著的负向影响，团队政治氛围在其中起到了中介作用。宋锟泰等（2019）[③]基于情感事件理论构建双重路径作用模型，研究发现领导者的时间提醒有助于员工提高任务绩效，但对周边绩效没有直接影响。在时间提醒和任务绩效关系中，和谐式激情和强迫式激情均存在正向中介作用，同时发现个体的行动风格能够调节时间提醒对工作绩效的影响，领导者的时间提醒更适用于期限行动风格的个体。

（2）创造力

张桂平和朱宇澈（2021）[④]研究发现挑战性压力能够积极影响员工的创造力；挑战性评价在挑战性压力与员工创造力之间起着部分中介作用；作为组织层面的重要资源，服务型领导强化了挑战性压力与挑战性评价之间的关系，服务型领导水平越高，挑战性压力越能显著预测挑战性评价；服务型领导还在一定程度上强化了挑战性评价在挑战性压力与员工创造力之间的中介效应。耿紫珍、赵佳佳和丁琳（2020）[⑤]基于社会认知理论体系中的认知调节机制，剖析中庸思维对上级发展性反馈施加于员工创

[①] 李群,唐文静,闫梦含.包容型领导对制造业新生代员工创新绩效的影响——一个跨层双中介模型[J].华东经济管理,2021,35(09):120-128.

[②] 张光磊,董悦,李铭泽,杨依蓝.政府联系对员工绩效的跨层次影响研究[J].中国人力资源开发,2020,37(06):105-120.

[③] 宋锟泰,张正堂,赵李晶.领导者的时间提醒真的能够提升员工绩效吗？——一个被调节的双中介效应模型[J].财经论丛,2019(08):84-94.

[④] 张桂平,朱宇澈.挑战性压力对员工创造力的影响——基于挑战性评价与服务型领导的作用机制[J].软科学,2021,35(07):91-97.

[⑤] 耿紫珍,赵佳佳,丁琳.中庸的智慧：上级发展性反馈影响员工创造力的机理研究[J].南开管理评论,2020,23(01):75-86.

造力的中介作用,考察组织创新支持感对该中介作用强弱的调节,构建"被调节的中介"理论模型进行实证研究。结果表明:上级发展性反馈对中庸思维、员工创造力有显著正向影响;中庸思维在上级发展性反馈与员工创造力之间存在显著中介作用;组织创新支持感正向调节中庸思维的中介作用。刘新梅等(2019)[1]基于社会信息加工理论视角进行跨层中介调节作用检验,并把建言氛围和领导—成员交换差异(LMXD)纳入分析框架,研究发现谦卑型领导与员工创造力呈显著正相关关系,该关系被建言氛围所中介,同时被LMXD负向调节。另外,当团队LMXD水平较低时,建言氛围的中介作用更为显著。

(3)幸福感

彭坚、邹艳春和康勇军(2021)[2]对191份互联网企业员工的三阶段追踪数据进行路径分析,结果显示:参与型领导既能增强员工的组织自尊进而提升员工工作幸福感,又会加重员工的工作负荷进而降低员工工作幸福感。感知同事支持在上述两条路径过程中发挥调节作用。当员工感知到高水平同事支持时,工作负荷的中介效应被削弱,而组织自尊的中介效应被强化。朱月乔和周祖城(2020)[3]基于40家企业共329份有效样本的跨层研究发现:企业社会责任对员工幸福感有显著的正向影响;同时,相对于那些认为企业经营不需要考虑道德因素的员工,认为需要考虑道德因素的员工对企业社会责任的利他归因更高,相应的幸福感也更高。刘云等(2019)[4]通过探究挑战性—阻碍性压力对员工工作幸福感的影响机制,发现挑战性压力对工作幸福感产生正向影响,阻碍性压力对其产生负向影响,工作重塑在挑战性压力和工作幸福感之间起到中介作用,能力与成长价值观正向调节挑战性—阻碍性压力与工作重塑的关系。苏涛等(2018)[5]对员工幸福感影响因素的研究表明,社会支持、工作控制/自主权,以及工作需求均会对员工的幸福感产生影响,而幸福感的产生有利于提升员工的工作绩效、组织承诺及组织公民行为,降低员工离职倾向。

---

[1] 刘新梅,姚进,陈超.谦卑型领导对员工创造力的跨层次影响研究[J].软科学,2019,33(05):81-86.

[2] 彭坚,邹艳春,康勇军,张旭.参与型领导对员工幸福感的双重影响:感知同事支持的调节作用[J].心理科学,2021,44(04):873-880.

[3] 朱月乔,周祖城.企业履行社会责任会提高员工幸福感吗?——基于归因理论的视角[J].管理评论,2020,32(05):233-242.

[4] 刘云,杨东涛,安彦蓉.挑战性—阻碍性压力与工作幸福感关系研究:基于工作重塑的中介作用[J].当代经济管理,2019,41(08):77-84.

[5] 苏涛,陈春花,宋一晓,王甜.基于Meta检验和评估的员工幸福感前因与结果研究[J].管理学报,2018,15(04):512-522.

三、基于招股说明书的人力资源类无形资产披露情况

此部分延用蓝皮书系列的框架,对创业板公司人力资源相关信息进行统计分析。同时,每部分内容新增行业分析与区域分析。

人力资源类无形资产的统计口径如表 5-2:

表 5-2　人力资源类无形资产的分类及统计口径

分类		统计口径
高管	总经理	年龄、性别、学历及教育背景、内部兼职情况、薪酬、持股、更替情况
	财务总监	年龄、性别、学历及教育背景、内部兼职情况、薪酬、持股、更替情况
	董事会秘书	年龄、性别、学历及教育背景、内部兼职情况、薪酬、持股、更替情况
独立董事		年龄、性别、学历及职称、专业和从业背景、董事津贴
股东		股东整体结构现状、创业股东组织类型
员工		员工数量、学历、专业结构

需要说明的是,对高管中总经理、财务总监以及董事会秘书的学历及教育背景数据来自招股说明书,年龄、性别、兼职、薪酬、持股、更替等数据来源于年报。因此,依据信息来源的不同,对高管的统计分析将放在两个部分进行。

(一) 总经理学历及教育背景

招股说明书中披露了总经理学历的公司共有 718 家。本科及以上学历的总经理人数占比大约为 83.00%,比去年上升了 0.03%(见表 5-3)。

表 5-3　　创业板上市公司总经理学历分布

学历	人数 / 个	占比 /%
高中及以下	28	3.91
大专	94	13.09
本科	263	36.62
硕士（包括在读）	267	37.19
博士（包括在读）	66	9.19
合计	718	100

分行业看，由于行业划分可能存在部分重叠，所以人数略有出入，后面同类表格同理。本科及以上学历总经理比例达 100% 的行业有七个，而这一比例最低的行业是文化、体育和娱乐业，仅为 72.73%（见表 5-4）。

表 5-4　　分行业本科及以上学历总经理人数及占比

行业	人数 / 个	占比 /%
采矿业	3	100
电力、热力、燃气及水生产和供应业	2	100
建筑业	7	87.5
交通运输、仓储和邮政业	2	100
居民服务、修理和其他服务业	1	100
科学研究和技术服务业	17	100
农、林、牧、渔业	6	85.71
批发和零售业	7	77.78
水利、环境和公共设施管理业	13	100
卫生和社会工作	3	100
文化、体育和娱乐业	8	72.73
信息传输、软件和信息技术服务业	118	90.10
制造业	481	91.44
租赁和商务服务业	7	87.5

（二）财务总监学历及教育背景

创业板上市公司有 737 家在招股说明书中披露财务总监学历及教育背景。具有本科及以上学历的财务总监合计占比 72.46%，具有本科学历的财务总监占比最大，为 47.49%（见表 5-5）。

表 5-5　创业板上市公司财务总监学历分布

学历	人数 / 个	占比 /%
高中及以下	60	8.14
大专	143	19.40
本科	350	47.49
硕士（包括在读）	176	23.88
博士（包括在读）	8	1.09
合计	737	100

分行业看，有四个行业本科及以上学历财务总监比例达 100%，分别是采矿业，电力、热力、燃气及水生产和供应业，居民服务、修理和其他服务业，租赁和商务服务业。本科及以上学历财务总监比例最低的行业是交通运输、仓储和邮政业，为 50%（见表 5-6）。

表 5-6　分行业本科及以上学历财务总监人数及占比

行业	人数 / 个	占比 /%
采矿业	4	100
电力、热力、燃气及水生产和供应业	2	100
建筑业	6	75
交通运输、仓储和邮政业	1	50
居民服务、修理和其他服务业	1	100
科学研究和技术服务业	14	77.78
农、林、牧、渔业	7	87.5
批发和零售业	7	87.5
水利、环境和公共设施管理业	12	92.31
卫生和社会工作	2	66.67
文化、体育和娱乐业	10	76.92
信息传输、软件和信息技术服务业	107	79.86
制造业	384	71.91
租赁和商务服务业	9	100

(三) 董事会秘书学历及教育背景

有 741 家上市公司在招股说明书中披露了董秘的学历信息。具有本科及以上学历的董秘合计占比 88.80%，比上年增加 2.57%。其中，具有本科学历的董秘占比最高，为 48.31%（见表 5-7）。

表 5-7 创业板上市公司董事会秘书学历分布

学历	人数／个	占比／%
高中及以下	4	0.54
大专	79	10.67
本科	358	48.31
硕士（包括在读）	280	37.79
博士（包括在读）	20	2.69
合计	741	100

分行业看，交通运输、仓储和邮政业的两个企业中，本科及以上董事会秘书占比 50%，其他行业本科及以上董事会秘书占比均在 85% 以上，有九个行业占比为 100%（见表 5-8）。

表 5-8 分行业本科及以上学历董事会秘书人数及占比

行业	人数／个	占比／%
采矿业	3	100
电力、热力、燃气及水生产和供应业	2	100
建筑业	7	100
交通运输、仓储和邮政业	1	50
居民服务、修理和其他服务业	1	100
科学研究和技术服务业	19	100
农、林、牧、渔业	8	100
批发和零售业	7	87.5
水利、环境和公共设施管理业	13	92.86
卫生和社会工作	3	100
文化、体育和娱乐业	13	100
信息传输、软件和信息技术服务业	124	95.38
制造业	450	86.04
租赁和商务服务业	8	100

四、基于年报的人力资源类无形资产披露情况

（一）创业板上市公司高管研究

1. 总经理

因有 2 家公司未明确披露总经理，本报告只统计其余 890 家创业板上市公司的总经理相关信息。

（1）年龄

890 家明确披露总经理的创业板上市公司中有 1 家未披露总经理年龄。

2020 年，创业板上市公司总经理的平均年龄为 50.49 岁，与上年相比有所上升。50～59 年龄段的总经理人数最多，占比 52.08%；其次是 40～49 年龄段，占比 33.30%。最年轻的总经理为莱美药业（300006）的邱戎钘和中青宝（300052）的李逸伦，年龄为 26 岁，最年长的是精准信息（300099）的黄自伟，为 74 岁（见表 5-9）。

表 5-9　2020 年创业板上市公司总经理年龄分布

年龄	人数 / 个	占比 /%
30 岁以下	6	0.67
30～39	63	7.09
40～49	296	33.30
50～59	463	52.08
60 岁及以上	61	6.86
合计	889	100

分行业来看，各行业总经理平均年龄差距不大。平均年龄最小的是教育，为 42 岁；平均年龄最大的行业是采矿业、电力、燃气及水的生产和供应业、卫生和社会工作，为 53 岁（见图 5-1）。

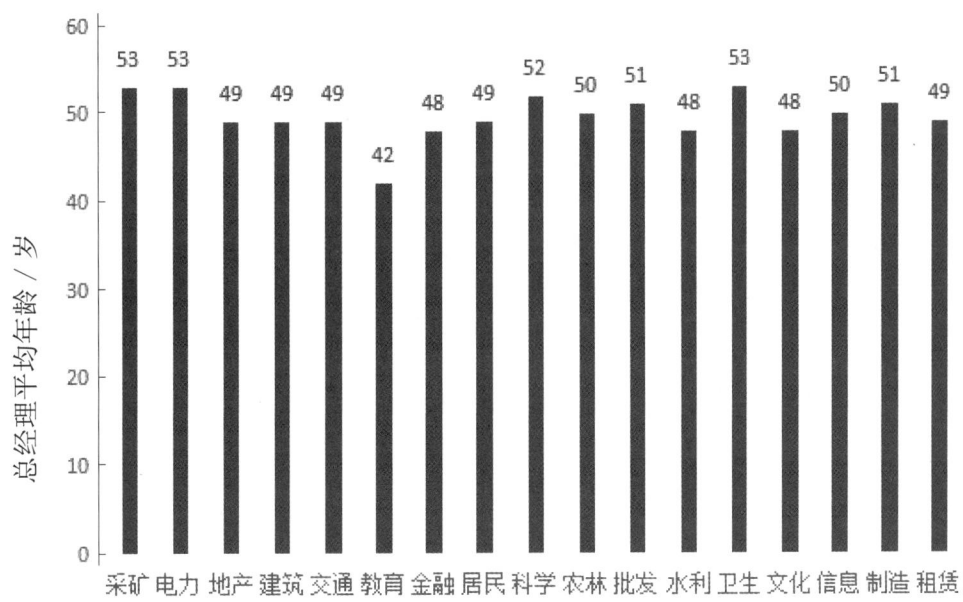

图 5-1 2020 年分行业总经理平均年龄

（2）性别

2020 年，样本公司中的女性总经理人数为 77 人，占总人数的比例为 8.65%，与 2019 年相比略有上升（见图 5-2）。

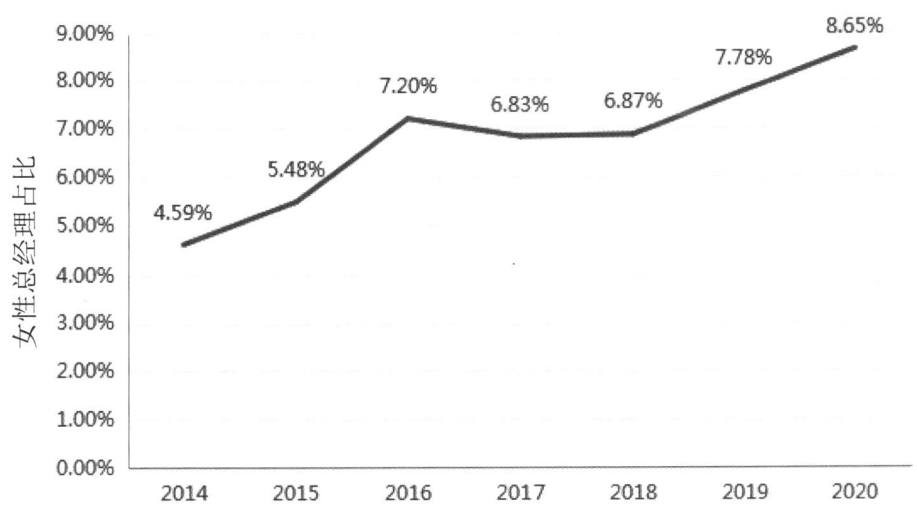

图 5-2 2014—2020 年创业板上市公司女性总经理占比变化

分行业来看，女性总经理比例在各行业差别较大。没有女性总经理的行业有六个，分别是电力、热力、燃气及水生产和供应业、建筑业、教育、房地产业、金融业、居民服务、修理和其他服务业。而女性总经理比例最高的是交通运输、仓储和邮政业，达33.33%（见表5-10）。

表5-10　2020年分行业女性总经理人数及占比

行业	人数／个	占比／%
采矿业	1	20
电力、热力、燃气及水生产和供应业	0	0
建筑业	0	14.29
教育	0	0
房地产业	0	0
金融业	0	0
交通运输、仓储和邮政业	1	33.33
居民服务、修理和其他服务业	0	0
科学研究和技术服务业	2	8.33
农、林、牧、渔业	2	25
批发和零售业	3	30
水利、环境和公共设施管理业	6	27.27
卫生和社会工作	1	25
文化、体育和娱乐业	3	20
信息传输、软件和信息技术服务业	13	8.84
制造业	43	6.97
租赁和商务服务业	2	14.29

（3）内部兼职情况

截至2020年底，创业板上市公司兼任董事长或副董事长职务的总经理有443人，占比49.78%，比2019年末上升了3.77%。除此之外，还有部分公司的总经理兼任董事、董秘、技术总监、财务总监等职务。

分行业看，总经理兼任董事长或副董事长的情况在各行业中差距较大。兼职比例最高的是租赁和商务服务业，居民服务、修理和其他服务业，均为100%，但居民服务、修理和其他服务业只有一家企业。除此之外，比例最高的是金融业，为80%。比例最低的是卫生和社会工作，房地产业，两个行业没有总经理兼任董事长或副董事长（见

表 5-11）。

表 5-11　2020 年分行业总经理兼任董事长（副董事长）的人数及占比

行业	人数（个）	占比（%）
采矿业	3	60
电力、热力、燃气及水生产和供应业	2	66.67
建筑业	3	30
教育	2	100
房地产业	0	0
金融业	4	80
交通运输、仓储和邮政业	1	33.33
居民服务、修理和其他服务业	1	100
科学研究和技术服务业	10	41.67
农、林、牧、渔业	3	37.5
批发和零售业	7	70
水利、环境和公共设施管理业	7	31.82
卫生和社会工作	0	0
文化、体育和娱乐业	6	40
信息传输、软件和信息技术服务业	74	50
制造业	314	50.81
租赁和商务服务业	6	100

（4）薪酬

2020 年，披露总经理薪酬的样本公司有 876 家。总经理的平均薪酬为 103.26 万元，比上年增长了 16.80%。其中，薪酬在 50 万～100 万元之间（含 50 万）的公司最多，占比为 42.24%；其次是 100 万元以上，占比为 33.45%。薪酬最高的是金龙鱼（300999）的总经理穆彦魁，年薪高达 1750 万元；第二名是迈瑞医疗（300760）的总经理吴昊，年薪为 1478.43 万元；第三名是汤臣倍健（300146）的总经理林志成，年薪为 914.92 万元（见表 5-12）。

表 5-12   2020 年创业板上市公司总经理薪酬分布

薪酬／万元	人数／个	占比／%／
0,10	11	1.26
10,30	54	6.16
30,50	148	16.89
50,100	370	42.24
100 以上	293	33.45
合计	876	100

2014—2020 年，创业板公司总经理的平均薪酬呈不断上升趋势，2020 年最高与最低薪酬之间的差距较之 2019 年有所上升（见图 5-3、图 5-4）。

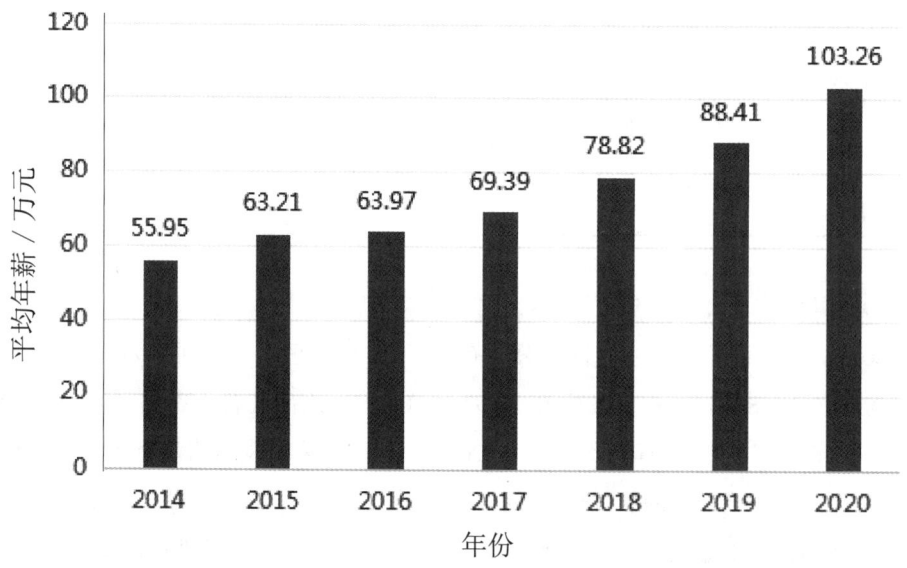

图 5-3 2014—2020 年总经理平均年薪变化情况

报告五：创业板上市公司人力资源类无形资产研究

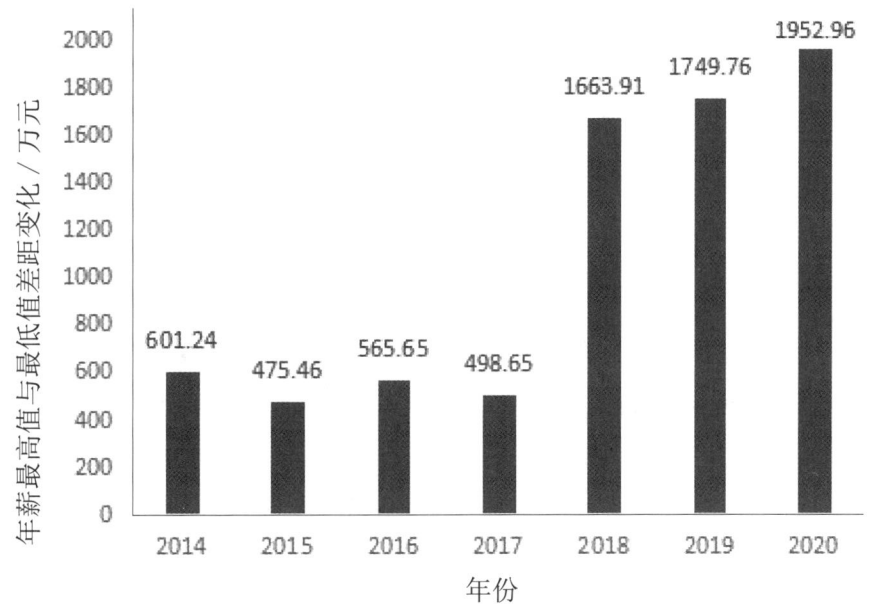

图 5-4 2014—2020 年总经理年薪最高值与最低值的差距变化

分行业看，总经理平均年薪最高的是卫生和社会工作，为 228.42 万元；最低的是居民服务、修理和其他服务业，为 9.53 万元（见图 5-5）。

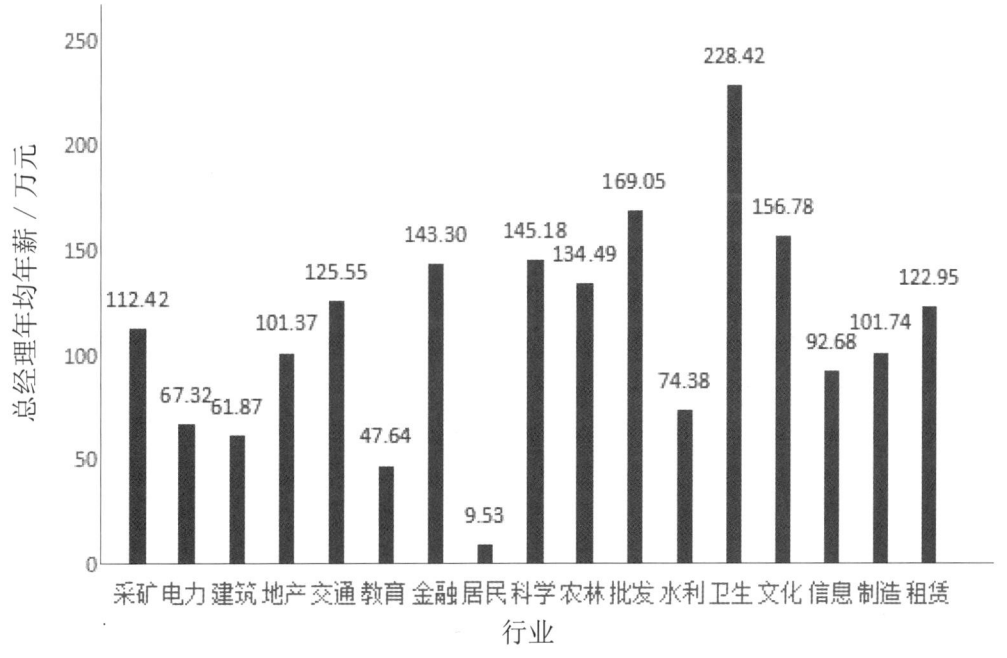

图 5-5 2020 年分行业总经理平均年薪

（5）持股情况

2020年，披露总经理持股情况的样本公司有823家。2014—2020年，创业板上市公司总经理持股的比例变化起伏较大，2020年较之2019年下降了5.66%。

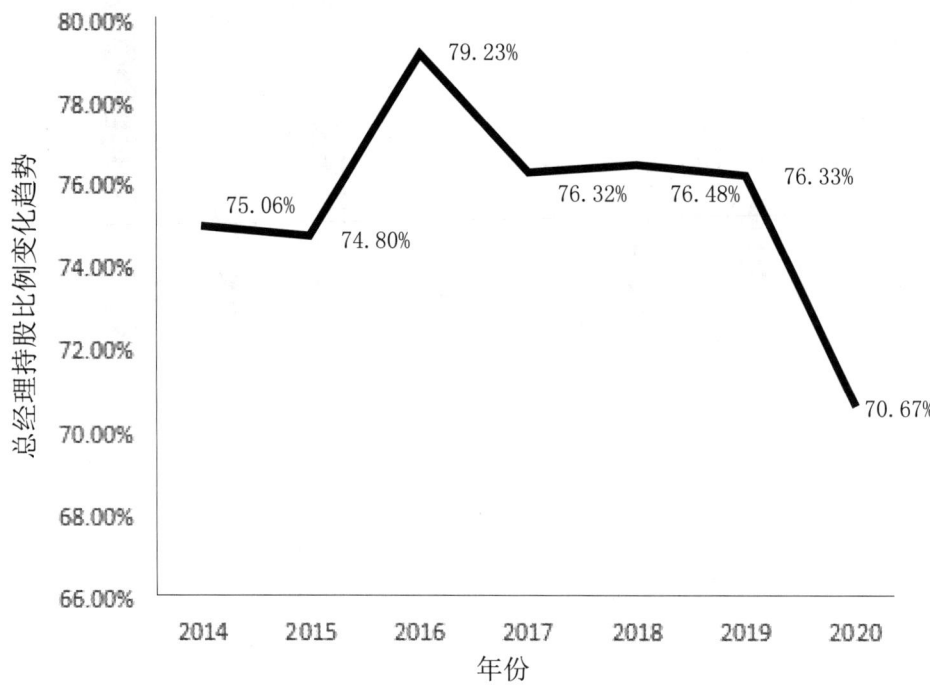

图 5-6 2014—2020 年创业板上市公司总经理持股比例变化趋势

分行业看，除房地产业，居民服务、修理和其他服务业的企业总经理未持股外，其他行业中总经理持股的企业比例均达 50%。持股比例最高的是电力、热力、燃气及水生产和供应业、教育、批发和零售业，均达 100%（见表 5-13）。

表 5-13 2020 年分行业总经理持股的企业数及其行业占比

行业	企业数／个	行业占比／%
采矿业	3	60
电力、热力、燃气及水生产和供应业	3	100
建筑业	5	55.56
交通运输、仓储和邮政业	2	66.67
房地产业	0	0
教育	1	100

续表

行业	企业数 / 个	行业占比 /%
金融业	4	80
居民服务、修理和其他服务业	0	0
科学研究和技术服务业	16	72.73
农、林、牧、渔业	5	71.43
批发和零售业	9	100
水利、环境和公共设施管理业	10	60
卫生和社会工作	2	50
文化、体育和娱乐业	9	64.29
信息传输、软件和信息技术服务业	108	76.60
制造业	442	77.95
租赁和商务服务业	8	66.67

（6）更替情况

2020年总经理发生变动的创业板公司有118家，变动比例为13.26%，与去年相比上升了1.35%。

分行业看，有五个行业在过去一年中总经理没有发生变动，分别是采矿业，房地产业，教育，金融业，居民服务、修理和其他服务业。发生变动的行业中，变动比例最大的是农、林、牧、渔业，变动比例为50%；最低的是科学研究和技术服务业，变动比例为4.17%（见表5-14）。

表5-14　2020年分行业总经理变动人数及占比

行业	人数 / 个	占比 /%
采矿业	0	0
电力、热力、燃气及水生产和供应业	1	33.33
建筑业	2	20
房地产业	0	0
交通运输、仓储和邮政业	1	33.33
教育	0	0
金融业	0	0
居民服务、修理和其他服务业	0	0
科学研究和技术服务业	1	4.17

续表

行业	人数／个	占比／%
农、林、牧、渔业	4	50
批发和零售业	1	10
水利、环境和公共设施管理业	5	22.73
卫生和社会工作	1	25
文化、体育和娱乐业	3	20
信息传输、软件和信息技术服务业	22	14.97
制造业	71	11.53
租赁和商务服务业	6	42.86

2. 财务总监

因瑞普生物（300119）、瑞奇股份（300119）、世纪瑞尔（300150）、中威电子（300270）、德威新材（300325）、东方测试（300354）、会中股份（300371）、国祯环保（300388）、幸福蓝海（300528）等 14 家公司未在 2020 年年度报告中披露财务总监的信息，因此本报告只统计其余 878 家创业板上市公司财务总监的相关情况。

（1）年龄

2020 年，在披露了财务总监的 878 家上市公司中，财务总监的平均年龄为 45.39 岁。年龄最大的是理邦仪器（300206）的刘卿，为 69 岁，年龄最小的是北陆药业（300016）的曾妮，为 28 岁。从年龄分布的情况看，40～49 岁之间的财务总监人数最多，占比达 53.08%；其次是 50～59 岁之间，占比为 24.83%（见表 5-15）。

表 5-15　2020 年创业板上市公司财务总监年龄分布

年龄	人数／个	占比／%
30 岁以下	2	0.23
30～39	180	20.50
40～49	466	53.08
50～59	218	24.83
60 岁及以上	12	1.37
合计	878	100.00

分行业看，各行业财务总监平均年龄在 41～50 岁之间。平均年龄最小的行业为电力、热力、燃气及水生产和供应业，为 41 岁；平均年龄最大的是居民服务、修理和其他服务业，为 50 岁（见图 5-7）。

报告五：创业板上市公司人力资源类无形资产研究

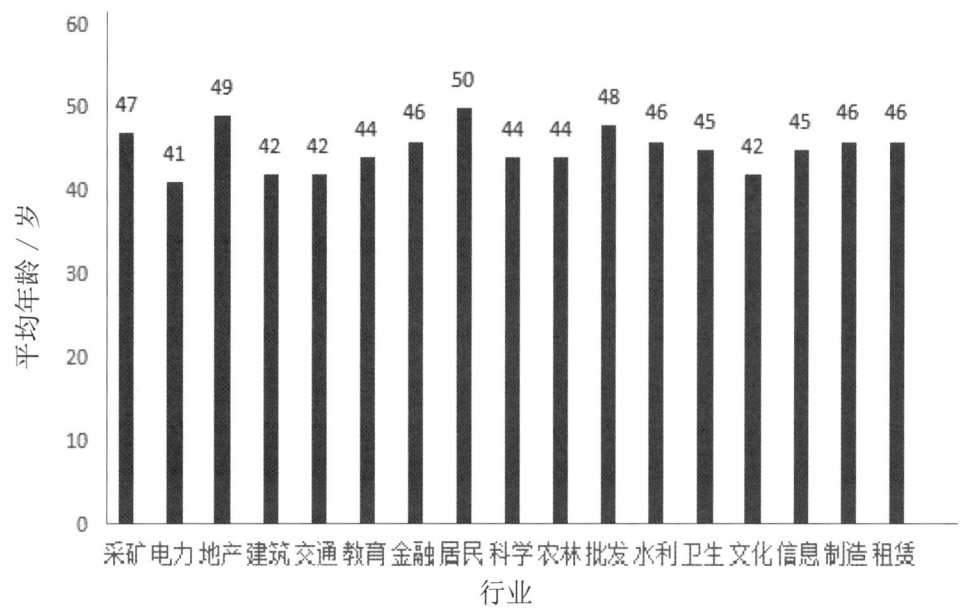

图 5-7　2020 年分行业财务总监平均年龄

（2）性别

2014—2020 年，创业板上市公司的财务总监男女比例平均约为 2:1。2020 年，男性财务总监数量是女性财务总监比例的 1.86 倍，与 2019 年相比变化不大。

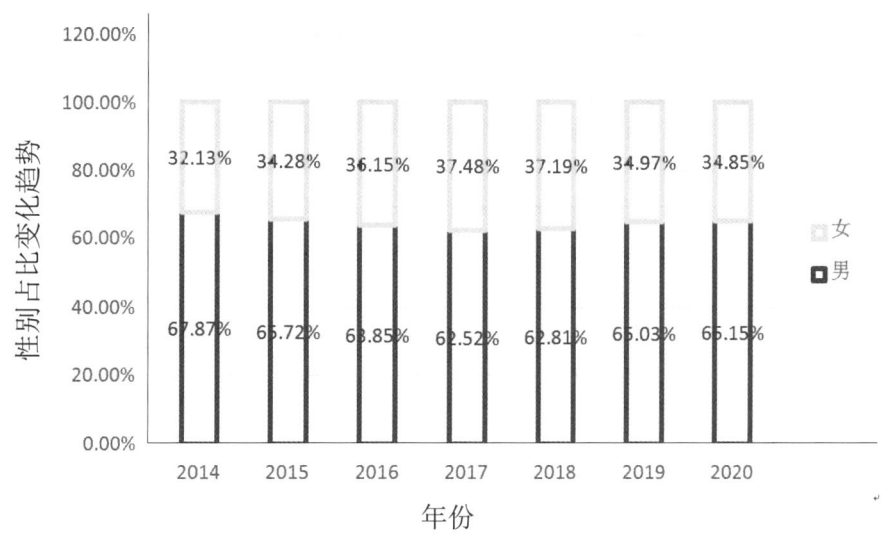

图 5-8　2014—2020 年创业板上市公司财务总监性别占比变化趋势

- 123 -

分行业看，有四个行业没有女性财务总监，分别是电力、热力、燃气及水生产和供应业，居民服务、修理和其他服务业，教育，卫生和社会工作。女性财务总监比例最高的是房地产业，占比 100%，但该行业只有一家公司（见表 5-16）。

表 5-16　2020 年分行业女性财务总监人数及占比

行业	人数/个	占比/%
采矿业	1	20
电力、热力、燃气及水生产和供应业	0	0
房地产业	1	100
建筑业	7	70
交通运输、仓储和邮政业	1	33.33
居民服务、修理和其他服务业	0	0
教育	0	0
金融业	3	60
科学研究和技术服务业	7	29.17
农、林、牧、渔业	4	50
批发和零售业	4	40
水利、环境和公共设施管理业	8	36.36
卫生和社会工作	0	0
文化、体育和娱乐业	7	50
信息传输、软件和信息技术服务业	55	37.67
制造业	201	33.17
租赁和商务服务业	7	50

（3）内部兼职情况

2020 年年报 878 家上市公司披露的财务总监兼职情况呈现多元化特征。经统计，专职于财务总监一职的有 434 人，占比为 40.43%，比上年减少 11.49%。其他财务总监均存在内部兼职的情况，甚至存在兼任四份职务的状况。

报告五：创业板上市公司人力资源类无形资产研究

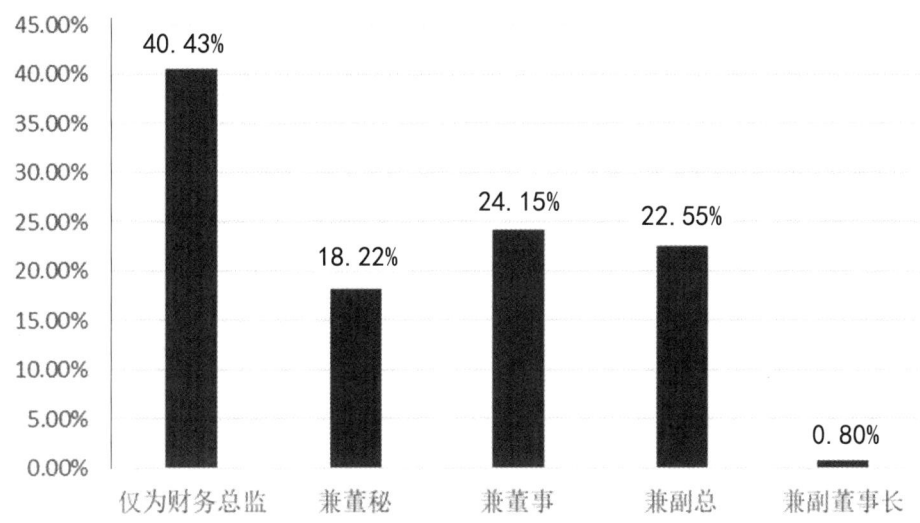

图 5-9　2020 年创业板上市公司财务总监内部兼职占比

分行业看，财务总监兼职比例最高的是居民服务、修理和其他服务业，达 100%；最低的是交通运输、仓储和邮政业、房地产业，比例为 0（见表 5-17）。

表 5-17　2020 年分行业财务总监兼职人数及占比

行业	人数／个	占比／%
采矿业	2	40
电力、热力、燃气及水生产和供应业	1	33.33
房地产业	0	0
建筑业	6	60
交通运输、仓储和邮政业	0	0
教育	1	50
金融	3	60
居民服务、修理和其他服务业	1	100
科学研究和技术服务业	9	37.5
农、林、牧、渔业	6	75

- 125 -

续表

行业	人数/个	占比/%
批发和零售业	4	40
水利、环境和公共设施管理业	14	63.64
卫生和社会工作	2	50
文化、体育和娱乐业	8	53.33
信息传输、软件和信息技术服务业	84	57.53
制造业	294	48.51
租赁和商务服务业	10	71.43

（4）薪酬

2020年，878家披露财务总监信息的创业板上市公司中有17家未披露财务总监的薪酬情况。财务总监的平均薪酬继续上升，增长至61.41万元，增幅为17.99%。薪酬在40万以上的占比最高，为66.43%，比2018年增加7.22%，其次是在30万～40万元之间（含40万），为15.56%。薪酬最低的是紫天科技（300380）的财务总监李想，仅为1.4万元。薪酬最高的是康龙化成（300759）的财务总监李承宗，年薪高达487万元（见表5-18）。

表5-18　2020年创业板上市公司财务总监薪酬分布

薪酬/万元	人数/个	占比/%
0	8	0.93
(0,10]	17	1.97
(10,20]	40	4.65
(20,30]	90	10.45
(30,40]	134	15.56
40以上	572	66.43
合计	861	100.00

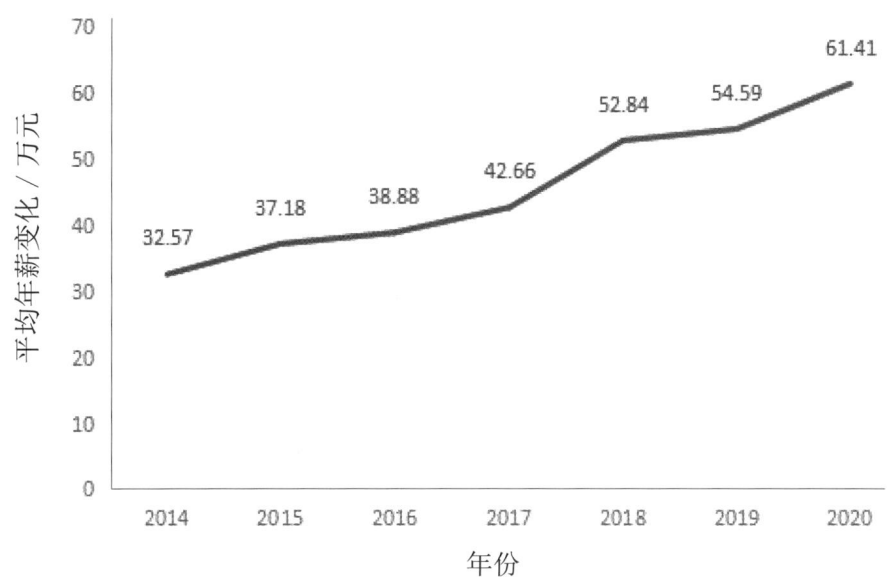

图 5-10 2014—2020 年财务总监平均年薪变化情况

分行业看，财务总监平均年薪最高的是居民服务、修理和其他服务业，达 119.86 万元；最低的是房地产业，为 11.54 万元（见图 5-11）。

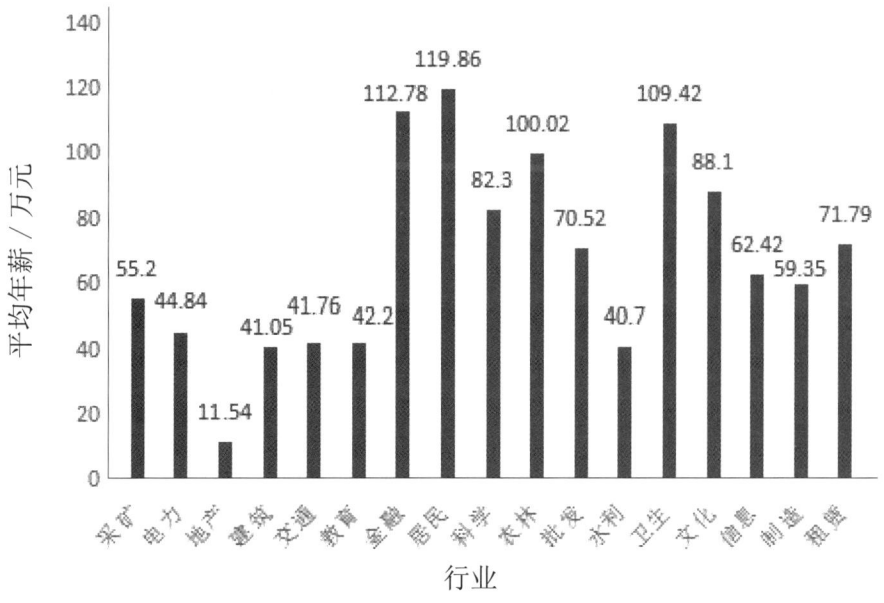

图 5-11 2020 年分行业财务总监平均年薪

（5）持股情况

2020年，创业板上市公司中存在财务总监持股情况的公司有397家，占比披露了财务总监情况创业板上市公司878家中的45.22%，比上年减少了0.89%。

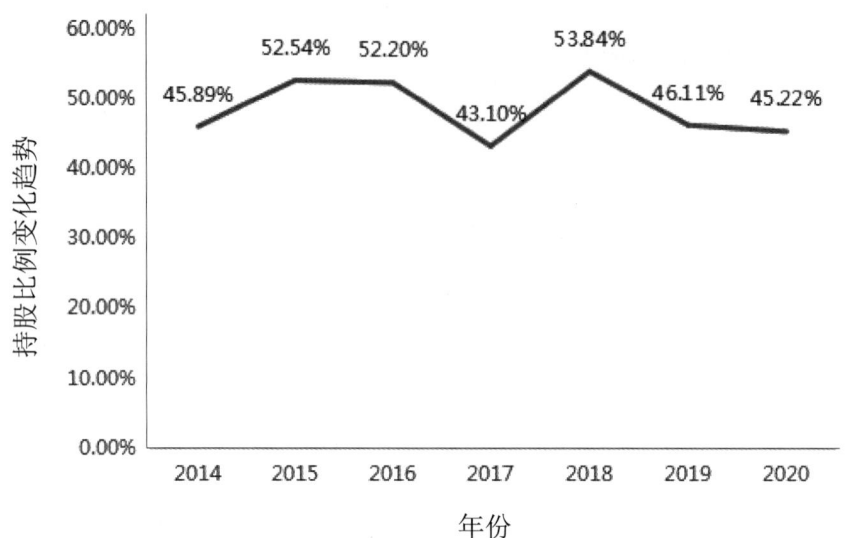

图 5-12　2014—2020 年创业板上市公司财务总监持股比例变化趋势

分行业看，交通、仓储和邮政业，房地产业的财务总监未持股，持股比例最高的行业是居民服务、修理和其他服务业，持股比例为100%（见表5-19）。

表 5-19　2020 年分行业财务总监持股人数及占比

行业	人数/个	占比/%
采矿业	1	20
电力、热力、燃气及水生产和供应业	2	66.67
房地产业	0	0
建筑业	3	30
交通运输、仓储和邮政业	0	0
教育	1	50
金融业	2	40
居民服务、修理和其他服务业	1	100

续表

行业	人数/个	占比/%
科学研究和技术服务业	7	29.17
农、林、牧、渔业	3	37.5
批发和零售业	4	40
水利、环境和公共设施管理业	9	40.91
卫生和社会工作	1	25
文化、体育和娱乐业	4	26.67
信息传输、软件和信息技术服务业	73	50
制造业	280	46.20
租赁和商务服务业	6	42.86

（6）更替情况

本报告将2020年前上市的878家公司的2019年年报与2020年年报进行对比。2020年，财务总监发生变动的创业板公司有158家，变动比例为17.80%，与去年相比上升了2.21%。

分行业看，财务总监没有发生变化的行业有五个，分别是采矿业，房地产业，教育，居民服务、修理和其他服务业，农、林、牧、渔业。变化比例最高的行业是电力、热力、燃气及水生产和供应业，为100%（见表5-20）。

表5-20　　2020年分行业财务总监变动人数及占比

行业	人数/个	占比/%
采矿业	0	0
电力、热力、燃气及水生产和供应业	3	100
房地产业	0	0
建筑业	1	10
交通运输、仓储和邮政业	1	33.33
教育	0	0
金融业	1	20
居民服务、修理和其他服务业	0	0
科学研究和技术服务业	2	8.33

续表

行业	人数／个	占比／%
农、林、牧、渔业	0	0
批发和零售业	1	10
水利、环境和公共设施管理业	5	21.74
卫生和社会工作	1	25
文化、体育和娱乐业	3	20
信息传输、软件和信息技术服务业	34	23.13
制造业	102	16.61
租赁和商务服务业	4	28.57

3. 董事会秘书

因美尚生态（300495）1家公司未在2020年年度报告中披露董事会秘书的信息，因此本报告只统计其余891家创业板上市公司董事会秘书的相关情况。

（1）年龄

根据2020年年报，有886家创业板公司披露了董事会秘书的年龄，平均年龄是42.95岁。相比总经理和财务总监，董秘呈现出相对年轻化的特征。40～49岁年龄段的董秘人数最多，占比为41.76%；其次是30～39岁年龄段，占比为37.47%，此种特征与2019年相一致。最年轻的董秘是派生科技（300176）的卢宇轩、方直科技（300235）的李枫，均为26岁，最年长的董秘是中亚股份（300512）的史中伟，为71岁（见表5-21）。

表5-21　2020年创业板上市公司董事会秘书年龄分布

年龄	人数／个	占比／%
30岁以下	8	0.90
30～39	332	37.47
40～49	370	41.76
50～59	166	18.74
60岁以上	10	1.13
合计	886	100.00

分行业看，各行业董事会秘书平均年龄均在38～46岁。平均年龄最大的行业是房地产行业，为53.00岁；最小的是电力、热力、燃气及水生产和供应业，为38.67岁（见图5-13）。

报告五：创业板上市公司人力资源类无形资产研究

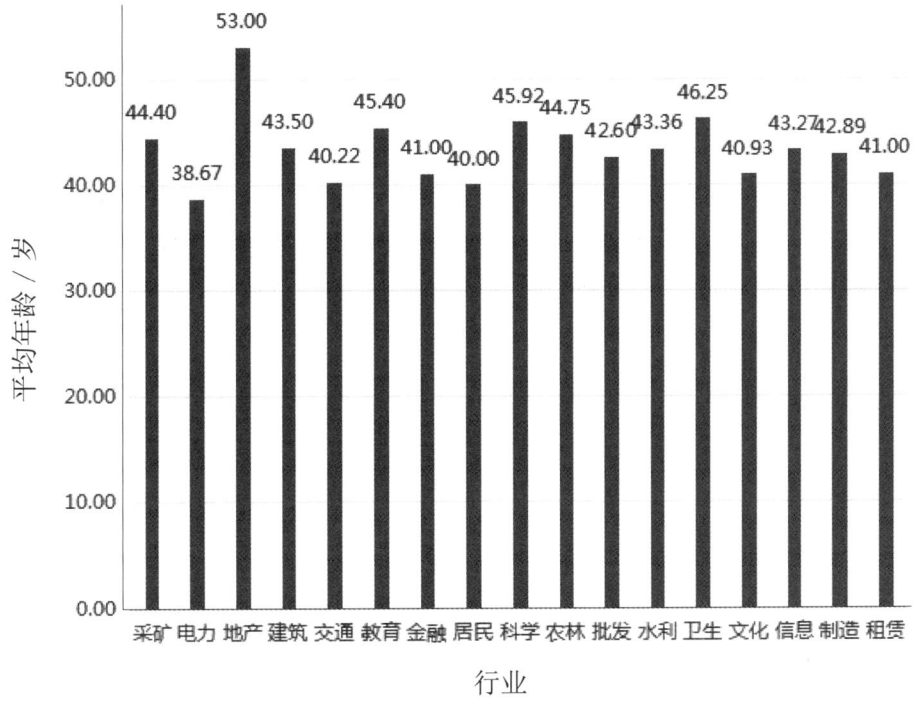

图 5-13　2020 年分行业董事会秘书平均年龄

（2）性别

根据 2020 年年报，创业板上市公司合计披露了 888 名董秘的信息，其中女性董秘有 273 人，占比 30.74%，与上年相比有所下降（见图 5-14）。

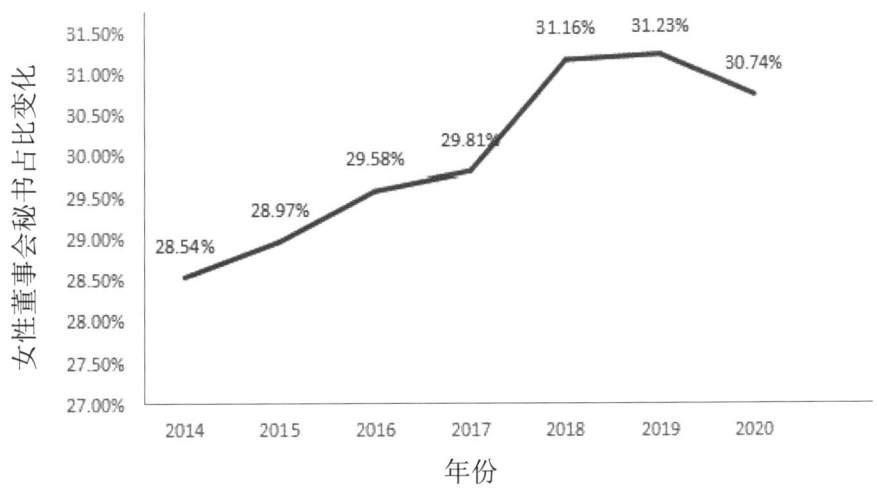

图 5-14　2014—2020 年创业板上市公司女性董事会秘书占比变化

- 131 -

分行业看,房地产业,教育,居民服务、修理和其他服务业没有女性董事会秘书,在有女性董事会秘书的行业中,占比最低的是采矿业与批发和零售业,为20%;最高的是电力、热力、燃气及水生产和供应业,为66.67%;比例次高的是卫生和社会工作,为50%(见表5-22)。

表5-22　　2020年分行业女性董事会秘书人数及占比

行业	人数/个	占比/%
采矿业	1	20
电力、热力、燃气及水生产和供应业	2	66.67
房地产业	0	0
建筑业	2	22.22
交通运输、仓储和邮政业	1	33.33
教育	0	0
金融业	2	40
居民服务、修理和其他服务业	0	0
科学研究和技术服务业	5	20.83
农、林、牧、渔业	3	37.5
批发和零售业	2	20
水利、环境和公共设施管理业	9	39.13
卫生和社会工作	2	50
文化、体育和娱乐业	5	33.33
信息传输、软件和信息技术服务业	48	32.88
制造业	186	30.29
租赁和商务服务业	6	42.86

(3)内部兼职情况

根据2020年年报,在公司内部兼职方面,董秘的兼职比总经理和财务总监更加多样化。专职于董秘一职的人数为134人,占比15.04%,比上年减少1.78%。兼职副总经理的董秘人数最多,共469人,占比52.64%。其中,也存在董秘兼任四份职务的情况。

分行业看,兼职比例最低的行业是批发和零售业,为20%,电力、热力、燃气及水生产和供应业,房地产业,交通运输,仓储和邮政业,金融业,居民服务,修理和其他服务业,农、林、牧、渔业,租赁和商务服务业的所有董事会秘书都有兼职(见表5-23)。

表 5-23　　2020 年分行业董事会秘书兼职人数及占比

行业	人数／个	占比／%
采矿业	4	80
电力、热力、燃气及水生产和供应业	3	100
房地产业	1	100
建筑业	7	77.78
交通运输、仓储和邮政业	3	100
教育	1	50
金融业	5	100
居民服务、修理和其他服务业	1	100
科学研究和技术服务业	21	87.5
农、林、牧、渔业	8	100
批发和零售业	2	20
水利、环境和公共设施管理业	19	82.61
卫生和社会工作	3	75
文化、体育和娱乐业	10	66.67
信息传输、软件和信息技术服务业	128	86.49
制造业	521	84.58
租赁和商务服务业	7	100

（4）薪酬

2020 年，在年报中总有 16 名董秘的薪酬情况未被披露，此外的创业板上市公司董秘的平均薪酬为 60.37 万元。50 万以上的董秘人数最多，占比 47.77%，其次是 30 万至 40 万之间（含 30 万），占比 16.46%。除去刚入职还没有薪酬的情况，年薪最低的董秘是科泰电源（300153）的徐坤，为 3.22 万元；最高的是迈瑞医疗（300760）的李文楣，为 663.17 万元（见表 5-24）。

表 5-24 2020 年创业板上市公司董事会秘书薪酬分布

薪酬／万元	人数／个	占比／%
0	10	1.14
(0,20)	54	6.17
[20,30)	112	12.80
[30,40)	144	16.46
[40,50)	137	15.66
50 以上	418	47.77
合计	875	100

分行业看，董事会秘书平均年薪最高的行业是金融业，高达 125.10 万元；次高的是地产业，为 106.07 万元；最低的是交通运输、仓储和邮政业，为 35.82 万元（见图 5-15）。

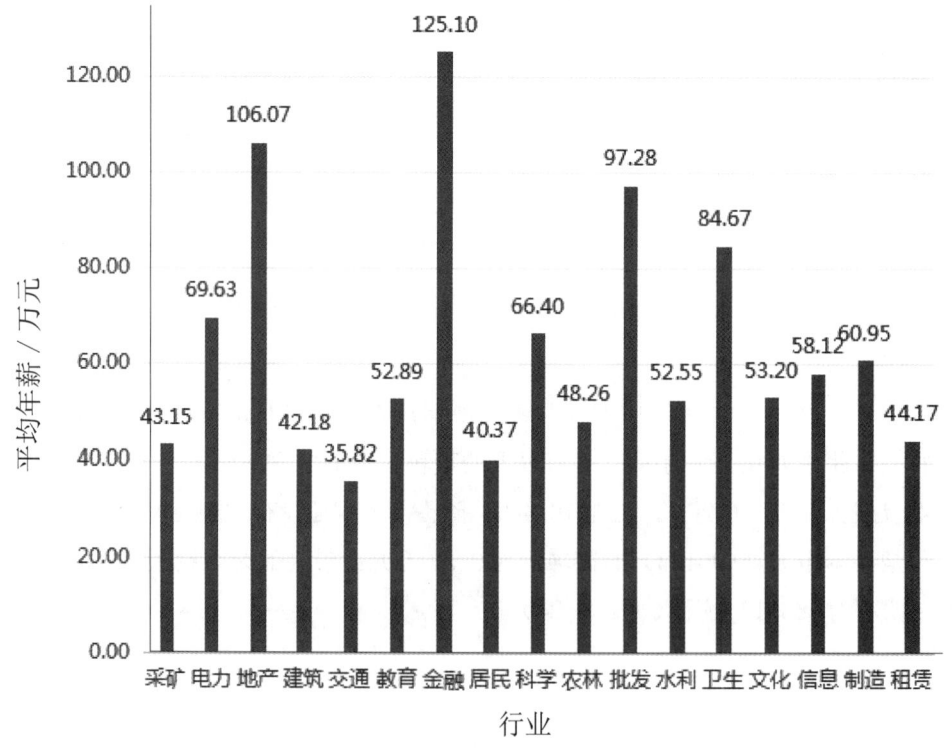

图 5-15 2020 年分行业董事会秘书平均年薪

（5）持股情况

2020年，创业板上市公司持股的董秘有422人，占比47.47%，人数比上年减少了2.53%。

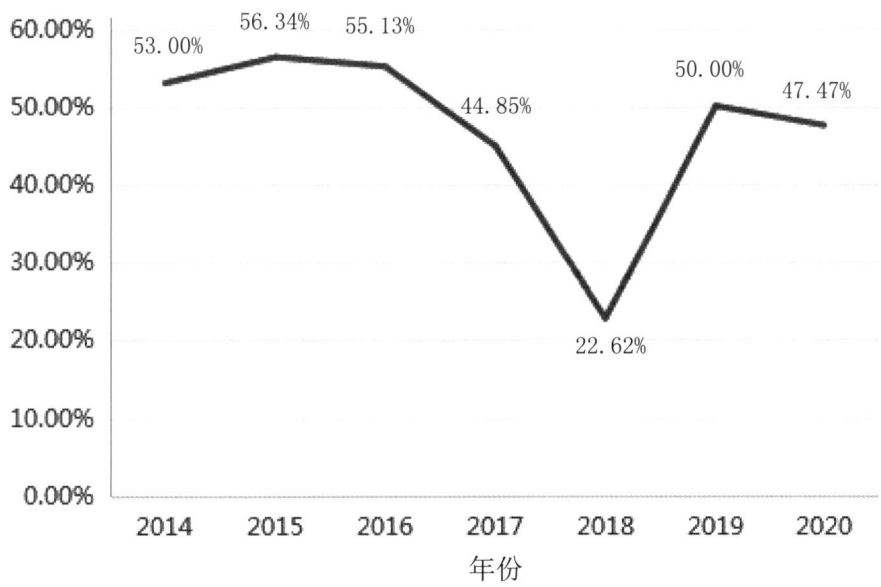

图 5-16　2014—2020年创业板上市公司董事会秘书持股比例变化趋势

分行业看，电力、热力、燃气及水生产和供应业，房地产业，教育，交通运输、仓储和邮政业的董秘均未持股，居民服务、修理和其他服务业的持股比例为100%（见表5-25）。

表 5-25　　2020年分行业董事会秘书持股人数及占比

行业	人数／个	占比／%
采矿业	2	40
电力、热力、燃气及水生产和供应业	0	0
房地产业	0	0
建筑业	5	55.56
教育	0	0
金融业	3	60
交通运输、仓储和邮政业	0	0
居民服务、修理和其他服务业	1	100

续表

行业	人数/个	占比/%
科学研究和技术服务业	12	50
农、林、牧、渔业	3	37.5
批发和零售业	2	20
水利、环境和公共设施管理业	16	69.57
卫生和社会工作	2	50
文化、体育和娱乐业	10	66.67
信息传输、软件和信息技术服务业	73	49.32
制造业	289	46.92
租赁和商务服务业	4	28.57

（6）更替情况

本报告将上市创业板公司的2019年年报与2020年年报进行对比。其中，2020年董秘发生变动的有159名，占比17.83%，比上年增加3.02%。

分行业看，有五个行业董事会秘书没有发生变动，分别是采矿业，房地产业，教育，居民服务、修理和其他服务业及卫生和社会工作。董事会秘书发生变动比例最高的行业是电力、热力、燃气及水生产和供应业，交通运输、仓储和邮政业，均为66.67%。（见表5-26）。

表5-26　2020年分行业董事会秘书变动人数及占比

行业	人数/个	占比/%
采矿业	0	0
电力、热力、燃气及水生产和供应业	2	66.67
房地产业	0	0
建筑业	2	22.22
交通运输、仓储和邮政业	2	66.67
教育	0	0
金融业	2	40
居民服务、修理和其他服务业	0	0
科学研究和技术服务业	3	12.5
农、林、牧、渔业	1	12.5

续表

行业	人数／个	占比／%
批发和零售业	1	10
水利、环境和公共设施管理业	3	13.04
卫生和社会工作	0	0
文化、体育和娱乐业	1	6.67
信息传输、软件和信息技术服务业	34	22.97
制造业	104	16.88
租赁和商务服务业	4	28.57

（二）创业板上市公司独立董事研究

1. 独立董事占董事会比例

中国证监会《关于在上市公司建立独立董事制度的指导意见（2001）》要求中国上市公司董事会成员中应当至少包括三分之一的独立董事。2020年，有三家创业板上市公司不满足这一要求。

2. 年龄

2020年，892家创业板上市公司披露的2652名独立董事中，有13位独立董事未披露年龄。在已披露的2639名独立董事中，有736名处于40～59岁之间，占比27.89%。处于50～59岁之间的独立董事占比最大，为46.38%。年龄最小的独立董事是景嘉微（300474）的伍志英，为26岁；年龄最大的独立董事是康龙化成（300759）的戴立信，为96岁（见表5-27）。

表5-27　2020年创业板上市公司独立董事年龄分布

年龄	人数／个	占比／%
30岁以下	2	0.08
30～39	118	4.47
40～49	736	27.89
50～59	1224	46.38
60～69	473	17.92
70岁及以上	86	3.26
合计	2639	100.00

分行业看，各行业独立董事平均年龄均在46～55岁之间。平均年龄最小的是教育，为46.17岁；最大的是水利、环境和公共设施管理业，为54.75岁。（见图5-17）。

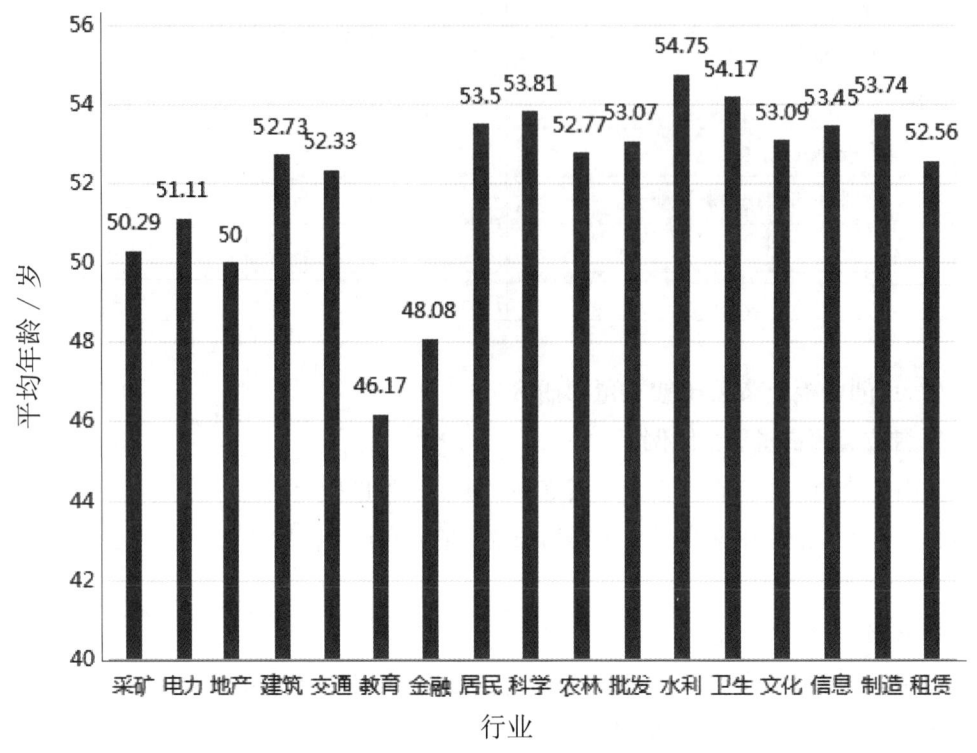

图5-17　2020年分行业独立董事平均年龄

3. **性别**

2020年，892家创业板上市公司中的2652名独立董事中有两名未披露性别。在已披露性别的2650名独立董事中，男性有2105名，占比达79.43%；女性有545名，占比为20.57%。女性独立董事占比较去年上升0.14%。

分行业看，女性独立董事在房地产业，交通运输、仓储和邮政业，居民服务、修理和其他服务业均未占比，最高的采矿业，为57.14%（见表5-28）。

表 5-28　　2020 年分行业女性独立董事人数及占比

行业	人数／个	占比／%
采矿业	8	57.14
电力、热力、燃气及水生产和供应业	3	33.33
房地产业	0	0
建筑	5	16.67
交通运输、仓储和邮政业	0	0
教育	1	16.67
金融业	3	23.08
居民服务、修理和其他服务业	0	0
科学研究和技术服务业	13	17.57
农、林、牧、渔业	4	15.38
批发和零售业	5	17.86
水利、环境和公共设施管理业	17	25.37
卫生和社会工作	2	16.67
文化、体育和娱乐业	8	17.39
信息传输、软件和信息技术服务业	95	21.74
制造业	371	20.24
租赁和商务服务业	10	24.39

4. 学历及职称

从学历信息披露的情况来看，2020 年未披露学历的独立董事占比 4.86%，比上年下降了大约 2.51%。本科占比为 21.64%，比上年上升了大约 0.09%；硕士占比 32.62%；博士占比为 38.46%。中专学历背景的独立董事有 2 位，供职于三只松鼠（300783）和艾可蓝（300816），但为具有专业从业经验的专职人员（见表 5-29）。

表 5-29　　2020 年创业板上市公司独立董事学历分布

学历	中专	大专	本科	硕士	博士	未披露
人数／个	2	62	574	865	1020	129
占比／%	0.08	2.34	21.64	32.62	38.46	4.86

从职称信息披露的情况来看，2020年未披露职称的独立董事占比30.77%，比上年上升了大约5.04%。拥有高级职称的独立董事有1460人，占比55.05%，比上年下降了大约3.19%；拥有中级职称的独立董事有361人，占比13.61%，比上年上升了大约7.41%（见表5-30）。

表5-30　　2020年创业板上市公司独立董事职称分布

职称	高级职称	中级职称	初级职称	未披露
人数/个	1460	361	15	816
占比/%	55.05	13.61	0.57	30.77

分行业的独立董事学历与职称分布见表5-31和表5-32。博士学历独立董事比例最高的是房地产业。高级职称独立董事占比最高的是教育，达66.67%；最低的是批发和零售业，居民服务、修理和其他服务业，为0。

表5-31　　2020年分行业独立董事学历分布　　（单位：%）

行业	本科及以下	硕士	博士	未披露
采矿业	14.29	35.71	50.00	0.00
电力、热力、燃气及水生产和供应业	11.11	0.00	44.44	44.45
房地产业	33.33	0.00	66.67	0.00
建筑	30.00	40.00	30.00	0.00
交通运输、仓储和邮政业	11.11	22.22	33.33	44.45
教育	16.67	50.00	33.33	0.00
金融业	7.69	46.15	30.77	15.38
居民服务、修理和其他服务业	50.00	50.00	0.00	0.00
科学研究和技术服务业	20.27	40.54	32.43	6.76
农、林、牧、渔业	38.46	26.92	34.62	17.14
批发和零售业	46.43	21.43	28.57	3.57
水利、环境和公共设施管理业	25.37	29.85	43.28	1.49
卫生和社会工作	41.67	41.67	8.33	8.33
文化、体育和娱乐业	26.09	34.78	36.96	2.17
信息传输、软件和信息技术服务业	19.59	38.27	36.22	5.47
制造业	25.10	31.10	39.17	4.64
租赁和商务服务业	17.07	36.59	44.12	2.44

表 5-32　　2020 年分行业独立董事职称分布　　（单位：%）

行业	高级职称	中级职称	初级职称	未披露
采矿业	64.29	28.57	0.00	7.14
电力、热力、燃气及水生产和供应业	55.56	22.22	0.00	22.22
房地产业	33.33	66.67	0.00	0.00
建筑	53.33	13.34	0.00	33.33
交通运输、仓储和邮政业	33.33	22.22	11.12	33.33
教育	66.67	0.00	0.00	33.33
金融业	38.46	23.08	0.00	38.46
居民服务、修理和其他服务业	0.00	50.00	0.00	50.00
科学研究和技术服务业	48.64	16.22	0.00	35.14
农、林、牧、渔业	53.84	23.08	0.00	23.08
批发和零售业	0.00	100.00	0.00	0.00
水利、环境和公共设施管理业	56.72	13.43	1.49	28.36
卫生和社会工作	41.66	16.67	0.00	41.67
文化、体育和娱乐业	60.87	8.70	0.00	30.43
信息传输、软件和信息技术服务业	47.75	10.48	0.68	36.67
制造业	56.62	13.64	0.55	29.19
租赁和服务服务业	51.22	19.51	0.00	31.71

5. 专（从）业背景

2020 年，创业板上市公司独立董事专业背景信息披露的总体情况明显上升，未披露的比例仅为 5.92%。管理专业背景和技术专业背景的独立董事人数最多，总计占比 64.97%。（见表 5-33）。

表 5-33　　2020 年创业板上市公司独立董事专业背景分布

专业背景	管理学（包括财务会计）	工学	法学	技术	其他	未披露
人数 / 个	1227	127	488	496	170	157
占比 /%	46.27	4.79	18.40	18.70	6.41	5.92

分行业看，不同行业独立董事的专业背景差异并不明显，管理学（包括财务会计）背景的独立董事占比在所有行业中均为第一位，法学和技术专业背景的独立董事占比也相对较高。（见表 5-34）。

表 5-34　　2020 年分行业独立董事专业背景分布　（单位：%）

行业	管理学（包括财务会计）	工学	法学	技术	其他	未披露
采矿业	57.14	7.14	28.57	0.00	7.14	0.00
电力、热力、燃气及水生产和供应业	44.45	0.00	22.22	0.00	0.00	33.33
房地产业	66.67	0.00	33.33	0.00	0.00	0.00
建筑业	40.00	10.00	20.00	20.00	10.00	0.00
交通运输、仓储和邮政业	77.78	0.00	11.11	11.11	0.00	0.00
教育	66.67	0.00	16.67	0.00	0.00	16.67
金融业	46.15	0.00	30.77	0.00	7.69	15.38
居民服务、修理和其他服务业	50.00	0.00	50.00	0.00	0.00	0.00
科学研究和技术服务业	52.70	4.54	18.92	17.57	2.70	5.41
农、林、牧、渔业	46.15	3.85	26.92	19.23	2.86	3.85
批发和零售业	53.57	3.57	21.43	7.14	7.14	7.14

续表

行业	管理学（包括财务会计）	工学	法学	技术	其他	未披露
水利、环境和公共设施管理业	47.76	2.99	14.40	22.39	2.99	4.48
卫生和社会工作	50.00	0.00	16.67	16.67	8.33	8.33
文化、体育和娱乐业	47.83	2.17	19.57	6.52	8.70	17.39
信息传输、软件和信息技术服务业	50.11	4.10	15.72	14.12	7.06	9.11
制造业	44.35	5.35	18.44	27.52	6.22	5.02
租赁和商务服务业	53.66	0.00	24.39	12.20	7.32	2.44

6. 董事津贴

2020年，未在所任职的创业板上市公司领取津贴的独立董事有174人，占比6.45%，其中大部分是在报告期末新上任的独立董事。津贴在5万～10万元的独立董事最多，占比62.14%；其次是10万元及以上，占比16.37%。津贴最高的为迈瑞医疗（300760）的独立董事吴祈耀、奚浩、姚辉，均为32.67万元（见表5-35）。

表5-35　　2020年创业板上市公司独立董事津贴分布

年度津贴总额	0	0～5万	5～10万	10万以上	未披露
人数/个	174	376	1648	434	20
占比/%	6.45	14.18	62.14	16.37	0.75

分行业看，独立董事平均津贴最高的行业是卫生和社会工作，为10.50万元；最低的是电力、热力、燃气及水生产和供应业，为5.62万元（见图5-18）。

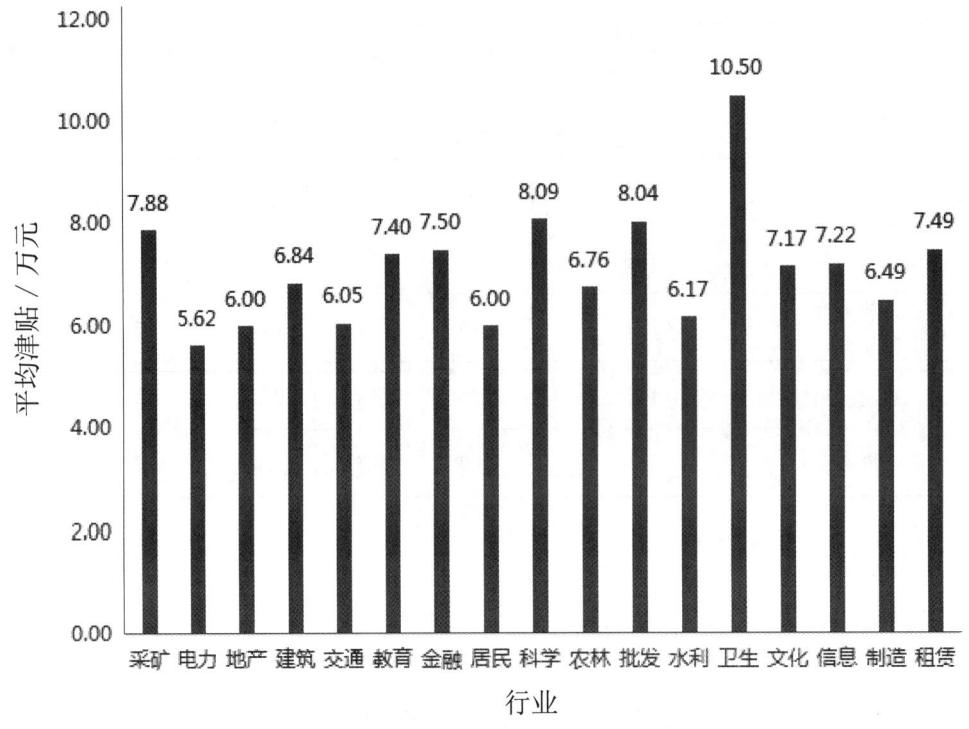

图 5-18 2020 年分行业独立董事平均津贴

(三) 创业板上市公司创业股东研究

本报告继续沿用蓝皮书系列对创业股东的类型划分,并据此统计了创业板上市公司招股说明书和 2020 年年报中披露的前十大股东或持股 5% 以上及在公司有决策权的重要股东的信息,剔除了机构投资者、社会公众股、持股比例较小或者不在公司担任职务以及在公司决策中话语权极小的股东。

1. 股东整体结构现状

892 家创业板上市公司在 2020 年共披露了 7695 名重要股东,其中自然人股东 4940 名,占比 64.20%;法人股东 2755 名,占比 35.80%。自然人股东总数仍然多于法人股东(见表 5-36)。

报告五：创业板上市公司人力资源类无形资产研究

表5-36　　2020年创业板上市公司股东整体结构

股东类型	人数/个	占比/%
自然人	4940	64.20
法人	2755	35.80
合计	7695	100.00

与2019年相比，创业板上市公司股权结构和控股情况在2020年未发生较大变化。自然人股东占比64.20%，比上年上升大约8.01%，自然人股东比法人股东高出大约28.40%（见图5-19）。

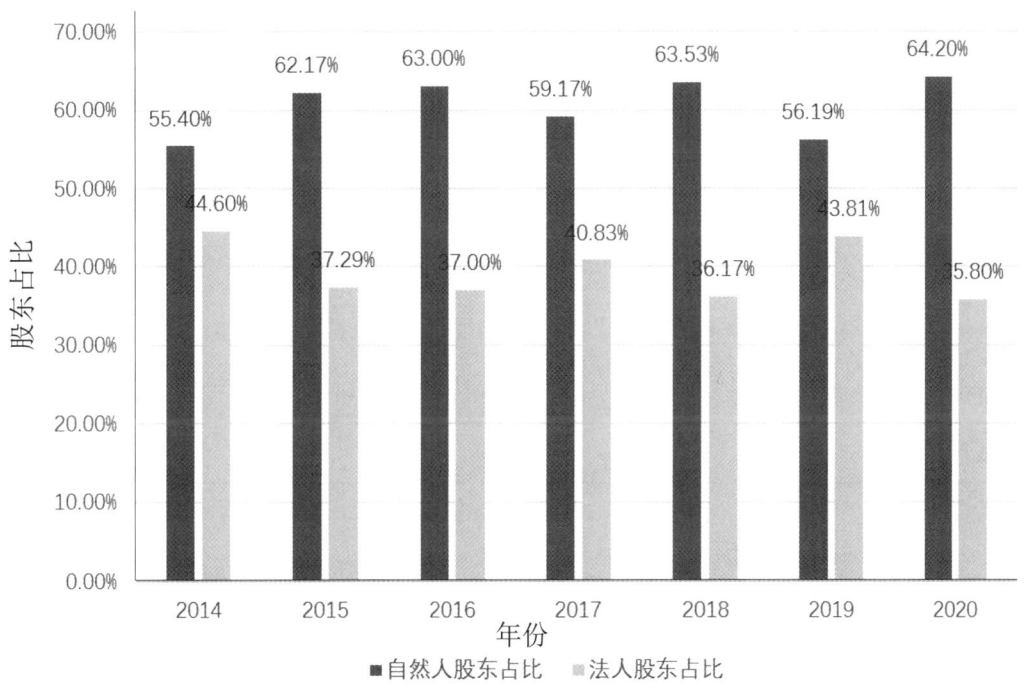

图5-19　2014—2020年创业股东整体结构变化趋势

分行业看，只有卫生和社会工作的法人股东占比大于自然人股东，其他行业自然人股东占据很大优势，其中自然人股东占比最大的行业是教育（见表5-37）。

表 5-37   2020 年分行业股东构成占比   （单位：%）

行业	自然人股东	法人股东
采矿业	76.60	23.40
电力、热力、燃气及水生产和供应业	60.71	39.29
建筑业	72.82	27.18
教育	92.86	7.14
金融业	64.44	35.56
交通运输、仓储和邮政业	63.33	36.67
居民服务、修理和其他服务业	83.33	16.67
科学研究和技术服务业	57.00	43.00
农、林、牧、渔业	54.79	45.21
批发和零售业	77.65	22.35
水利、环境和公共设施管理业	67.16	32.84
卫生和社会工作	45.16	54.84
文化、体育和娱乐业	59.38	40.62
信息传输、软件和信息技术服务业	64.48	35.52
制造业	64.31	35.69
租赁和商务服务业	53.23	46.77

2. 创业股东组织类型

创业股东是创立企业且拥有企业决策权的原始股东。通过与招股说明书披露的创业股东信息比照，2020 年年报披露的创业股东有 699 个，其中法人创业股东 31 个，自然人创业股东 668 个。在自然人创业股东中，自然人个人 310 个，占比 46.41%；自然人家族 211 个，占比 31.59%；非家族自然人团队 147 个，占比 22.01%。比例分布与招股说明书大致相似（见表 5-38）。

表 5-38　　2020 年创业板上市公司创业股东组织类型整体结构

类型	数量 / 个	占比 /%
自然人个人	310	46.41
自然人家族	211	31.59
非家族自然人团队	147	22.01
合计	668	100.00

（四）创业板上市公司员工研究

1. 数量

总的样本 892 家公司。从表 5-39 可以看出，创业板上市公司平均员工数量一直保持上升的趋势。2020 年，平均员工数量较去年增加 174 人，增幅为 8.61%。另外，员工数量的最大值和最小值之间的差距变大，员工数量最多的蓝思科技（300433）和员工数量最少的宝德股份（300023）相差 111829 人。

表 5-39　　2016—2020 年创业板上市公司员工数量情况

年份	2016	2017	2018	2019	2020
样本数量 / 家	601	718	744	789	892
平均员工数量 / 个	1726	1848	1931	2020	2194
最小值 / 个	26	64	66	53	71
最大值 / 个	74174	94598	88119	103863	111900

本报告统计了 2016—2020 年历年的创业板上市公司年度增员变化情况。某年份的增员统计以上一年的样本企业为比照组。例如，2020 年的增员统计是以 2019 年的 789 家样本企业为比照组的，结果如表 5-40 所示。2019 年的 789 家企业在 2020 年的员工平均增长率为 7.46%，平均增员人数为 151 人，增员企业占比 55.94%。其中，三环集团（300408）增员人数最多，为 9439 人。

表 5-40   2016—2020 年创业板上市公司年度增员变化情况

时间	样本数量/家	平均增员人数/个	增员企业占比/%	平均增长率/%
2016 年	497	307	71.43	19.01
2017 年	601	312	69.97	14.35
2018 年	718	174	66.09	9.90
2019 年	789	211	59.03	10.93
2020 年	892	151	55.94	7.46

注："平均增员人数" =（2020 年员工总人数 -2019 年员工总人数）/2019 年企业样本数；

"增员企业占比" =2020 年员工数量较 2019 年增加的样本企业个数 /2020 年企业样本数；

"平均增长率" =（2020 年员工总人数 -2019 年员工总人数）/2019 年员工总人数。

分行业看，各行业平均员工数量差距较大。平均员工数量最多行业是卫生社会行业工作（9875 人），以及农、林、牧、渔业（7700 人），其他六个行业平均员工数量均低于 5000 人，平均员工数量最低的是采矿业，为 694 人（见图 5-20）。

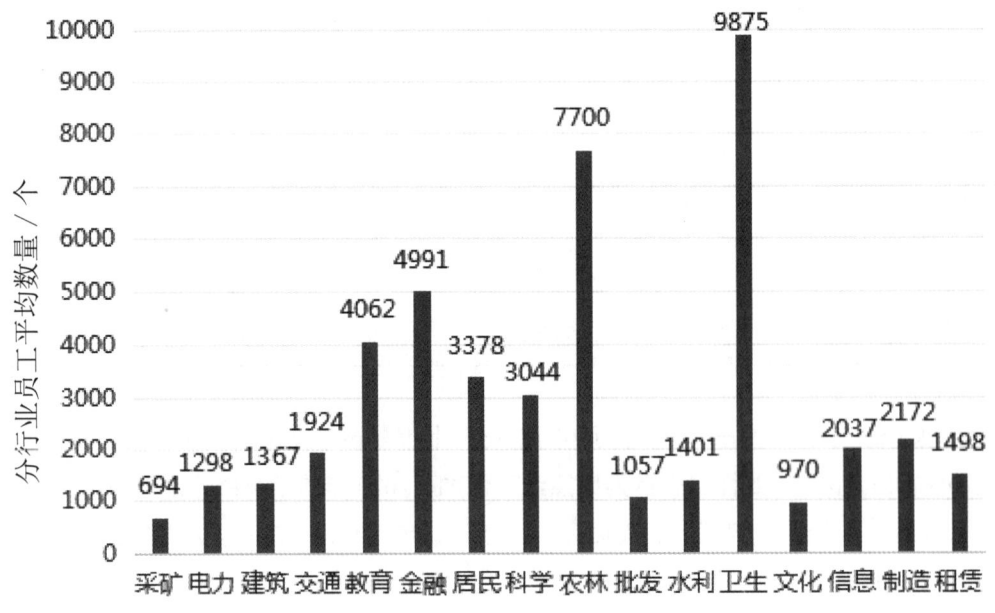

图 5-20   2020 年分行业员工平均数量

2. 学历

考虑到数据口径的统一性，本报告对员工的学历划分为"高中及以下""专科""本科""硕士及以上"四类。凡未按上述口径进行员工学历信息披露的企业均被排除在样本之外。

根据 2020 年年报数据，892 家上市公司中，只有 613 家企业按上述口径披露了员工学历信息（见表 5-41）。

表 5-41　　2020 年样本公司员工的学历分布

学历	高中及以下	专科	本科	硕士及以上
人数 / 个	552488	263025	335399	51400
占比 /%	45.95	21.88	27.90	4.28

2020 年，我国创业板上市公司学历整体水平有所下降。高中及以下学历的员工占比为 45.95%，较 2019 年下降 3.85%；专科学历的员工占比为 21.88%，较 2019 年上升 3.48%；本科学历的员工占比为 27.90%，较 2019 年上升 0.49%；硕士及以上学历的员工占比为 4.28%，较 2019 年下降 0.42%。

分行业看，硕士及以上学历员工比例最高的是金融业，为 13.43%，最低的是居民服务、修理和其他服务业，为 1.12%（见表 5-42）。

表 5-42　　2020 年分行业样本公司员工学历分布　（单位：%）

行业	高中及以下	专科	本科	硕士及以上
电力、热力、燃气及水生产和供应业	50.62	28.74	18.61	2.03
建筑	50.51	28.35	19.80	1.34
交通运输、仓储和邮政业	38.41	36.66	22.42	2.51
采矿业	35.61	27.60	29.34	7.45

续表

行业	高中及以下	专科	本科	硕士及以上
金融业	4.85	19.3	62.42	13.43
居民服务、修理和其他服务业	31.35	38.60	28.92	1.12
科学研究和技术服务业	32.31	24.70	35.91	7.08
农、林、牧、渔业	63.18	16.23	18.30	2.21
批发和零售业	37.21	23.53	35.02	4.23
水利、环境和公共设施管理业	40.22	31.42	23.23	5.13
卫生和社会工作	11.79	36.68	42.84	8.69
文化、体育和娱乐业	33.34	26.49	33.52	6.65
信息传输、软件和信息技术服务业	21.34	23.03	49.87	5.76
制造业	54.36	20.22	21.86	3.56
租赁和商务服务业	18.94	28.17	46.76	6.13

3. 岗位结构

本报告仅对创业板上市公司2020年年报所披露的销售人员、技术（研发）人员和生产人员数量进行统计分析，凡未按上述口径进行员工岗位信息披露的企业均被排除在样本之外。有15家企业没有按上述口径披露员工岗位信息，有877家企业按上述口径披露了员工岗位信息（见表5-43）。

表5-43　　2020年样本公司员工的岗位分布

岗位	销售	技术（研发）	生产	其他
人数/个	202576	522595	912285	291861
占比/%	10.50	27.09	47.28	15.13

报告五：创业板上市公司人力资源类无形资产研究

2020年，创业板上市公司的销售人员、技术（研发）人员和生产人员的比例较之2019年略有变动。销售人员的比例上升了大约0.22%，技术（研发）人员下降了大约0.93%，生产人员上升了3.09%。总体来看，生产人员所占比例仍然最大，销售人员和生产人员的比例有所上升。

分行业看员工岗位结构。销售人员占比最高的行业是居民服务、修理和其他服务业，达39.05%；技术人员占比最高的行业是卫生和社会工作，为63.12%；生产人员占比最高的行业是农、林、牧、渔业，为76.15%。

表5-44 2020年分行业样本公司员工岗位分布 （单位：%）

行业	销售	技术（研发）	生产
采矿业	9.31	20.67	39.46
电力、热力、燃气及水生产和供应业	4.75	16.97	58.42
建筑	16.90	15.12	52.27
交通运输、仓储和邮政业	13.15	12.44	61.08
教育	34.43	5.76	2.33
金融业	10.16	15.22	2.91
居民服务、修理和其他服务业	39.05	10.95	31.47
科学研究和技术服务业	16.56	29.42	41.14
农、林、牧、渔业	4.99	7.14	76.15
批发和零售业	19.32	19.74	36.54
水利、环境和公共设施管理业	8.47	22.28	48.41
卫生和社会工作	20.69	63.12	0.13
文化、体育和娱乐业	22.80	19.01	37.92
信息传输、软件和信息技术服务业	10.56	56.15	16.59
制造业	9.61	20.97	56.05
租赁和商务服务业	18.16	36.63	18.29

五、研究结论
（一）高管
整体来看，一则性别方面较之 2019 年，2020 年女性总经理占比上升 0.87%，女性财务总监下降 0.12%，女性董秘下降 0.49%。二则内部兼职比例有所上升，且存在高管兼任三份甚至多份职务的情况。三则高管更替比例有升有降。2020 年，总经理更替比例上升了 1.35%，财务总监上升了 2.21%，董秘则上升了 3.02%。分行业看，总经理变动比例最大的是农、林、牧、渔业，变动比例为 50%，财务总监变化比例最高的行业是电力、热力、燃气及水生产和供应业，为 100%，董事会秘书变动比例最高的是电力、热力、燃气及水生产和供应业，交通运输、仓储和邮政业，均为 50%。

（二）独立董事
整体来看，一则独立董事的信息披露质量有所改善。学历、职称和专业背景的披露比例较之 2019 年都有所上升。对于独立董事的姓名、性别、年龄、薪酬、近五年主要工作经历等方面的信息基本能够按照相关准则要求进行披露，且较为详细。相比而言，学历、职称和专业背景等信息的披露质量仍然有待提高。二则创业板公司的独立董事结构优化。具体表现为，女性独立董事占比有所上升；硕士及以上学历的独立董事占比上升；各专业背景的独立董事占比都有所上升。分行业看，采矿业学历较高，教育业职称较高。

（三）创业股东
整体来看，一则创业板上市公司的股东结构、股权结构和控股情况总体稳定。2020 年，自然人股东占比有所上升。二则同时具备知识技术和关系背景的创业股东占比居多。在有自然人创业股东的公司中，单一知识技术类的创业股东占比最小。分行业看，自然人个人创业股东占比低的行业较少。只有文化传播行业法人股东占比大于自然人股东，其他行业自然人股东占据很大优势。

（四）员工
整体来看，一则员工数量和结构都有所变化。2020 年，创业板上市公司员工平均数量保持增长趋势。同时，本科以上高学历员工占比略有上升，生产人员仍占大多数，且比例有所上升。二则信息披露口径存在差异。整体上，创业板上市公司的员工信息披露质量较高,专业结构和学历信息披露情况也较好。但 2020 年创业板上市公司普遍忽略了员工年龄信息披露。另外,各公司对员工岗位、学历的统计口径也存在较为明显的差异。分行业看,金融业中硕士及以上学历员工占比最高,农、林、牧、渔业中高中及以下学历员工占比最多。

报告六：创业板上市公司资质研究

资质是公司无形资产的重要组成部分。本报告延续《蓝皮书（2018—2020）》的研究框架，对 2020 年 12 月 31 日前上市的 892 家公司的资质信息进行统计分析，进一步剖析资质信息披露的行业与区域特征，归纳了资质信息披露中尚存的问题。

一、概念界定

资质是指组织能力的证明，包含四个基本属性：条件属性、证明属性、公信力属性、稀缺属性。资质拥有者能够通过获得资质进入某一领域（市场）的权利，或取得政府的特许补助，或得到相关利益者的认可，进而能够为公司创造超额利润，具有无形资产属性。因此，本报告认为资质是政府或非政府组织为维护市场秩序、调整市场结构和优化资源配置，在特定行业、特定期限和特定范围内对符合条件的组织或个人行为给予的以证书或证明性文件为载体的权利证明或能力认证，并将其界定为无形资产。

资质因授予单位的不同表现出较大的差异。一是政府授予资质，认可度最高，公信力最强，包括强制性认证和专业能力认证。强制性认证资质包括强制产品认证和行政许可，专业能力认证是由政府机构授予证明其具备在该行业从事生产、经营、销售的能力。二是由第三方认证机构授予资质，包括质量管理体系认证、环境管理体系认证。三是行业协会、合作公司等其他机构授予的资质，其认可度相对较小。

本报告涉及的资质内容主要包括：准入类资质、能力类资质、荣誉类资质三类。

（一）准入类资质

准入类资质，即政府或非政府组织授予的市场／资源等垄断性或准入性权利。包括 5G 牌照、高铁牌照等，主要影响企业的市场地位。按照内容分类，该类资质有四种形式：一是由政府授予的对特殊行业或市场的垄断性经营资格，如烟草、电信等行业的经营资格；二是由政府授予的对某类自然或非自然资源的使用或经营性权利，如采矿权、航线经营权、频道使用权等；三是由政府授予的对某些行业或市场的准入性经营资格，如中介服务行业中的审计和资产评估机构的证券业从业资格。

（二）能力类资质

能力类资质，即政府或非政府组织根据单位的能力水平不同，授予的能力等级认证，不同等级的单位在经营范围方面有所不同。该类资质普遍存在于建筑、医药类行业中，主要影响企业的经营范围。按照内容分类，该类资质主要包括：一是政府专业认证类，如政府专业认可的建筑企业甲等，系统集成资质乙级，医院三级甲等，不同的等级由不同的规模、能力和经营范围；二是特殊能力扶持认证类资质，拥有这样的资质每年可以获得政府的政策扶持，如高新技术企业每年可以获得税收减免的优惠等；三是行业协会认证类，行业协会颁发的证书可以让组织获得领先优势或其他好处；四是质量管理体系的认证，其证明了企业的质量控制水平和产品达标的能力，是对企业质量控制水平的一种认可；五是环境保护认证，在实施 ISO14001 环境管理体系标准认证时，要审核企业在产品设计、生产工艺、材料选用、废物处置等各个阶段是否达标。随着环境意识的逐渐增强，消费者在进行品牌联想时会考虑环境保护因素，不同的排放标准，会影响企业在消费者内心的形象，进而影响企业环境绩效。

（三）荣誉类资质

荣誉类资质，即政府组织、行业协会或专业组织对企业或产品在质量、环保、创新等方面的认可和奖励。按照内容分类，该类资质主要包括：一是单位的获奖证书，如中国 IT 服务管理优秀解决方案奖、国家火炬计划项目等，表明了企业在行业和社会中的影响力和认可水平；二是产品获奖证书，如汽车用高性能尼龙复合材料获得高新技术产品认证，可以提升产品的市场影响力和公信力。

表 6-1　资质的分类与内涵

资 质	准入类资质	政府注册登记证
		政府许可证
	能力类资质	政府专业能力认证
		特殊能力扶持认证
		行业协会等级认证
		质量认证证书
		环境认证证书
	荣誉类资质	公司获奖证书
		产品获奖证书

二、相关典型事件和文献综述

本报告列出资质相关典型事件与最新研究成果综述，以把握资质类无形资产的实践发展与研究走向。

（一）典型事件

2020年以来，政府及相关部门为进一步规范公司资质管理，相继出台相关政策规定，对各类市场主体的影响巨大。表6-2列举了2020年以来发生的与资质相关的事件：

表6-2　　2020年以来与资质类无形资产相关的典型事件

序号	时间	涉及的无形资产类型	事件及影响	资料来源
1	2020-2	准入类	市场监管总局公布获国家级资质认定的医疗器械防护用品检验检测机构名录	中国政府网
2	2020-3	准入类	认监委关于发布绿色产品认证机构资质条件及第一批认证实施规则的公告。其中符合相关资质条件的认证机构，可按照绿色产品认证第一批目录范围向认监委提出申请，经批准后可依据相关认证实施规则（见附件）开展绿色产品认证	中国政府网
3	2020-4	准入类	国家能源局综合司发布了关于做好电力业务资质许可告知承诺制试点相关工作的通知。其中许可告知承诺制是指行政许可机关在办理有关许可事项时，由其一次性告知企业审批条件和需要提交的材料，企业自愿承诺符合审批条件并提交有关材料，愿意承担不实承诺的法律责任，即可办理相关行政许可事项	中国政府网
4	2020-6	准入类	2020年6月23日，国家发展改革委、商务部发布了《外商投资准入特别管理措施（负面清单）（2020年版）》和《自由贸易试验区外商投资准入特别管理措施（负面清单）（2020年版）》。主要的开放措施有：（一）加快服务业重点领域开放进程；（二）放宽制造业、农业准入；（三）继续在自贸试验区进行开放试点	国家发展改革委

续表

序号	时间	涉及的无形资产类型	事件及影响	资料来源
5	2020-9	准入类	国务院印发《关于实施金融控股公司准入管理的决定》，其中对股东资质条件、资金来源和运用、资本充足性要求、股权结构、公司治理、关联交易、风险管理体系和风险"防火墙"制度等关键环节，提出了监管要求。从总体看，《金控办法》对金融机构、非金融企业和金融市场的影响正面。由股权架构清晰、风险隔离机制健全的金融控股公司作为金融机构控股股东，有助于整合金融资源，提升经营稳健性和竞争力。从长期看，《金控办法》的出台，有利于促进各类机构有序竞争、良性发展，防范系统性金融风险	新华社
6	2020-11	准入类	国务院批复同意上海市浦东新区开展"一业一证"改革试点。《关于上海市浦东新区开展"一业一证"改革试点大幅降低行业准入成本总体方案的批复》提出，聚焦市场准入多头审批、市场主体关注度高的行业，建立行业综合许可制度。对试点行业确定行业管理的牵头部门和协同部门，实现"一帽牵头"。全覆盖梳理各行业审批事项，为市场主体提供准确便利的办事导航服务，大幅降低对市场准入制度的学习成本，实现"一键导航"。对同一行业的全部准入条件进行标准化集成，实现"一单告知"。将多张申请表归为一张申请表，实现"一表申请"。统一受理申请，各部门并联审批，实现"一标核准"。将多张许可证整合为一张行业综合许可证，明确在全国范围有效，实现"一证准营"。首批选择电商、便利店、超市、饭店、宾馆等31个行业纳入"一业一证"改革试点，配套将国务院部门负责实施的25项行政许可等事项委托上海市浦东新区承担受理和发证工作	新华社

续表

序号	时间	涉及的无形资产类型	事件及影响	资料来源
7	2020-11	能力类	在国新办24日举行的国务院政策例行吹风会上，自然资源部、住房和城乡建设部有关负责人介绍了测绘资质改革及建设工程企业资质管理制度改革相关情况。此次测绘资质改革方案主要包括四个方面的举措：第一，压减测绘资质类别等级。改革之后，测绘资质类别等级总数由138项压减到20项，压减幅度达到85.5%。第二，下放甲级资质审批权限。除导航电子地图制作甲级资质保留在自然资源部审批外，其余9项甲级资质审批权限下放到省级自然资源部门。第三，合理降低准入门槛。取消没有法定依据的前置考核条件，降低非测绘专业技术人员和非常用贵重装备的考核要求。第四，压减审批时限和材料。将审批时限由20个工作日压缩到15个，压减6项证明材料，继续实行"不见面"审批，大力推行测绘资质的电子证书	中国政府网
8	2020-12	准入类	2020年12月31日，经国务院批准，国家发展改革委、商务部全文发布《海南自由贸易港外商投资准入特别管理措施（负面清单)(2020年版)》，自2021年2月1日起施行。主要措施有三个方面：一是推进增值电信、教育等重点领域开放；二是扩大商务服务对外开放；三是放宽制造业、采矿业准入	中国政府网

(二) 文献综述

近年来，我国学者研究资质相关问题时注重于对资质政策变化的分析，并以此为行业资质管理提供建议；而国外学者则更关注各项资质认证与公司绩效关系的研究。

1. 资质管理

资质管理对中小施工企业发展日趋重要。强光彩（2020）[1]提出随着时代的潮流和国家的发展，建筑企业所处的环境也越来越复杂，市场竞争也越来越大。建筑企业的资质管理就显得尤为重要。只有找出资质管理中存在的问题并去寻找最完美的解决方案，不断的完善建筑企业的资质管理，才能够在当前的市场竞争下持续发展。

王悦（2020）[2]提出了三种企业资质建设及管理的具体方式，一是要从企业内部机构以及制度保障角度分析；二是要从企业管理控制角度着手，制定完善的资质管理方法；三是要根据企业组织机构设置相应的资质管理办法。

赵红杰，魏晓磊（2020）[3]提到了现行资质管理中一个突出的问题是在实际操作中，行政主管部门只注重入门时的资格查验，对企业人员是否有变动、素质有没有提升、管理有无问题均不作跟踪调查。也提出了两条针对性的对策，一是资质管理要真正实现对企业及其人员资质方面的动态化监测；二是要逐步弱化建设工程领域资质的严格要求，逐步使其成为一种参考因素而非门槛。

汪萱乙（2020）[4]提出在科研服务型企业资质管理工作开展过程中，需要重视为科研服务型企业资质管理提供组织保障、强化科研服务型企业资质管理人才队伍建设，并对科研服务型企业资质管理制度进行持续完善。

Ikram 研究指出生产企业对各种标准化管理制度的实施和认证兴趣明显下降。

2. 资质与公司绩效

郑玉（2020）[5]以 2008—2018 年 A 股上市公司为样本，采用倾向得分匹配法（PSM）考察高新认定的外部融资激励机制在缓解高新企业融资约束并促进其创新发展的可行性和有效性。研究表明：融资约束情景下，高新资质认定的外部融资激励机制对企业创新绩效及经营业绩具有额外激励效应；企业面临的融资约束越大，激励效果越显著。

---

[1] 强光彩. 企业资质管理浅议 [J]. 中国建筑装饰装修, 2020(02):84.
[2] 王悦. 供应链金融视域下中小企业信用风险防范 [J]. 甘肃金融, 2020(12):35-39.
[3] 赵红杰, 魏晓磊. 建设项目资质管理存在问题及建议 [J]. 山东水利, 2020(09):4-6.
[4] 汪萱乙. 工程设计企业的工程总承包模式探索 [J]. 产业与科技论坛, 2021,20(01):228-229.
[5] 郑玉. 高新技术企业认定的信号功能研究——基于外部融资激励的实证 [J]. 金融理论与实践, 2020(02):45-54.

进一步研究发现，高新认定的外部融资激励效应在金融市场化程度较高的地区、非国有企业以及中小企业样本中表现更为显著。

贺绍鹏（2020）[1]研究了国家电网的供应商管理实践，主要有资质能力核实、供应商绩效评价、供应商不良行为和供应商服务四类。并且提出国家电网的供应商关系管理工作也在四个方面取得了成效，一是通过互联网＋供应商关系管理实现了供应商关系管理工作信息化和网络化，加强了供应商关系管理业务的标准化和规范化；二是供应商关系管理成果在招标环节深度应用，辅助评标成效显著；三是构建了供应商关系管理结果反馈和平台公示机制，引导供应商良性发展；四是窗口服务效应凸显，多元化优质服务助力打造"真诚互信"的供需关系。

魏芳（2020）[2]等指出目前医院的洗涤服务工作存在的三个问题是环境及流程不符合院感要求、服务满意度较差和洗涤服务成本较高。而医院洗涤服务社会化是指医院不再建立独立的洗衣房洗涤系统，完全把被服的洗涤工作交由符合资质条件的专业洗涤公司，医院把更多的精力投入医院的医疗、科研等主要工作。作者通过对某院洗涤服务社会化前后成本、绩效情况分析，发现了以下三个成效，一是为医院的节能降耗做出了一定的贡献，二是降低医院的运营成本效果显著，三是医疗服务绩效提高，医院综合实力变强。

3. 资质改革

随着国家制度的改革，资质的认定和检验标准等均产生了重大变化。徐官师（2020）[3]提到建筑企业资质改革后，行业竞争将面临新格局。尤其是"取得综合资质的企业，可承担各类别、各等级施工总承包业务，不再申请或持有其他施工资质"这一举措将打破行业间的界限，扫除企业承接相关工程时在资质方面的障碍。有实力的企业便可以根据自身能力和市场需求增加业务板块。这给建筑业发展格局带来了新变化。

张辉司（2020）[4]提出了建筑企业资质改革后对水利企业的一些影响。首先是有助于水利建企走"大土木""大市场"之路，尤其是将施工总承包特级资质调整为施工综合资质后，水利建筑企业横向打通了房建、公路、市政、通信、航空和铁路等各

---

[1] 贺绍鹏,马玲玲,张婧卿.国家电网供应商关系管理实践[J].招标采购管理,2020(11):44-46.

[2] 魏芳.医院洗涤服务社会化的实践与成效——以某地市级三甲医院为例[J].大众投资指南,2019(17):288-289.

[3] 徐官师.资质改革后的资质管理工作[J].施工企业管理,2020(09):54-55.

[4] 张辉司.资质改革对水利建企的影响[J].施工企业管理,2020(09):50-51.

项建设领域,拥有特级资质的水利水电施工企业换发综合资质后,可以承揽各种类别、各种等级总承包业务,覆盖土木建筑类所有领域,进一步向"大土木、大综合"企业转型,最终形成"大建筑、大市场"局面。其次是水利建筑行业也将面临竞争的新格局。

三、基于招股说明书的资质类无形资产披露情况

本报告延续以往蓝皮书的研究框架,将资质类无形资产分为准入类、能力类和荣誉类三类,各自包含内容及统计口径如表6-3所示。

表6-3 资质类无形资产的分类及统计口径

无形资产类型	分类		统计口径
资质类无形资产	准入类资质	政府注册登记证	名称、编号、有效期、级别、品种范围、审批机关
		政府许可证	
	能力类资质	政府专业能力认证	名称、编号、级别、品种范围、地域范围、有效期、审批机关
		特殊能力扶持认证	名称、编号、有效期、授权单位
		行业协会等级认证	名称、级别、品种范围、编号、有效期、授权单位
		质量认证	证书名称、证书编号、有效期、认证机构
		环境认证	
	荣誉类资质	公司获奖证书	公司荣誉、编号、认证时间、认证机构
		产品获奖证书	产品荣誉、产品名称、证书编号、认证时间、认证机构

基于招股说明书信息,创业板公司资质类无形资产披露的整体情况见表6-4、表6-5。披露能力类资质的公司最多,有837家,占到总量的93.83%。相较于其他两类资质,创业板上市公司获得的荣誉类无形资产最多,达到了9889项,是准入类资质的1.09倍,能力类的1.50倍。

表 6-4　基于招股说明书的创业板公司资质类无形资产披露情况

资质类无形资产类型	披露公司数量 / 家	占比 /%
准入类	649	72.76
能力类	837	93.83
荣誉类	711	79.71

注："占比"的计算方式为：披露某项资质的公司总数 /892 家样本公司。

表 6-5　基于招股说明书的创业板公司资质类无形资产披露数量情况

资质类无形资产类型	披露数量 / 项	均值	最大值	最小值
准入类	9045	10.14	261	0
能力类	6601	7.40	142	0
荣誉类	9889	11.09	112	0

注："均值"的计算方式为：某项资质的披露总数 /892 家样本公司。

分行业来看，制造业披露资质数量最多达到了 17084 项；其次是信息传输、软件和信息技术服务业 4603 项；科学研究和技术服务业 1068 项；文化、体育和娱乐业 725 项。但文化、体育和娱乐业获得的资质均值最高，平均每家公司有 48.33 项资质（见表 6-6）。

表 6-6　基于招股说明书的创业板公司分行业资质类无形资产披露情况

行业	公司数量/家	准入类/项	能力类/项	荣誉类/项	合计/项	均值/（项/家）
采矿业	5	21	38	48	107	21.40
电力、热力、燃气及水生产和供应业	3	5	17	19	41	13.67
建筑业	10	17	90	214	321	32.10
交通运输、仓储和邮政业	3	99	16	8	123	41.00
居民服务、修理和其他服务业	1	4	1	1	6	6.00
科学研究和技术服务业	24	216	316	536	1068	44.50
农林牧渔业	8	142	45	69	256	32.00
批发和零售贸易	10	91	22	78	191	19.10
水利、环境和公共设施管理业	22	99	141	189	429	19.50
卫生和社会工作	4	49	13	73	135	33.75
文化、体育和娱乐业	15	341	54	330	725	48.33
制造业	617	6015	4484	6585	17084	27.69
信息传输、软件和信息技术服务业	148	1839	1258	1506	4603	31.10
租赁和商务服务业	14	50	64	142	256	18.29
房地产业	1	26	4	18	48	48.00
教育	2	5	10	54	69	34.50
金融业	5	26	28	19	73	14.60

注："合计"列数值为"准入类""能力类"和"荣誉类"三列数值之和，"均值"的计算方式为：某项资质的披露总数／各行业公司数量。下表 6-7 同。

(一)准入类

1. 整体披露情况

有 649 家公司披露了准入类资质的信息,占所有样本公司的比例为 72.76%,具体披露情况见表 6-7。

表 6-7　准入类资质披露整体情况

准入类资质类型	披露公司数量/家	占比/%	总数/项	均值/(项/家)
政府注册登记证	385	43.16	5754	6.45
政府许可证	553	62.00	3180	3.57

注:"占比"的计算方式为:披露某项准入类资质的公司总数/892 家样本公司;"均值"的计算方法为:某项准入类资质的披露总数/892 家样本公司(表 6-10 同)。

2. 分行业披露情况

披露政府注册登记证和政府许可证信息最多的是制造业公司,分别有 282 家和 373 家。但由于制造业公司基数大,相较于其他公司数量少的行业,制造业披露了资质的公司所占比例并不高,仅为 45.71% 和 60.45%,具体情况见表 6-8。

表 6-8　分行业准入类资质信息披露描述(一)

行业	政府注册登记证	政府许可证
采矿业	1 (20.00%)	3 (60.00%)
电力、热力、燃气及水生产和供应业	1 (33.33%)	0 (0.00%)
建筑业	1 (10.00%)	5 (50.00%)
交通运输、仓储和邮政业	3 (100.00%)	3 (100.00%)
居民服务、修理和其他服务业	0 (0.00%)	1 (100.00%)

续表

行业	政府注册登记证	政府许可证
科学研究和技术服务业	8 (33.33%)	12 (50.00%)
农林牧渔业	3 (37.50%)	6 (75.00%)
批发和零售贸易	5 (50.00%)	6 (60.00%)
水利、环境和公共设施管理业	3 (13.64%)	12 (54.55%)
卫生和社会工作	2 (50.00%)	4 (100.00%)
文化、体育和娱乐业	2 (13.33%)	14 (93.33%)
制造业	282 (45.71%)	373 (60.45%)
信息传输、软件和信息技术服务业	67 (45.27%)	101 (68.24%)
租赁和商务服务业	4 (28.57%)	6 (42.86%)
房地产业	0 (0.00%)	1 (100.00%)
教育	1 (50.00%)	2 (100.00%)
金融业	2 (40.00%)	4 (80.00%)

注：括号外数据表示对应行业中披露某项资质信息的公司数量，括号中数据为该行业中披露某项资质信息的公司占比，计算方式为：披露该项信息公司数／该行业公司总数（表6-11、表6-14同）。

同样，制造业公司披露的政府注册登记证和政府许可证数量最多，为4159项和1813项。从行业均值来看，披露政府注册登记证最高的是交通运输、仓储和邮政业（26.33项／家），披露政府许可证最高的是房地业（26.00项／家），具体情况见表6-9。

表 6-9　分行业准入类资质信息披露描述（二）

行业	政府注册登记证	政府许可证
采矿业	2 (0.40)	19 (3.80)
电力、热力、燃气及水生产和供应业	4 (1.33)	0 (0.00)
建筑业	2 (0.20)	12 (1.20)
交通运输、仓储和邮政业	79 (26.33)	19 (6.33)
居民服务、修理和其他服务业	0 (0.00)	2 (2.00)
科学研究和技术服务业	145 (6.04)	71 (2.96)
农林牧渔业	8 (1.00)	129 (16.13)
批发和零售贸易	17 (1.70)	74 (7.40)
水利、环境和公共设施管理业	14 (0.64)	47 (2.14)
卫生和社会工作	10 (2.50)	38 (9.50)
文化、体育和娱乐业	58 (3.87)	277 (18.47)
制造业	4159 (6.74)	1813 (2.94)
信息传输、软件和信息技术服务业	1243 (8.40)	585 (3.95)
租赁和商务服务业	6 (0.43)	44 (3.14)
房地产业	0 (0.00)	26 (26.00)
教育	1 (0.50)	4 (2.00)
金融业	6 (1.20)	20 (4.00)

注：括号外数据表示对应行业中披露的某项资质的总数，括号中数据为该行业中某项资质的均值，计算方式为：某项资质的披露总数 / 该行业公司总数（表 6-12、表 6-15）。

(二) 能力类

1. 整体披露情况

有837家公司披露了能力类资质，占所有样本公司的比例为93.83%。其中，披露特殊能力认证的公司最多，有795家，占比94.98%。披露的特殊能力认证资质的数量也最多，达到了2085项。在五种能力类资质中，披露行业协会等级认证的公司数量最少，仅为127家；此项资质的披露数量也是最少，仅有341项。

表6-10　　能力类资质披露整体情况

能力类	披露公司数量/家	占比/%	总数/项	均值/（项/家）
政府专业能力认证	373	41.82	1967	2.21
特殊能力扶持认证	795	94.98	2085	2.34
行业协会等级认证	127	14.24	341	0.38
质量认证证书	628	70.40	1744	1.96
环境认证证书	319	35.76	464	0.52

2. 分行业披露情况

披露了能力类资质的公司数量和披露能力类资质数量排名前三的行业都是制造业，信息传输、软件和信息技术服务业以及科学研究和技术服务业，具体情况见表6-11、表6-12。

表 6-11　分行业能力类资质信息披露描述（一）

行业	政府专业能力认证	特殊能力扶持认证	行业协会等级认证	质量认证证书	环境认证证书
采矿业	2 (40.00%)	5 (100.00%)	1 (20.00%)	5 (100.00%)	3 (60.00%)
电力、热力、燃气及水生产和供应业	1 (33.33%)	3 (100.00%)	1 (33.33%)	2 (66.67%)	0 (0.00%)
建筑业	8 (80.00%)	8 (80.00%)	3 (30.00%)	8 (80.00%)	6 (60.00%)
交通运输、仓储和邮政业	2 (66.67%)	2 (66.67%)	0 (0.00%)	2 (66.67%)	1 (33.33%)
居民服务、修理和其他服务业	0 (0.00%)	0 (0.00%)	0 (0.00%)	1 (100.00%)	0 (0.00%)
科学研究和技术服务业	19 (79.17%)	18 (75.00%)	2 (8.33%)	11 (45.83%)	5 (20.83%)
农林牧渔业	2 (25.00%)	3 (37.50%)	0 (0.00%)	6 (75.00%)	2 (25.00%)
批发和零售贸易	3 (30.00%)	4 (40.00%)	1 (10.00%)	8 (80.00%)	1 (10.00%)
水利、环境和公共设施管理业	14 (63.64%)	17 (77.27%)	1 (4.55%)	13 (59.09%)	7 (31.82%)
卫生和社会工作	1 (25.00%)	3 (75.00%)	0 (0.00%)	2 (50.00%)	0 (0.00%)
文化、体育和娱乐业	3 (20.00%)	6 (40.00%)	0 (0.00%)	5 (33.33%)	3 (20.00%)
制造业	223 (36.14%)	566 (91.73%)	91 (14.75%)	452 (73.26%)	254 (41.17%)
信息传输、软件和信息技术服务业	91 (61.49%)	141 (95.27%)	26 (17.57%)	101 (68.24%)	33 (22.30%)
租赁和商务服务业	2 (14.29%)	11 (78.57%)	1 (7.14%)	7 (50.00%)	2 (14.29%)
房地产业	0 (0.00%)	1 (100.00%)	0 (0.00%)	1 (100.00%)	0 (0.00%)
教育	1 (50.00%)	2 (100.00%)	0 (0.00%)	2 (100.00%)	1 (50.00%)
金融业	1 (20.00%)	5 (100.00%)	0 (0.00%)	2 (40.00%)	1 (20.00%)

表 6-12　分行业能力类资质信息披露描述（二）

行业	政府专业能力认证	特殊能力扶持认证	行业协会等级认证	质量认证证书	环境认证证书
采矿业	5 (1.00)	13 (2.60)	4 (0.80)	11 (2.20)	5 (1.00)
电力、热力、燃气及水生产和供应业	2 (0.67)	8 (2.67)	5 (1.67)	2 (0.67)	0 (0.00)
建筑业	48 (4.80)	16 (1.60)	5 (0.50)	13 (1.30)	8 (0.80)
交通运输、仓储和邮政业	5 (1.67)	6 (2.00)	0 (0.00)	4 (1.33)	1 (0.33)
居民服务、修理和其他服务业	0 (0.00)	0 (0.00)	0 (0.00)	1 (1.00)	0 (0.00)
科学研究和技术服务业	201 (8.38)	71 (2.96)	2 (0.08)	34 (1.42)	8 (0.33)
农林牧渔业	6 (0.75)	7 (0.88)	0 (0.00)	30 (3.75)	2 (0.25)
批发和零售贸易	5 (0.50)	4 (0.40)	1 (0.10)	11 (1.10)	1 (0.10)
水利、环境和公共设施管理业	59 (2.68)	50 (2.27)	1 (0.05)	23 (1.05)	8 (0.36)
卫生和社会工作	2 (0.50)	6 (1.50)	0 (0.00)	5 (1.25)	0 (0.00)
文化、体育和娱乐业	28 (1.87)	15 (1.00)	0 (0.00)	7 (0.47)	4 (0.27)
制造业	1191 (1.93)	1348 (2.18)	238 (0.39)	1331 (2.16)	376 (0.61)
信息传输、软件和信息技术服务业	392 (2.65)	490 (3.31)	83 (0.56)	248 (1.68)	45 (0.30)
租赁和商务服务业	20 (1.43)	21 (1.50)	2 (0.14)	18 (1.29)	3 (0.21)
房地产业	0 (0.00)	3 (3.00)	0 (0.00)	1 (1.00)	0 (0.00)
教育	1 (0.50)	6 (3.00)	0 (0.00)	2 (1.00)	1 (0.50)
金融业	2 (0.40)	21 (4.20)	0 (0.00)	3 (0.60)	2 (0.40)

(三) 荣誉类

1. 整体披露情况

有 711 家公司披露了荣誉类资质的信息,占所有样本公司的比例为 79.71%,具体披露情况见表 6-13。

表 6-13　荣誉类资质披露整体情况

荣誉类	披露公司数量/家	占比/%	总数/项	均值/(项/家)
公司获奖证书	625	70.07	5376	6.03
产品获奖证书	526	58.97	4513	5.06

2. 分行业披露情况

披露了公司获奖证书的公司数量排名前三的行业是制造业,信息传输、软件和信息技术服务业,以及科学研究和技术服务业;披露了产品获奖证书的公司数量排名前三的行业是制造业,信息传输、软件和信息技术服务业以及水利、环境和公共设施管理业,具体情况见表 6-14。

表 6-14　分行业荣誉类资质信息披露描述(一)

行业	公司获奖证书	产品获奖证书
采矿业	3 (60.00%)	3 (60.00%)
电力、热力、燃气及水生产和供应业	3 (100.00%)	2 (66.67%)
建筑业	8 (80.00%)	8 (80.00%)
交通运输、仓储和邮政业	3 (100.00%)	0 (0.00%)
居民服务、修理和其他服务业	1 (100.00%)	0 (0.00%)
科学研究和技术服务业	17 (70.83%)	10 (41.67%)
农林牧渔业	4 (50.00%)	6 (75.00%)

续表

行业	公司获奖证书	产品获奖证书
批发和零售贸易	7 (70.00%)	4 (40.00%)
水利、环境和公共设施管理业	14 (63.64%)	13 (59.09%)
卫生和社会工作	4 (100.00%)	2 (50.00%)
文化、体育和娱乐业	11 (73.33%)	9 (60.00%)
制造业	428 (69.37%)	379 (61.43%)
信息传输、软件和信息技术服务业	105 (70.95%)	81 (54.73%)
租赁和商务服务业	11 (78.57%)	5 (35.71%)
房地产	1 (100.00%)	0 (0.00%)
教育	2 (100.00%)	2 (100.00%)
金融业	3 (60.00%)	2 (40.00%)

披露公司和产品获奖证书数量排名前三的行业均为制造业、信息传输、软件和信息技术服务业以及科学研究和技术服务业。从均值看，科学研究和技术服务业的上市公司获奖证书均值最高，达到了13.96项/家（房地产也仅有一家公司披露，缺乏代表性）；教育业的产品获奖证书均值最高，达到了15.50项/家，具体情况见表6-15。

表6-15　分行业荣誉类资质信息披露描述（二）

行业	公司获奖证书	产品获奖证书
采矿业	20 (4.00)	28 (5.60)
电力、热力、燃气及水生产和供应业	16 (5.33)	3 (1.00)
建筑业	60 (6.00)	154 (15.40)

续表

行业	公司获奖证书	产品获奖证书
交通运输、仓储和邮政业	8 (2.67)	0 (0.00)
居民服务、修理和其他服务业	1 (1.00)	0 (0.00)
科学研究和技术服务业	335 (13.96)	201 (8.38)
农林牧渔业	52 (6.50)	17 (2.13)
批发和零售贸易	56 (5.60)	22 (2.20)
水利、环境和公共设施管理业	102 (4.64)	87 (3.95)
卫生和社会工作	52 (13.00)	21 (5.25)
文化、体育和娱乐业	184 (12.27)	146 (9.73)
制造业	3440 (5.58)	3145 (5.10)
信息传输、软件和信息技术服务业	874 (5.91)	632 (4.27)
租赁和商务服务业	123 (8.79)	19 (1.36)
房地产业	18 (18.00)	0 (0.00)
教育	23 (11.50)	31 (15.50)
金融业	12 (2.40)	7 (1.40)

四、基于年报的资质类无形资产披露情况

此部分将 2016—2020 年年报中新增的资质情况进行了对比。如表 6-16 所示，准入类资质在这三类中是披露的最少的，且在 2017 年和 2018 年有明显的下滑趋势，尤其是在 2018 年，公司总数量增多和披露公司数量减少导致 2018 年成为 5 年之中的低点，不过 2019 年和 2020 年两年披露公司数量有所回升，不过占比大概也就四分之一多一点。能力类资质是这三类之中披露最多的，尽管 2017 年和 2018 年有所下滑，但

是 2019 年和 2020 年迅速回升，可以说几乎所有的公司都披露了能力类资质。荣誉类资质五年来呈现下降的态势，这一点在比例上会更加明显，当然公司数量快速的上涨也是一个重要原因。

表 6-16　基于年报的创业板公司资质类无形资产披露情况（一）

年份	2016	2017	2018	2019	2020
准入类	170 (28.29%)	127 (17.69%)	105 (15.79%)	226 (28.36)	231 (25.90%)
能力类	515 (85.69%)	508 (70.75%)	464 (69.77%)	783 (98.24)	875 (98.09%)
荣誉类	348 (57.90%)	368 (51.25%)	384 (57.74%)	313 (39.27%)	329 (36.88%)

注：括号外数据表示对应年份中披露某项资质类无形资产信息的公司数量，括号中数据为该年份中披露某项资质类无形资产信息的公司占比，计算方式为：披露该项信息公司数/该年份所有上市公司总数。

如表 6-17 所示，三类里披露无形资产的数目和占比的变化趋势和上表中披露公司的数量的变化趋势基本上相同，只是增长幅度不相同，可以看到能力类资质数目众多，尤其是 2018 年之后迅速扩张，在 2020 年均值也达到顶点，平均每家公司披露 7.85 项。

表 6-17　基于年报的创业板公司资质类无形资产披露情况（二）

年份	2016	2017	2018	2019	2020
准入类	1324 (2.20)	766 (1.07)	227 (0.34)	913 (1.15)	1342 (1.50)
能力类	2125 (3.54)	1164 (1.62)	1109 (1.67)	6238 (7.83)	7002 (7.85)
荣誉类	2232 (3.72)	1561 (2.17)	1824 (2.74)	1602 (2.01)	1991 (2.23)

注：括号外数据表示对应年份中披露的某项资质类无形资产的总数，括号中数据为该年份中披露的某项资质类无形资产均值，计算方式为：披露的某项资质类无形资产的总数/该年份所有上市公司总数。

(一)准入类

1. 整体披露情况

披露政府注册登记证和政府许可证的公司数量五年来都呈V形,但整体还是上升的趋势,不过略有不同。前者的占比尽管在提高,但是也没上升到2016年的水平;而后者的占比已经突破2016年的水平了。

在披露总数方面可以看到政府注册登记证五年来是呈一个下降趋势的,尤其是均值也在快速的下滑,从2016年的1.54下降到2020年的0.53,可以说在政府注册登记证方面公司披露得很少。与之相反的是,政府许可证的披露总数在不断地上升,2020年的披露总数是2016年的2倍还多,均值也在不断地提升(见表6-18)。

表6-18 2016—2020年准入类资质信息披露整体情况

年份	政府注册登记证 披露公司数量(占比)	政府注册登记证 披露总数(均值)	政府许可证 披露公司数量(占比)	政府许可证 披露总数(均值)
2016	76 (12.65%)	926 (1.54)	125 (20.80%)	398 (0.66)
2017	66 (9.19%)	516 (0.72)	78 (10.86%)	250 (0.35)
2018	51 (7.67%)	98 (0.15)	69 (10.38%)	127 (0.19)
2019	75 (9.41%)	476 (0.60)	172 (21.58%)	406 (0.51)
2020	93 (10.43%)	469 (0.53)	193 (21.64%)	865 (0.97)

注:"披露公司数量"表示对应年份中披露某项准入类资质信息的公司数量;"占比"为该年份中披露某项准入类资质信息的公司占比,计算方式为:披露该项信息公司数/该年份上市公司总数;"披露总数"为对应年份中披露的某项准入类资质的总数;"均值"为该年份中某项准入类资质的均值,计算方式为:某项准入类资质的披露总数/该年份上市公司总数。下表6-19按对应资质类型、对应行业或对应区域选取样本,指标计算同此说明。

2. 分行业披露情况

根据前面的招股说明书信息，披露资质类无形资产信息最多的行业分别为制造业，信息传输、软件和信息技术服务业，科学研究和技术服务业和公共设施行业，因此我们对年报中每一类型资质无形资产信息分析均选取了上述四个典型行业进行分析。

（1）制造业

整体来看，制造业披露准入类资质的公司数量占此行业公司总数的比重并不高。最高的是2020年，披露政府许可证的公司占比达到了22.37%。2016—2019年中，制造业公司披露的政府注册登记证均多于政府许可证，但在2020年实现了反超。2016年披露的政府注册登记证最多有862项，均值达到了2.06项/家；2018年披露的数量最少，为86项，均值为0.21项/家。而2020年披露的政府许可证最多，有569项，均值为0.92项/家；2018年披露的最少，为71项，均值为0.17项/家（见表6-19）。

表6-19　制造业准入类资质信息披露整体情况

年份	政府注册登记证 披露公司数量（占比）	政府注册登记证 披露总数（均值）	政府许可证 披露公司数量（占比）	政府许可证 披露总数（均值）
2016	64（15.31%）	862（2.06）	76（18.18%）	161（0.39）
2017	59（11.66%）	504（1.00）	53（10.47%）	89（0.18）
2018	46（11.30%）	86（0.21）	48（11.79%）	71（0.17）
2019	66（11.98%）	459（0.83）	126（22.87%）	267（0.48）
2020	86（13.94%）	453（0.73）	138（22.37%）	569（0.92）

（2）信息传输、软件和信息技术服务业

信息传输、软件和信息技术服务业披露准入类资质的公司数量不及制造业。披露情况最好时，有8家公司披露了政府注册登记证，26家公司披露了政府许可证。2016—2020年间，该行业披露政府注册登记证数量呈下降趋势，年份间极差达51项，均值从0.91项/家减少到0.01项/家。政府许可证披露数量最多的年份是2020年，有98项，但是均值却低于2016年（见表6-20）。

表 6-20　信息传输、软件和信息技术服务业准入类资质信息披露整体情况

年份	政府注册登记证 披露公司数量（占比）	政府注册登记证 披露总数（均值）	政府许可证 披露公司数量（占比）	政府许可证 披露总数（均值）
2016	8 (7.08%)	52 (0.91)	26 (23.01%)	51 (0.89)
2017	6 (4.72%)	10 (0.08)	13 (10.24%)	21 (0.17)
2018	2 (1.98%)	8 (0.08)	6 (5.94%)	9 (0.09)
2019	3 (2.10%)	3 (0.02)	21 (14.69%)	48 (0.34)
2020	1 (0.68%)	1 (0.01)	20 (13.51%)	98 (0.66)

（3）科学研究和技术服务业

科学研究和技术服务业披露准入类资质的公司数量较少，2019 年和 2020 年各有 2 家公司披露了政府注册登记证，占比为 9.52% 和 8.33%。相对于政府注册登记证，较多公司披露了政府许可证信息，但五年间披露公司数量也仅有 12 家，最大占比为 20.83%。该行业披露政府许可证的数量多于政府注册许可证，五年共披露了 34 项政府许可证、17 项政府注册登记证。

表 6-21　科学研究与技术服务业准入类资质信息披露整体情况

年份	政府注册登记证 披露公司数量（占比）	政府注册登记证 披露总数（均值）	政府许可证 披露公司数量（占比）	政府许可证 披露总数（均值）
2016	1 (11.11%)	1 (0.20)	1 (11.11%)	1 (0.20)
2017	1 (6.25%)	2 (0.13)	2 (12.50%)	2 (0.13)
2018	0 (0.00%)	0 (0.00%)	0 (0.00%)	0 (0.00%)
2019	2 (9.52%)	5 (0.24)	4 (19.05%)	25 (1.19)
2020	2 (8.33%)	9 (0.38)	5 (20.83%)	6 (0.25)

(4) 水利、环境和公共设施管理业

水利、环境和公共设施管理业披露准入类资质的公司数量较少，仅2016年和2019年有1家公司披露了政府注册登记证，占比为12.50%和6.67%。五年间，有18家公司披露了政府许可证信息，最大占比为33.33%。该行业五年共披露了5项政府注册登记证、43项许可证。

表6-22　水利、环境和公共设施管理业准入类资质信息披露整体情况

年份	政府注册登记证 披露公司数量（占比）	政府注册登记证 披露总数（均值）	政府许可证 披露公司数量（占比）	政府许可证 披露总数（均值）
2016	1 (12.50%)	1 (0.20)	2 (25.00%)	1 (0.20)
2017	0 (0.00%)	2 (0.13)	3 (23.08%)	2 (0.13)
2018	0 (0.00%)	0 (0.00)	1 (7.69%)	1 (0.08)
2019	1 (6.67%)	2 (0.13)	5 (33.33%)	19 (1.27)
2020	0 (0.00%)	0 (0.00)	7 (31.82%)	20 (0.91)

（二）能力类

1. 整体披露情况

2016—2020年，披露特殊能力扶持认证的公司数量历年都是最多的，五年共有2965家公司对此项信息进行了披露。且5项类型的资质在2016年之后都有不同程度的下滑，直到2019年各项信息披露数量都有了明显的提升，尤其是特殊能力扶持认证、质量认证证书和环境认证证书，在2020年达到了高点，不论是从数量上还是占比上，相较于之前较高的2016年都有很大的提升。披露政府专业能力认证数量的公司在2020年的占比也达到了2016年的水平，不过披露行业协会等级认证的5年来一直很少，最多的时候也没有超过50家（见表6-23）。

表 6-23 2016—2020 年能力类资质信息披露整体情况（一）

年份	政府专业能力认证 披露公司数量/家	占比/%	特殊能力扶持认证 披露公司数量/家	占比/%	行业协会等级认证 披露公司数量/家	占比/%	质量认证证书 披露公司数量/家	占比/%	环境认证证书 披露公司数量/家	占比/%
2016	148	24.63	470	78.20	45	7.49	96	15.97	50	8.32
2017	62	8.64	476	66.30	28	3.90	65	9.05	15	2.09
2018	78	11.73	378	56.84	31	4.66	115	17.29	27	4.06
2019	176	22.08	781	97.99	46	5.77	310	38.90	116	14.55
2020	220	24.66	860	96.41	44	4.93	389	43.61	150	16.82

从总体来看，披露的特殊能力扶持认证数量最多，在 2019 年和 2020 年更是有一个明显的跃升，其中 2020 年披露的最多，有 4535 项；2019 年的均值最高，为 5.67。披露的行业协会等级认证数量最少，五年共披露 393 项。从均值来看，政府专业能力认证、质量认证证书和环境认证证书的均值在 2019 年和 2020 年都超越了 2016 年的水平（见表 6-24）。

表 6-24 2016—2020 年能力类资质信息披露整体情况（二）

年份	政府专业能力认证 披露总数/项	均值/(项/家)	特殊能力扶持认证 披露总数/项	均值/(项/家)	行业协会等级认证 披露总数/项	均值/(项/家)	质量认证证书 披露总数/项	均值/(项/家)	环境认证证书 披露总数/项	均值/(项/家)
2016	484	0.81	1174	1.95	100	0.17	272	0.45	95	0.16
2017	138	0.19	847	1.18	53	0.07	110	0.15	16	0.02
2018	168	0.25	629	0.95	48	0.07	234	0.35	30	0.05
2019	558	0.70	4519	5.67	80	0.10	945	1.19	136	0.17
2020	967	1.08	4535	5.08	112	0.13	1207	1.35	181	0.20

2. 分行业披露情况

（1）制造业

从披露相关信息的公司总数来看，制造业披露特殊能力扶持认证的公司数量较多，2020年披露公司数量为五年最多，共有600家公司进行了披露；但是从占比来看的话是2019年最多，达到了98.37%，可以说几乎所有的制造业公司都披露了特殊能力扶持认证。披露行业协会等级认证的公司数量较少，2016年仅31家公司进行了披露，且从占比来看当年度也是五年来占比最高的一年。从占比来看，披露政府专业能力认证的公司数量占比在2020年达到了2016年的水平，披露特殊能力扶持认证，质量认证证书和环境认证证书的公司数量占比在2019年和2020年已经远远超过2016年了（见表6-25）。

表6-25 制造业能力类资质信息披露整体情况（一）

年份	政府专业能力认证 披露公司数量/家	占比/%	特殊能力扶持认证 披露公司数量/家	占比/%	行业协会等级认证 披露公司数量/家	占比/%	质量认证证书 披露公司数量/家	占比/%	环境认证证书 披露公司数量/家	占比/%
2016	91	21.77	335	80.14	31	7.42	122	29.19	56	13.40
2017	36	7.11	336	66.40	28	5.53	48	9.49	12	2.37
2018	41	10.07	238	58.48	15	3.69	77	18.92	17	4.18
2019	90	16.33	542	98.37	25	4.54	241	43.74	99	17.97
2020	130	21.07	600	97.24	30	4.86	299	48.46	124	20.10

披露特殊能力扶持认证，质量认证证书和环境认证证书的总数在2019年均有较大的跃升，尤其是前两项，在2019年披露总数是2016年的三倍还多。2020年披露政府专业能力认证的总数虽然是2016年的2倍多，但是均值没有高出太多。披露行业协会等级认证的总数一直较小，五年的均值仅为0.1。

表 6-26　制造业能力类资质信息披露整体情况（二）

年份	政府专业能力认证 披露总数/项	均值/(项/家)	特殊能力扶持认证 披露总数/项	均值/(项/家)	行业协会等级认证 披露总数/项	均值/(项/家)	质量认证证书 披露总数/项	均值/(项/家)	环境认证证书 披露总数/项	均值/(项/家)
2016	249	0.60	789	1.89	66	0.16	212	0.51	69	0.17
2017	63	0.12	570	1.13	28	0.06	80	0.16	13	0.03
2018	81	0.20	388	0.95	26	0.06	148	0.36	18	0.04
2019	241	0.44	2624	4.76	46	0.08	747	1.36	109	0.20
2020	539	0.87	2656	4.30	70	0.11	877	1.42	149	0.24

（2）信息传输、软件和信息技术服务业

从披露公司总数来看，信息传输、软件和信息技术服务业披露特殊能力扶持认证的公司数量较多，2020年共有145家公司进行了披露；披露环境认证证书的公司数量较少，2020年仅14家公司进行了披露。从占比来看，2019年披露特殊能力扶持认证的公司占比达98.60%，几乎行业内的所有公司都对此项信息做了披露（见表6-27）。

表 6-27　信息传输、软件和信息技术服务业能力类资质信息披露整体情况（一）

年份	政府专业能力认证 披露公司数量/家	占比/%	特殊能力扶持认证 披露公司数量/家	占比/%	行业协会等级认证 披露公司数量/家	占比/%	质量认证证书 披露公司数量/家	占比/%	环境认证证书 披露公司数量/家	占比/%
2016	40	35.40	95	84.07	13	11.50	19	16.81	11	9.73
2017	16	12.60	92	72.44	12	9.45	10	7.87	2	1.57
2018	24	23.76	62	61.39	11	10.89	18	17.82	4	3.96
2019	54	37.76	141	98.60	11	7.69	40	27.97	8	5.59
2020	55	37.16	145	97.97	7	4.73	56	37.84	14	9.46

信息传输、软件和信息技术服务业披露特殊能力扶持认证和质量认证证书的总数在2019年均有较大的跃升，在2019年披露总数是2016年的三倍还多。2020年披露

政府专业能力认证的总数虽然是 2016 年的 1.69 倍，但是均值低于 2016 年。披露行业协会等级认证的总数一直较小，五年的均值仅为 0.18（见表 6-28）。

表 6-28　信息传输、软件和信息技术服务业能力类资质信息披露整体情况（二）

年份	政府专业能力认证 披露总数/项	均值/（项/家）	特殊能力扶持认证 披露总数/项	均值/（项/家）	行业协会等级认证 披露总数/项	均值/（项/家）	质量认证证书 披露总数/项	均值/（项/家）	环境认证证书 披露总数/项	均值/（项/家）
2016	146	2.56	273	4.79	21	0.37	42	0.74	13	0.23
2017	41	0.32	184	1.45	21	0.17	21	0.17	2	0.02
2018	44	0.44	107	1.06	16	0.16	37	0.37	6	0.06
2019	163	1.14	952	6.66	18	0.13	130	0.91	8	0.06
2020	248	1.68	999	6.75	14	0.09	198	1.34	16	0.11

（3）科学研究和技术服务业

从披露公司总数来看，科学研究和技术服务业披露特殊能力扶持认证的公司数量较多，2020 年共有 24 家公司进行了披露；披露环境认证证书的公司数量较少，五年间仅 5 家公司进行了披露。从占比来看，2019 和 2020 年披露特殊能力扶持认证的公司占比达 100%，实现了充分披露（见表 6-29）。

表 6-29　科学研究与技术服务业能力类资质信息披露整体情况（一）

年份	政府专业能力认证 披露公司数量/家	占比/%	特殊能力扶持认证 披露公司数量/家	占比/%	行业协会等级认证 披露公司数量/家	占比/%	质量认证证书 披露公司数量/家	占比/%	环境认证证书 披露公司数量/家	占比/%
2016	4	44.44	7	77.78	1	11.11	3	33.33	1	11.11
2017	1	6.25	12	75.00	1	6.25	0	0.00	0	0.00
2018	0	0.00	0	0.00	0	0.00	0	0.00	0	0.00
2019	12	57.14	21	100	1	4.76	8	38.10	2	9.52
2020	13	54.17	24	100	2	8.33	9	37.50	2	8.33

科学研究和技术服务业披露政府专业能力认证、特殊能力扶持认证和质量认证证书的总数在 2019 年均有较大的跃升，在 2019 年披露总数分别是 2016 年的 2.73 倍、10.79 倍和 4.75 倍；但是从均值来看只有披露特殊能力扶持认证的有较大的提升。披露行业协会等级认证和环境认证证书的总数一直较小，五年间披露总数分别是 32 项和 9 项（见表 6-30）。

表 6-30　科学研究与技术服务业能力类资质信息披露整体情况（二）

年份	政府专业能力认证 披露总数/项	均值/(项/家)	特殊能力扶持认证 披露总数/项	均值/(项/家)	行业协会等级认证 披露总数/项	均值/(项/家)	质量认证证书 披露总数/项	均值/(项/家)	环境认证证书 披露总数/项	均值/(项/家)
2016	19	3.80	19	3.80	11	2.20	4	0.80	2	0.40
2017	1	0.06	22	1.38	2	0.13	0	0.00	0	0.00
2018	0	0.00	0	0.00	0	0.00	0	0.00	0	0.00
2019	52	2.48	205	9.76	6	0.29	19	0.90	2	0.10
2020	60	2.50	144	6.00	13	0.54	26	1.08	5	0.21

（4）水利、环境和公共设施管理业

从披露公司总数来看，水利、环境和公共设施管理业披露特殊能力扶持认证的公司数量较多，五年共有 55 家公司进行了披露；披露质量认证证书和环境认证证书的公司数量较少，五年分别有 11 和 6 家公司进行了披露。从占比来看，2019 年披露特殊能力扶持认证的公司占比达 100%，最低时 2018 年占比仅为一半多一点（见表 6-31）。

表 6-31　水利、环境和公共设施管理业能力类资质信息披露整体情况（一）

年份	政府专业能力认证 披露公司数量/家	占比/%	特殊能力扶持认证 披露公司数量/家	占比/%	行业协会等级认证 披露公司数量/家	占比/%	质量认证证书 披露公司数量/家	占比/%	环境认证证书 披露公司数量/家	占比/%
2016	4	50.00	5	62.50	1	12.50	2	25.00	2	25.00
2017	3	23.08	8	61.54	0	0.00	0	0.00	0	0.00

续表

年份	政府专业能力认证 披露公司数量/家	占比/%	特殊能力扶持认证 披露公司数量/家	占比/%	行业协会等级认证 披露公司数量/家	占比/%	质量认证证书 披露公司数量/家	占比/%	环境认证证书 披露公司数量/家	占比/%
2018	1	7.70	7	53.85	0	0.00	2	15.38	0	0.00
2019	9	60.00	15	100.00	3	20.00	4	26.67	3	20.00
2020	11	50.00	20	90.91	1	4.55	3	13.64	1	4.55

水利、环境和公共设施管理业披露政府专业能力认证和特殊能力扶持认证的总数在2019年均有较大的跃升，在2019年披露总数分别是2016年的1.91倍、11.36倍；但是从均值来看只有披露特殊能力扶持认证的有较大的提升。披露行业协会等级认证和环境认证证书的总数一直较小，五年间披露总数分别是5项和21项（见表6-32）。

表6-32　水利、环境和公共设施管理业能力类资质信息披露整体情况（二）

年份	政府专业能力认证 披露总数/项	均值/(项/家)	特殊能力扶持认证 披露总数/项	均值/(项/家)	行业协会等级认证 披露总数/项	均值/(项/家)	质量认证证书 披露总数/项	均值/(项/家)	环境认证证书 披露总数/项	均值/(项/家)
2016	35	4.38	11	1.38	1	0.13	4	0.50	7	0.88
2017	19	1.46	16	1.23	0	0.00	0	0.00	0	0.00
2018	8	0.62	12	0.92	0	0.00	2	0.15	0	0.00
2019	67	4.47	125	8.33	3	0.20	7	0.47	13	0.87
2020	69	3.14	138	6.27	1	0.05	5	0.23	1	0.05

（三）荣誉类

1. 整体披露情况

披露荣誉类资质信息的公司数量从2016年开始呈上升趋势，但在2019年又开始呈下降趋势。整体看来，披露公司获奖证书的公司数量多于披露产品获奖证书的公司数量。从占比来看，2016年披露公司获奖证书的公司占比最高，达48.92%；2020年披露产品获奖证书的公司占比最小,为 15.70%。

在 2016—2020 年中,2016 年披露的公司获奖证书最多,有 1506 项,均值达到了 2.51 项/家。2016 年披露的产品获奖证书最多,有 726 项。每年披露的公司获奖证书数量均多于产品获奖证书(见表 6-33)。

表 6-33　　2016—2020 年荣誉类资质信息披露整体情况

年份	公司获奖证书 披露公司数量(占比)	公司获奖证书 披露总数(均值)	产品获奖证书 披露公司数量(占比)	产品获奖证书 披露总数(均值)
2016	294(48.92%)	1506(2.51)	195(32.45%)	726(1.21)
2017	307(42.76%)	1088(1.52)	158(22.01%)	473(0.66)
2018	323(48.57%)	1335(2.01)	181(27.22%)	489(0.74)
2019	253(31.74)	1191(1.49)	153(19.20)	411(0.52)
2020	276(30.94)	1500(1.68)	140(15.70)	491(0.55)

2. 分行业披露情况

(1)制造业

从总数来看,制造业披露公司获奖证书的公司数量多于披露产品获奖证书的公司数量。2016 年,披露公司获奖证书和产品获奖证书的公司数量最多,分别有 222 家和 152 家。从占比来看,2016 年披露公司获奖证书和产品获奖证书的公司占比最高,分别达 53.11% 和 36.36%(见表 6-34)。

制造业在 2016 年披露的公司获奖证书和产品获奖证书数量整体上 5 年间呈一个下降的趋势,且不管从数量上看还是均值上看都是如此。

表 6-34　　制造业荣誉类资质信息披露整体情况

年份	公司获奖证书 披露公司数量(占比)	公司获奖证书 披露总数(均值)	产品获奖证书 披露公司数量(占比)	产品获奖证书 披露总数(均值)
2016	222(53.11%)	1023(2.45)	152(36.36%)	488(1.17)

续表

2017	212 (41.90%)	628 (1.24)	108 (21.34%)	261 (0.52)
2018	177 (43.49%)	688 (1.69)	112 (27.52%)	254 (0.62)
2019	168 (30.49%)	753 (1.37)	95 (17.24%)	243 (0.44)
2020	174 (28.20%)	769 (1.25)	84 (13.61%)	217 (0.35)

（2）信息传输、软件和信息技术服务业

从披露相关信息的公司数量来看，信息传输、软件和信息技术服务业披露公司获奖证书的公司数量较多，2018年时，共有63家公司进行了披露；而披露产品获奖证书最多的2019年，共有33家公司进行了披露。从占比来看，2018年披露公司获奖证书的公司占比达62.38%，其次是2017年披露公司获奖证书的公司占比，达45.67%。

信息传输、软件和信息技术服务业在2016年披露的各种荣誉类资质数量和均值均多于其他几年，共披露了368项，均值达6.45项/家（见表6-35）。

表6-35　信息传输、软件和信息技术服务业荣誉类资质信息披露整体情况

年份	公司获奖证书		产品获奖证书	
	披露公司数量 （占比）	披露总数 （均值）	披露公司数量 （占比）	披露总数 （均值）
2016	50 (44.25%)	284 (4.98)	25 (22.12%)	84 (1.47)
2017	58 (45.67%)	273 (2.15)	27 (21.26%)	79 (0.62)
2018	63 (62.38%)	259 (2.56)	25 (24.75%)	68 (0.67)
2019	57 (39.86%)	300 (2.10)	33 (23.08%)	92 (0.64)
2020	48 (32.43%)	324 (2.19)	31 (20.95%)	111 (0.75)

（3）科学研究和技术服务业

从总数来看，科学研究和技术服务业披露公司获奖证书的公司数量与披露产品获

奖证书的公司数量差不多。2020年，披露公司获奖证书的公司数量最多，有14家。2020年，披露产品获奖证书的公司数量最多，有6家。从占比来看，2020年披露公司获奖证书的公司占比最高，达58.33%；2016年披露产品获奖证书的公司占比最高，达55.56%。

科学研究和技术服务业在2020年披露的各种荣誉类资质数量均多于其他几年，共披露了196项。从均值来看，披露的公司获奖证书2020年均值最高，达6.54项/家；披露的产品获奖证书2016年均值最高，达3.60项/家（见表6-36）。

表6-36　科学研究与技术服务业荣誉类资质信息披露整体情况

年份	公司获奖证书 披露公司数量（占比）	公司获奖证书 披露总数（均值）	产品获奖证书 披露公司数量（占比）	产品获奖证书 披露总数（均值）
2016	5（55.56%）	26（5.20）	5（55.56%）	18（3.60）
2017	7（43.75%）	46（2.88）	4（25.00%）	28（1.75）
2018	0（0.00）	0（0.00）	0（0.00）	0（0.00）
2019	7（33.33%）	30（1.43）	5（23.81%）	10（0.48）
2020	14（58.33%）	157（6.54）	6（25.00%）	39（1.63）

（4）水利、环境和公共设施管理业

从披露公司总数来看，水利、环境和公共设施管理业五年共有33家和27家公司对公司获奖证书和产品获奖证书进行了披露。从占比来看，2016年披露公司获奖证书的公司占比最高，达62.50%；2019年披露产品获奖证书的公司占比最高，达46.67%。

水利、环境和公共设施管理业在2020年披露的公司获奖证书多于其他几年，共披露了42项。2017年披露的产品获奖证书多于其他几年，共披露了28项。从均值来看，2016年披露的公司获奖证书均值最高，达2.63项/家，2017年披露的产品获奖证书均值最高，达2.15项/家（见表6-37）。

表 6-37　水利、环境和公共设施管理业荣誉类资质信息披露整体情况

年份	公司获奖证书 披露公司数量（占比）	公司获奖证书 披露总数（均值）	产品获奖证书 披露公司数量（占比）	产品获奖证书 披露总数（均值）
2016	5（62.50%）	21（2.63）	3（37.50%）	9（1.13）
2017	8（61.54%）	19（1.46）	6（46.15%）	28（2.15）
2018	7（53.85%）	16（1.23）	6（46.15%）	26（2.00）
2019	4（26.67%）	21（1.40）	7（46.67%）	19（1.27）
2020	9（40.91%）	42（1.91）	5（22.73%）	15（0.68）

五、研究结论

从招股说明书披露的信息来看，整体上，披露能力类资质的公司数量最多，而公司披露数量最多的是荣誉类资质，反映出不同类型资质的获取门槛与重要程度存在差异。分行业来看，制造业，信息传输、软件和信息技术服务业以及文化、体育和娱乐业中披露准入类资质信息的上市公司数量最多，同时这三个行业披露的准入类资质数量也是最多的。制造业，信息传输、软件和信息技术服务业以及科学研究和技术服务业披露能力类和荣誉类资质信息的上市公司数量最多，同时披露的上述两类资质的数量也最多。

从年报披露的信息来看，2016—2020 年的五年间，披露的三类资质总数最多的是 2020 年。其中，2020 年披露准入类和能力类资质的公司数量最多；2016 年披露荣誉类资质的公司数量最多。分行业来看，由于制造业公司数量多于其他行业，因此披露了资质信息的制造业公司数量以及该行业披露的资质数量均多于其他行业。但从披露相关资质信息的公司占比，以及披露的资质均值来看，不同行业差异明显，各具重点。整体上讲，在 2019 年和 2020 年各个行业和各项资质信息都有一个较大的上升幅度。

报告七：创业板上市公司无形资产投入研究

企业无形资产的形成，是企业持续投入的结果。无形资产的投入反映企业无形资产的维护状况和存续潜力，但由于受到会计制度的限制，无形资产的投入通常在企业的会计报告中作为期间费用处理。期间费用是企业本期发生的、不能直接或间接归入营业成本，而是直接计入当期损益的各项费用，包括销售费用、管理费用和财务费用等。期间费用会直接影响企业的利润，并且与无形资产之间存在紧密联系。一方面，企业无形资产的形成往往依赖于企业内外部资金的投入与支持，如计入管理费用的研发支出等；另一方面，无形资产的使用也直接影响期间费用，如企业自用无形资产的摊销计入管理费用等。此外，政府为企业提供的各类税收优惠和财政补贴为上市公司提供了一定的资金支持。因此，关于企业的期间费用、研发支出以及政府补助的研究对探讨创业板上市公司无形资产的形成路径具有重要意义。本报告在《蓝皮书（2018—2020）》的基础上，对2020年统计期间披露了年报的创业板上市公司的销售费用、管理费用、财务费用、研发支出和政府补助等五类财务数据进行统计分析，以较为全面地反映创业板上市公司无形资产的投入情况。

一、概念界定

本报告涉及的无形资产投入主要包括：销售费用、管理费用、财务费用、研发支出、政府补贴五类。

（一）销售费用

销售费用是指企业在销售产品、自制半成品和工业性劳务等过程中发生的各项费用，包括由企业负担的包装费、运输费、装卸费、展览费、广告费、租赁费（不包括融资租赁费），以及为销售本企业产品而专设的销售机构的费用，包括职工工资、福利费、差旅费、办公费、折旧费、修理费、物料消耗和其他经费。销售费用和管理费用、财务费用属于期间费用，在发生的当期计入损益，同时应在利润表中予以披露。

销售费用在企业无形资产价值创造的过程中扮演重要角色，是驱动企业无形资产形成的必要条件。首先，广告费的投入能够提高产品知名度和美誉度，树立企业形象，培养忠实的消费群体,甚至可以利用长期的高额广告投入形成行业壁垒,因此有助于形成商标或品牌类无形资产。其次,销售人员的薪酬和展览费都是形成客户类无形资产的必要投入,而分销和促销活动则有助于形成销售网络等无形资产。最后,销售人员在营销活动中积累的营销技巧和销售经验都属于企业重要的智力资本,因此销售费用还有助于形成人力资本类无形资产。

(二)管理费用

管理费用是指企业为组织和管理企业生产经营所发生的费用,包括企业在筹建期间内发生的开办费、董事会和行政管理部门在企业的经营管理中发生的或者应由企业统一负担的公司经费(包括行政管理部门职工工资及福利费、物料消耗、低值易耗品摊销、办公费和差旅费等)、工会经费、董事会费(包括董事成员津贴、会议费和差旅费等)、聘请中介机构费、咨询费(含顾问费)、诉讼费、业务招待费、房产税、车船税、土地使用税、印花税、技术转让费、矿产资源补偿费、研究费用、排污费以及企业生产车间(部门)和行政管理部门等发生的固定资产修理费用等。

《企业会计准则第6号——无形资产》中第十七条规定,"使用寿命有限的无形资产,其应摊销金额应当在使用寿命内系统合理摊销""无形资产的摊销金额一般应当计入当期损益,其他会计准则另有规定的除外"。2001年的《企业会计准则——无形资产》也提到"无形资产的成本,应当自取得当月起在预计使用年限内分期平均摊销"。《会计科目使用说明》中第171号"无形资产"中提到"各种无形资产应分期平均摊销,摊销无形资产时,借记'管理费用'科目,贷记本科目"。这就使得多年来实务界一直通过管理费用而非其他期间费用科目核算无形资产摊销,并计入当期损益。只是在某项无形资产包含的经济利益通过所生产的产品或其他资产实现时,其摊销金额将计入相关资产的成本。

(三)财务费用

按照《企业会计准则应用指南》的规定,财务费用是指企业为筹集生产经营所需资金等而发生的费用,包括应作为期间费用的利息支出(减利息收入)、汇兑损失以及相关的手续费等。财务费用与企业的筹资规模和结构相关,但并不呈正比。值得注意的是,与其他期间费用不同,由于利息和汇兑不仅会产生支出和损失,也可能产生收入或收益,因此财务费用可能出现负值。对于非外贸企业而言,汇兑收益往往占比极小,若财务费用出现负值,则往往是由于企业闲置资金过多导致利息收入超过贷款利息支出而产生的,这一规律对于分析创业板上市公司财务费用的数额和结构具有重要意义。

（四）研发支出

研发支出是无形资产核算中新增加的一个科目，它是指在研究与开发过程使用资产的折旧、消耗的原材料、直接参与开发人员的工资及福利费、开发过程中发生的租金以及借款费用等。研发活动从广义上来讲也是一种投资行为，但较一般的经营性投资活动而言，具有更大的风险性与收益不确定性，因而增加了研发支出在会计上确认与计量的困难。

国际上关于研发费用的会计处理方法归纳起来主要有三种。一是销记法，即遵循谨慎性原则将研发费用在当期全部费用化；二是递延法，即先将研发费用资本化为一项资产，在以后获得收入时再摊销该无形资产；三是有条件资本化法，即研发前期将研发支出费用化，待满足资本化条件后再将其进行资本化处理。

在中国，早期对于研发支出的会计处理沿用了国际上费用化处理的惯例。我国财政部会计司于1995年5月发布了关于R&D会计处理的准则征求意见稿，并于2001年1月正式发布了《企业会计准则6号——无形资产》，其中规定："自行开发并依法申请取得的无形资产，其入账价值应按依法取得时发生的注册费、律师费等确定；依法申请取得前发生的研究与开发费用应于发生时确认为当期费用"。随后，2006年版我国财政部对企业会计准则进行了修订，并颁布了新的会计准则。根据2006年《企业会计准则第6号——无形资产》的规定："企业内部研究开发项目的支出，应当区分研究阶段支出与开发阶段支出。研究阶段的支出，应于发生时计入当期损益。开发阶段的支出，如果能够证明符合规定的条件，应当确认为无形资产"。这种两阶段的会计处理模式体现了我国会计准则与国际会计准则的趋同与进步，为我国企业的跨国经营与稳步发展提供了良好的条件。

（五）政府补助

政府补助是指企业从政府无偿取得货币性资产或非货币性资产，但不包括政府作为企业所有者投入的资本。政府包括各级政府及其所属机构，国际类似组织也在此范围之内。

关于政府补助的分类，2017年修订后的《企业会计准则第16号——政府补助》应用指南规定：政府补助表现为政府向企业转移资产，通常为货币性资产，也可能为非货币性资产。政府补助主要包括财政拨款、财政贴息、税收返还和无偿划拨非货币性资产。

关于政府补助的确认，《企业会计准则第16号——政府补助》应用指南规定，政府补助分为与资产相关的政府补助和与收益相关的政府补助。前者是指企业取得的、用于购建或以其他方式形成长期资产的政府补助。后者是指除与资产相关的政府补助之外的政府补助。

无论是国际专业组织，还是不同国家颁布的政府补助相应准则，虽然在表述上有些许差异，但是都强调了政府补助是政府对企业某些活动的推动和促进，而不是与企业之间的交易。创业板作为中小企业直接融资的特殊平台，其成立的初衷主要是为了使得大批高科技的中小企业能够通过这一平台纾解融资困境，进而促进科学技术的产业化。在这一点上，政府补助的投入目的与创业板的作用殊途同归，因此，研究创业板公司的政府补助，也具有更强的显著性和特殊性。

在以高科技企业为主的创业板中，大部分上市公司都获得了各类政府补助，并形成了相对于其他板块而言更多的无形资产。因此，创业板公司的政府补助，也是研究该类无形资产形成原因的一个关键要素。

二、基于年报的无形资产投入披露情况

由于本报告更关注无形资产投入的变化趋势，旨在为分析投入变化对无形资产形成的影响作用提供借鉴，因此，本报告主要以统计截止日期创业板上市公司已披露的年报信息为数据来源进行分析。2020年披露了年报的上市公司有892家。

本报告对无形资产投入的统计口径见表7-1。

表7-1　无形资产投入的分类及统计口径

类型	分类	统计口径
无形资产投入	销售费用	销售费用率
	管理费用	管理费用率
	财务费用	财务费用率
	研发支出	研发支出金额、研发投入强度、开发支出金额
	政府补助	政府补助金额

（一）销售费用

1. 整体披露情况

本报告统计分析创业板上市公司2016—2020年销售费用率的平均值，结果见表7-2。

2016—2020年，创业板上市公司基本都披露了销售费用，2020年均有2家公司未披露销售费用。2016—2020年创业板上市公司平均销售费用率稳中略升，基本稳定在9%～10%之间，2020年平均销售费用率略有上升。

表7-2　2016—2020年销售费用率披露情况

年份	披露公司数量（占比）	平均销售费用率
2016	597（99.33%）	9.15%
2017	713（99.30%）	9.19%
2018	741（99.60%）	9.98%
2019	794（99.60%）	10.15%
2020	890（99.78%）	10.23%

注："披露公司数量"指的是披露销售费用的公司数量；"占比"为披露销售费用的公司数量所占比例，计算方式为：披露销售费用的公司数量/当年披露年报上市公司总数；销售费用率的计算方式为：销售费用/营业收入，"平均销售费用率"的计算方式为：披露销售费用的公司的销售费用率总和/当年披露销售费用的上市公司总数。

2. 分行业披露情况

（1）制造行业

表7-3列示了2016—2020年制造业，信息传输、软件和信息技术服务业，科学研究和技术服务业三个代表性行业披露销售费用的情况。

制造行业的创业板上市公司对销售费用的披露情况比较好，除了2016年佳沃股份（300268）未披露销售费用外，其余年份的所有公司都披露了企业的销售费用。近5年制造业的销售费用率变化呈上升趋势，2017年以后，制造业平均销售费用率超过整个创业板上市公司平均销售费用率。

2016—2020年信息传输、软件和信息技术服务行业的所有公司也都披露了企业的销售费用。2017年以前平均销售费用率持续下降，但2018年又有较大回升，且近5年平均销售费用率均高于整个创业板上市公司平均水平。

2016—2020年，科学研究和技术服务行业的所有公司都披露了企业的销售费用且平均销售费用率持续上升，2019年的平均销售费用率增长幅度较大，但整体上该行业仍然远低于整个创业板上市公司平均水平。

表7-3　　三个代表性行业的销售费用率披露情况

年份	制造业		信息传输、软件和信息技术服务业		科学研究和技术服务业	
	披露公司数量（占比）	平均销售费用率	披露公司数量（占比）	平均销售费用率	披露公司数量（占比）	平均销售费用率
2016	415（99.76%）	8.94%	116（100%）	10.60%	9（100%）	4.18%
2017	506（100%）	9.21%	127（100%）	10.47%	16（100%）	5.27%
2018	516（100%）	10.08%	131（100%）	11.60%	20（100%）	5.23%
2019	545（100%）	10.20%	140（100%）	10.99%	21（100%）	6.26%
2020	619（100%）	10.16%	148（100%）	11.34%	25（100%）	5.98%

注："披露公司数量"指的是披露销售费用的公司数量；"占比"为披露销售费用的公司数量所占比例，计算方式为：披露销售费用的公司数量/当年该行业披露年报上市公司总数；销售费用率的计算方式为：销售费用/营业收入，"平均销售费用率"的计算方式为：披露销售费用的公司的销售费用率总和/当年该行业披露销售费用的上市公司总数。

（二）管理费用

1. 整体披露情况

本报告统计分析2016—2020年创业板上市公司的管理费用率平均值，结果如表7-4所示。创业板上市公司在2016—2020年间全都披露了管理费用。上市公司近五年的平均管理费用率一直呈持续下降趋势，但在2020年有所回升，总体来说，反映了创业板上市公司在管理费用上的控制能力提升。

表 7-4　　2016—2020 年管理费用率披露情况

年份	披露公司数量（占比）	平均管理费用率
2016	601（100%）	15.16%
2017	718（100%）	14.49%
2018	744（100%）	10.28%
2019	797（100%）	9.80%
2020	892（100%）	10.12%

注："披露公司数量"指的是披露管理费用的公司数量；"占比"为披露管理费用的公司数量所占比例，计算方式为：披露管理费用的公司数量/当年披露年报的上市公司总数；管理费用率的计算方式为：管理费用/营业收入，"平均管理费用率"的计算方式为：披露管理费用的公司的管理费用率总和/当年披露管理费用的上市公司总数。

2. 分行业披露情况

表 7-5 列示了 2016—2020 年制造业，信息传输、软件和信息技术服务业，科学研究和技术服务业三个代表性行业披露管理费用的情况。

制造业的创业板上市公司对管理费用的披露情况较好，100% 的公司都披露了管理费用。制造业的平均管理费用率近 2016—2019 年持续下降，在 2020 年有所上涨，但仍低于创业板市场整体平均水平。

信息传输、软件和信息技术服务业的所有公司都披露了企业的管理费用。该行业 2016—2019 年间的平均管理费用率大幅下降，在 2020 年有所上涨，但仍高于创业板市场整体平均水平，反映了该行业的管理费用率较高的特点。

科学研究和技术服务业中所有公司在 2016—2020 年间均披露了管理费用。从整体上看，该行业的平均管理费用率 5 年间有较大波动，2016 年达最高点 19.05%，2020 年又持续下降至 11.21%，但均高于创业板整体平均水平。

表 7-5　三个代表性行业的管理费用率披露情况

年份	制造业 披露公司数量（占比）	制造业 平均管理费用率	信息传输、软件和信息技术服务业 披露公司数量（占比）	信息传输、软件和信息技术服务业 平均管理费用率	科学研究和技术服务业 披露公司数量（占比）	科学研究和技术服务业 平均管理费用率
2016	416（100%）	14.76%	116（100%）	19.07%	9（100%）	19.05%
2017	506（100%）	13.69%	127（100%）	19.60%	16（100%）	17.39%
2018	516（100%）	10.09%	131（100%）	11.36%	20（100%）	11.17%
2019	545（100%）	9.62%	140（100%）	10.55%	21（100%）	11.24%
2020	619（100%）	9.96%	148（100%）	10.98%	25（100%）	11.21%

注："披露公司数量"指的是披露管理费用的公司数量；"占比"为披露管理费用的公司数量所占比例，计算方式为：披露管理费用的公司数量/当年该行业披露年报的上市公司总数；管理费用率的计算方式为：管理费用/营业收入，"平均管理费用率"的计算方式为：披露管理费用的公司的管理费用率总和/当年该行业披露管理费用的上市公司总数。

（三）财务费用

1. 整体披露情况

2016—2020年创业板上市公司都披露了财务费用，且平均财务费用率在5年间总体上呈上升趋势，见表7-6。2016—2019年间平均财务费用率呈上升趋势，2017年开始，平均财务费用率均超过了1%，2019年更是接近2%，2020年有所下降，但整体趋势是上升的。财务费用率为负往往意味着公司的闲置资金过多。财务费用率不断上升表明创业板上市公司的闲置资金在减少，企业的融资成本开始提高，企业利润受到影响。

表 7-6   2016—2020 年财务费用率披露情况

年份	披露公司数量（占比）	平均财务费用率
2016	601（100%）	0.21%
2017	718（100%）	1.18%
2018	744（100%）	1.08%
2019	797（100%）	1.88%
2020	892（100%）	1.58%

注："披露公司数量"指的是披露财务费用的公司数量；"占比"为披露财务费用的公司数量所占比例，计算方式为：披露财务费用的公司数量/当年披露年报上市公司总数；财务费用率的计算方式为：财务费用/营业收入，"平均财务费用率"的计算方式为：披露财务费用的公司的财务费用率总和/当年披露财务费用的上市公司总数。

2. 分行业披露情况

表 7-7 列示了 2016—2020 年制造业，信息传输、软件和信息技术服务业，科学研究和技术服务业三个代表性行业披露财务费用的情况。

制造业所有的创业板上市公司都披露了财务费用。整体上看，该行业的平均财务费用率呈上升趋势，2018 年和 2020 年略有下降，2019 年平均财务费用率大幅上升至 2.08%。

信息传输、软件和信息技术服务行业的所有公司都披露了财务费用，且行业的平均财务费用率整体上是不断上升的。2016 年的财务费用率均值为负数，2017 年首次实现由负转正，但仍低于创业板上市公司整体平均水平，说明信息传输、软件和信息技术服务业的多数公司资金都比较充裕。

科学研究和技术服务业的创业板上市公司都披露了财务费用，除了 2018 年平均财务费用率为负外，其他年份都是正数；2017 年以前平均财务费用率均超过 2%，但 2019 年、2020 年降幅较大，大大低于创业板整体平均水平。

表 7-7   三个代表性行业的财务费用率披露情况

年份	制造业 披露公司数量（占比）	制造业 平均财务费用率	信息传输、软件和信息技术服务业 披露公司数量（占比）	信息传输、软件和信息技术服务业 平均财务费用率	科学研究和技术服务业 披露公司数量（占比）	科学研究和技术服务业 平均财务费用率
2016	416（100%）	0.14%	118（100%）	-0.01%	11（100%）	2.57%
2017	506（100%）	1.26%	127（100%）	0.42%	16（100%）	2.15%
2018	516（100%）	1.08%	131（100%）	1.05%	20（100%）	-0.32%
2019	545（100%）	2.08%	140（100%）	1.54%	21（100%）	1.07%
2020	619（100%）	1.60%	148（100%）	1.25%	25（100%）	0.88%

注："披露公司数量"指的是披露财务费用的公司数量；"占比"为披露财务费用的公司数量所占比例，计算方式为：披露财务费用的公司数量／当年该行业披露年报上市公司总数；财务费用率的计算方式为：财务费用／营业收入，"平均财务费用率"的计算方式为：披露财务费用的公司的财务费用率总和／当年该行业披露财务费用的上市公司总数。

（四）研发支出

1. 整体披露情况

本报告在剔除未披露研发支出或研发支出为零的部分样本之后，计算 2016—2020 年间创业板上市公司研发支出金额与研发投入强度的平均值，结果见表 7-8。

2016—2018 年创业板上市公司对研发支出的披露率有所下降，2019—2020 年又有所上升。2017 年和 2018 年平均研发投入强度有所下降，但在 2019 年又回升至 7%，在 2020 年达到最高点 7.62%，并且创业板上市公司的平均研发投入支出是在不断上升的，从 2016 年的 6461 万元／家增长至 2020 年的 10284 万元／家。

表 7-8 2016—2020 年研发支出相关指标披露情况

年份	披露公司数量（占比）	平均研发支出（万元／家）	平均研发投入强度
2016	588（97.84%）	6461	7.06%
2017	706（98.33%）	7238	6.95%
2018	732（98.39%）	7897	6.64%
2019	786（98.62%）	9385	7.00%
2020	889（99.66%）	10284	7.62%

注："披露公司数量"指的是披露研发支出的公司数量；"占比"为披露研发支出的公司数量所占比例，计算方式为：披露研发支出的公司数量／当年披露年报的上市公司总数；"平均研发支出"这一栏中的金额是四舍五入后的近似值；"平均研发投入强度"的计算方法为：研发支出／营业收入。

根据《企业会计准则第 6 号 —— 无形资产》的规定，企业内部研究开发项目的支出应当区分研究阶段支出和开发阶段支出。研究阶段的支出应当于发生时计入当期损益（管理费用）；开发阶段的支出如果能够证明符合规定的条件，应当确认为无形资产，即进行资本化处理从而计入"开发支出"项目。基于上述规定，本报告对 2016—2020 年创业板公司的"开发支出"数据进行了统计，并由此计算创业板公司的平均资本化率，统计结果如表 7-9 所示。

由表 7-9 可知，创业板公司研发支出的资本化情况在 2016—2020 年呈现以下特征：

一是将研发投入进行资本化处理的企业数量较少，尽管从 2016 年的 158 家增加至 2020 年的 245 家，但 2020 年资本化的样本公司仅占总数的 27.47%，相较于 2019 年反而下降。

二是 2017 年进行资本化的样本公司平均开发支出增加，但 2017 年以后又持续下降。

三是样本公司的平均资本化率呈波动变化趋势。2019 年下降至 21.86%。

报告七：创业板上市公司无形资产投入研究

表 7-9　2016—2020 年开发支出相关指标披露情况

年份	披露公司数量（占比）	平均开发支出/万元	增长率	平均资本化率
2016	158（26.29%）	4036	21.93%	41.00%
2017	173（24.09%）	4262	5.60%	44.12%
2018	197（26.48%）	4107	-3.64%	37.23%
2019	226（28.36%）	3586	-12.69%	21.86%
2020	245（27.47%）	4156	15.90%	40.41%

注："披露公司数量"指的是披露开发支出的公司数量；"占比"为披露开发支出的公司数量所占比例，计算方式为：披露开发支出的公司数量/当年披露年报的上市公司总数；"平均开发支出"的计算方法为：披露的开发支出总额/当年披露开发支出的上市公司总数；"增长率"的计算方法为：（本年的平均开发支出-上年的平均开发支出）/上年的平均开发支出；资本化率的计算公式为：开发支出/研发支出，"平均资本化率"的计算方法为：披露的资本化率的总和/当年披露开发支出的上市公司总数。

2. 分行业披露情况

表 7-10 列示了 2016—2020 年制造业，信息传输、软件和信息技术服务业，科学研究和技术服务业三个代表性行业披露研发支出的情况。

制造行业的上市公司披露研发支出的比例基本稳定在 98% 以上，只有少量公司未进行披露；制造业的平均研发投入强度在五年里也基本稳定，2020 年略有增长，达到 6.82%。

2016—2020 年间除了 2016、2018 和 2020 年外，信息传输、软件和信息技术服务业全部公司都披露了研发支出信息。2018 年，该行业的平均研发投入强度创近 5 年最高值 12.95%，2019 年又回落到 10.59%。整体看，该行业的平均研发投入强度均在 10% 以上。

2016—2020 年，科学研究和技术服务行业披露研发支出的比例略低于其他两个行业，但也呈增长趋势。该行业的平均研发投入强度稳中有升，2019 年达到近 5 年最高值 6.21%，但在三个行业中仍属最低。

表 7-10　　三个代表性行业的研发支出披露情况

年份	制造业 披露公司数量（占比）	制造业 平均研发投入强度	信息传输、软件和信息技术服务业 披露公司数量（占比）	信息传输、软件和信息技术服务业 平均研发投入强度	科学研究和技术服务业 披露公司数量（占比）	科学研究和技术服务业 平均研发投入强度
2016	414（99.52%）	6.53%	115（99.14%）	10.83%	8（88.89%）	5.01%
2017	503（99.41%）	6.46%	127（100%）	10.89%	15（93.75%）	5.34%
2018	507（98.26%）	6.56%	130（99.24%）	12.95%	20（100%）	5.08%
2019	543（99.63%）	6.70%	140（100%）	10.59%	20（95.24%）	6.21%
2020	609（98.38%）	6.82%	147（99.32%）	11.68%	23（92.00%）	6.04%

注："披露公司数量"指的是披露研发支出的公司数量；"占比"为披露研发支出的公司数量所占比例，计算方式为：披露研发支出的公司数量/当年该行业披露年报的上市公司总数；"平均研发投入强度"的计算方式为：披露研发支出的公司的研发投入强度总和/当年该行业披露研发支出的上市公司总数。

（五）政府补助

1. 整体披露情况

本报告将 2016—2020 年间获得过政府补助的创业板上市公司纳入统计范围，对各年份样本公司所获政府补助的覆盖率及补助金额进行统计，结果如表 7-11 所示。

表 7-11　　2016—2020 年政府补助披露情况　（单位：万元）

年份	2016 年	2017 年	2018 年	2019 年	2020 年
获得补助企业数量	596	716	741	793	887
样本企业数量	601	718	744	797	892
补助覆盖率	99.2%	99.7%	99.6%	99.5%	99.44%
所获补助合计/万元	811282	1117323	1806558	1523770	1685342

续表

年份	2016年	2017年	2018年	2019年	2020年
所获补助的平均值/万元	1361	1561	2438	1922	1900
所获补助的最大值/万元	44521	34446	57974	64637	59625
所获补助的最小值/万元	1	0.6	2.9	2.5	3
标准差	2720	2749	4606	3982	4295

注：补助覆盖率的计算方式为：获得补助企业数量/样本企业数量。

2016—2020年，创业板上市公司获取政府补助呈现以下特征：

一是补助覆盖率稳中有升，一直保持在99%以上的高水平。

二是补助水平大幅增长，创业板公司获取政府补助的总额从2016年的81亿元快速增长至2020年的168亿元。

三是不同公司所获取的政府补助相对差距日趋增大，样本标准差从2016年的2720万元增长至2018年的4606万元，2020年仍达4295万元，说明政府补助在成为"普惠政策"的同时也拉大了不同企业之间的"贫富差距"。

2. 分行业披露情况

表7-12列示了2016—2020年制造业，信息传输、软件和信息技术服务业，科学研究和技术服务业三个代表性行业披露政府补助的情况。除了2016年科学研究和技术服务业披露政府补助的公司占比仅72.73%外，其他年份三个行业中披露政府补助的公司占比均接近100%。

2016—2020年间，制造业的政府补助均值持续上升，且上升的幅度较大。2019年该行业上市公司的政府补助均值在三个行业中居首位；信息传输、软件和信息技术服务业的政府补助均值保持上升趋势，但2020年该行业所获政府补助均值已开始低于科研和技术服务业，反映出该行业政府补助的相对强度有所减弱；2017—2020年科学研究和技术服务业全部披露了政府补助披露情况，且政府补助均值上升很快，直到2019年略有回落，2020年政府补助均值又上升回2000万元以上，但已远高于信息传输、软件和信息技术服务业，接近制造业的均值水平，表明近几年政府对该行业的支持力度有所加强。

表 7-12　三个代表性行业的政府补助披露情况

年份	制造业 披露公司数量（占比）	政府补助均值／万元	信息传输、软件和信息技术服务业 披露公司数量（占比）	政府补助均值／万元	科学研究和技术服务业 披露公司数量（占比）	政府补助均值／万元
2016	414（99.52%）	1354.24	114（98.28%）	1142.18	8（72.73%）	786.48
2017	506（100%）	1638.07	127（100%）	1244.87	16（100%）	1083.17
2018	516（100%）	1834.39	130（99.13%）	1275.94	20（100%）	2647.73
2019	544（99.82%）	2086.84	138（98.57%）	1317.02	21（100%）	1778.76
2020	610（98.55%）	1957.28	146（98.65%）	1296.87	25（100%）	2419.85

注："披露公司数量"指的是披露政府补助的公司数量；"占比"为披露政府补助的公司数量所占比例，计算方式为：披露政府补助的公司数量／当年该行业披露年报的上市公司总数；"政府补助均值"的计算方式为：公司的政府补助总和／当年该行业披露政府补助的上市公司总数。

三、研究结论
（一）销售费用

2016—2020 年，创业板上市公司基本都披露了销售费用。整体看，创业板上市公司平均销售费用率稳中略升，基本稳定在 9%～10% 之间，2018 和 2019 年平均销售费用率增长加快。从行业披露情况看，2016—2020 年制造业的销售费用率变化呈上升趋势，2017 年以后，制造业平均销售费用率超过整个创业板上市公司平均销售费用率；信息传输、软件和信息技术服务行业在 2017 年以前平均销售费用率持续下降，但 2020 年又有较大回升，且 2016—2020 年平均销售费用率均高于整个创业板上市公司平均水平；科学研究和技术服务行业平均销售费用率持续上升，2019 年的平均销售费用率增长幅度较大，但整体上该行业仍然远低于整个创业板上市公司平均水平。

（二）管理费用

整体来看，上市公司 2016—2020 年的平均管理费用率一直呈持续下降趋势，反映了创业板上市公司在管理费用上的控制能力提升。从代表性行业的情况看，制造行业的创业板上市公司对管理费用的披露情况较好，平均管理费用率持续下降，且低于创业板市场整体平均水平；信息传输、软件和信息技术服务行业的平均管理费用率大幅下降，但仍高于创业板市场整体平均水平，反映该行业的管理费用率较高的特点；科学研究和技术服务行业的平均管理费用率有较大波动，2016 年达最高点，2019 年又大幅下降，但均高于创业板整体平均水平。

（三）财务费用

2016—2020 年创业板上市公司平均财务费用率总体呈上升趋势。2019 年、2020 年财务费用率由负转正并不断上升表明创业板上市公司的闲置资金在减少，企业的融资成本开始提高，企业利润受到影响。从代表性行业情况看，制造业的平均财务费用率呈上升趋势，2019 年增长过快后，2020 年平均财务费用率大幅下降至 1.60%；信息传输、软件和信息技术服务行业的平均财务费用率整体上也是不断上升的，2017 年首次实现由负转正，但仍低于创业板上市公司整体平均水平，说明信息传输、软件和信息技术服务行业的多数公司资金都比较充裕；科学研究和技术服务行业除了 2018 年平均财务费用率为负外，其他年份都是正数；2017 年以前平均财务费用率均超过 2%，但近两年降幅较大，大大低于创业板整体平均水平。

（四）研发支出

2017 年和 2018 年创业板上市公司平均研发强度有所下降，但在 2020 年又回升至 7.62%，并且创业板上市公司的平均研发投入支出是在不断上升的，反映创业板上市公司研发投入持续增强。在研发支出的资本化方面，将研发投入进行资本化处理的企业数量较少，进行资本化公司平均开发支出 2017 年增加后又持续下降，平均资本化率呈波动变化趋势，2019 年大幅下降至 21.86%，但 2020 年又大幅上涨至 40.41%。

从代表性行业情况看，制造业的平均研发投入强度在近五年里基本稳定，2020 年略有增长；信息传输、软件和信息技术服务行业的平均研发投入强度在 2018 年创 5 年最高值，整体看该行业的平均研发投入强度均在 10% 以上；科学研究和技术服务行业五年的平均研发投入强度稳中有升，2019 年达到最高值 6.21%，但在三个行业中仍属最低。

（五）政府补助

整体来看，2016—2020年创业板上市公司获取政府补助的覆盖率稳中有升，补助总额大幅增长，且不同公司所获取的政府补助相对差距日趋增大。从代表性行业来看，2016—2020年间，制造行业的政府补助均值持续上升，且上升的幅度较大；信息传输、软件和信息技术服务行业的政府补助均值与保持上升趋势，但2018年后行业均值从高于科学研究和技术服务行业转向低于该行业均值，反映了该行业政府补助相对强度减弱；2017—2020年科学研究和技术服务行业政府补助均值上升很快，已远高于信息传输、软件和信息技术服务行业，接近制造业的均值水平，表明近几年政府对该行业的支持力度有所加强。

报告八：创业板机械设备仪表行业无形资产研究

本报告基于证监会二级行业分类标准（2012），对机械设备仪表行业（包括通用设备制造业、专用设备制造业、电气机械和器械制造业、仪器仪表制造业4个细分行业）[①]进行典型分析。研究样本包括：截至2020年12月31日机械设备仪表行业的创业板上市公司，共计250家。

一、行业概况
（一）企业数量变化

截至2020年12月31日，创业板机械设备仪表行业上市公司共250家，约占创业板公司总数量的27.78%。2020年5月18日至2020年12月31日，新增40家，较去年增加35家。该行业企业数量占创业板公司总数比例自2015年至2018年连续下降，从31.10%降至26.42%，但2019—2020年有所增加，从26.54%增至27.78%，总体比例波动不大，如表8-1所示。

表8-1　2016—2020年机械设备仪表行业企业数量变化　（单位：家）

数量／占比	2015年	2016年	2017年	2018年	2019年	2020年
行业企业数量	158	188	195	200	215	250
行业新增企业数量	32	30	7	5	12	40
创业板企业总数	508	638	725	757	810	900
行业企业占比	31.10%	29.47%	26.90%	26.42%	26.54%	27.78%

---

① 本报告根据《上市公司行业指引分类指标（2012年修订版）》中对行业的划分标准，将专用设备制造业、通用设备制造业、电器机械和器械制造业和仪器仪表制造业统归于机械设备仪表行业。原因在于，上述细分行业本身在无形资产方面具有相似性，同时，较大的样本量也便于分析总体特征。

（二）行业成本分析

本年度蓝皮书对行业成本的分析主要集中在营业成本、销售费用、管理费用、财务费用和应付职工薪酬。以下所有行业分析报告均采用相同指标。

根据对 2019—2020 年年报信息的整理，机械设备仪表行业企业成本如表 8-2 所示。行业成本中营业成本、应付职工薪酬均值呈上升趋势，分别为 7.70% 和 20.93%，相反销售费用、管理费用、财务费用均值呈下降趋势，销售费用均值降幅最大，达到 11.72%，管理费用、财务费用均值次之，降幅分别为 7.89% 和 7.41%。上述数据表明创业板机械设备仪表行业经营成本整体来看有小幅上升，但销售费用、管理费用、财务费用已呈下降趋势。

表 8-2　2019—2020 年机械设备仪表行业成本变动　（单位：亿元）

成本构成	2019 年总额	2020 年总额	2019 年均值	2020 年均值	均值同比增长
营业成本	2455.44	3148.62	11.69	12.59	7.70%
销售费用	268.88	2835.81	1.28	1.13	－11.72%
管理费用	239.50	2632.94	1.14	1.05	－7.89%
财务费用	57.15	6192.91	0.27	0.25	－7.41%
应付职工薪酬	90.06	130.26	0.43	0.52	20.93%

（三）行业利润分析

本年度蓝皮书对行业利润的分析主要基于企业利润总额和净利润两个指标，对变化趋势、企业盈亏以及行业集中度进行描述。以下所有行业分析报告均采用相同指标。

1. 整体变化趋势

根据对 2016—2020 年年报信息的整理，机械设备仪表行业上市公司利润数据如表 8-3 所示。行业平均利润在 2017—2019 连续下降。但 2020 年出现转机，开始飞速上升，平均利润总额由 0.5 亿增长至 1.27 亿元，同比增长 154%，平均净利润由 0.29 亿元增长至 1.03 亿元，同比增长 255.17%，说明机械设备仪表行业在 2020 年具有较好的发展势头。

表 8-3　　2016—2020 年机械设备仪表行业利润变动　　（单位：亿元）

指标	2016 年	2017 年	2018 年	2019 年	2020 年
利润总额	234.40	225.49	101.45	107.5	317.54
平均利润总额	1.31	1.16	0.51	0.5	1.27
同比增长	19.05%	-11.45%	-55.83%	-2.41%	154%
净利润	199.14	182.03	61.82	62.35	256.42
平均净利润	1.11	0.93	0.31	0.29	1.03
同比增长	18.35%	-16.22%	-66.43%	-7.12%	255.17%

2. 企业盈亏

如表 8-4 所示，2020 年，机械设备仪表行业有 50.4% 的企业年度利润总额为负增长，60% 的企业利润总额增长低于 20%，利润总额增长 100% 的企业占行业总数的 10.4%。净利润增长率为负的企业占行业总数的 51.6%，增长超过 100% 的企业占行业总数的 10.8%。说明创业板机械设备仪表行业本年度亏损范围较大。2020 年，机械设备仪表行业中利润增长最令人瞩目的企业当属科泰电源（300153），其利润总额增幅达 457.34 倍。

表 8-4　　2020 年机械设备仪表行业利润增长分布情况　　（单位：家）

区间	＜0	0～20%	20%～40%	40%～60%	60%～80%	80%～100%	100% 以上
利润总额增长率	126	24	18	15	23	18	26
净利润增长率	129	31	21	13	17	12	27

3. 行业集中度

整个行业收入集中程度见表8-5，前2.8%（前7家）的企业累计收入总额约占全行业收入的30%；前10.4%（前26家）的企业累计收入总额占整个行业50%；前60%（前150家）的企业累计收入总额占整个行业90%，表明营业收入主要集中在少数企业，行业收入集中度较高。

表8-5 2020年机械设备仪表行业收入集中情况 （单位：家）

累计收入比例	累计企业数	累计企业数占整个行业企业比例
达30%	7	2.80%
达40%	13	5.20%
达50%	26	10.40%
达60%	41	16.40%
达70%	66	26.40%
达80%	101	40.40%
达90%	150	60.00%

二、行业无形资产规模

本年度蓝皮书所有行业分析报告对行业无形资产规模的描述遵循统一框架，如表8-6所示：

我国《企业会计准则——无形资产》以列举的方式确定了无形资产由专利权、非专利技术、商标权、著作权、土地使用权、特许权、商誉等构成。因此，本报告将有专门法律规制和由会计准则纳入核算体系的无形资产定义为常规无形资产。非常规无形资产就是除常规无形资产以外的符合无形资产特征的其他无形资产。考虑到年报和招股书信息披露的差异性以及数据的可获得性，也为了便于行业间横向比较，本报告选取专利、非专利技术、著作权和商标作为常规无形资产的代表性指标，选取技术标准、总经理、股东、资质等作为非常规无形资产的代表性指标。需要指出的是，非常规无形资产虽尚未得到法律和会计制度的有效关注，但对企业经营中的贡献却在不断强化，在某些行业甚至呈现超越常规无形资产的态势，因此，对非常规无形资产进行多角度的指标衡量既有意义又有必要。

表 8-6 行业无形资产规模与结构描述框架

信息来源	指标分类	具体指标	统计信息
招股说明书	常规无形资产	专利	披露专利数量的总额和均值
		非专利技术	披露非专利技术数量的总额和均值
		著作权	披露著作权（软件著作权）数量的总额和均值
		商标	披露商标数量的总额和均值
招股说明书	非常规无形资产	技术标准	技术标准数量的总额和均值
		总经理	总经理薪酬的总额和均值
		股东	前十大股东持股比例总额和均值
		资质	资质数量的总额和均值
年报	常规无形资产	专利	披露专利数量的总额和均值
		非专利技术	披露非专利技术数量的总额和均值
		著作权	披露著作权（软件著作权）数量的总额和均值
		商标	披露商标数量的总额和均值
	非常规无形资产	技术标准	技术标准数量的总额和均值
		客户	前五名客户销售额占销售总额比例的总额和均值
		总经理	总经理薪酬的总额和均值
		独立董事	独立董事津贴的总额和均值
		股东	前十大股东持股比例的总额和均值
		技术（研发）人员	技术（研发）人员占员工总数比例的总额和均值
		资质	资质数量的总额和均值

(一) 基于招股说明书的无形资产规模

表8-7为基于招股说明书信息的创业板机械设备仪表行业上市公司无形资产构成情况。

1. 常规无形资产规模变动特征

2016—2020年,创业板机械设备仪表行业常规无形资产变动特征如下:

第一,授权专利数量稳步上升,2017年增速放缓,由2016年平均每家企业63.30项专利上升至2020年平均每家企业83.56项,增长32.00%,说明该行业对专利重视程度提升。

第二,非专利技术数量呈现逐年下降的趋势,近三年下降缓慢,2020年为6.54项/家,与2016年的8.01项/家相比下降了18.35%。

第三,著作权数量在各年均呈现稳步上升的趋势,2020年增长幅度明显,为15.43项/家,相比2016的10.83项/家增长了42.47%。整体来看,该行业对著作权的重视程度不断提升。

第四,持有商标数量在2016年至2018年连续两年上升,由7.69项/家上升至12.69项/家。但2019年起出现大幅下降,由12.69项/家降为8.84项/家,下降幅度明显。2020年该均值有所上升,为9.16项/家。

2. 非常规无形资产规模变动特征

2016—2020年,创业板机械设备仪表行业非常规无形资产变动特征如下:

第一,技术标准数量自2016年至2020年稳步上升,由2.51项/家上升至2.91项/家,近两年保持相对稳定,在2.95项/家左右略微波动。

第二,总经理薪酬整体上呈现先下降后上升的波动态势,2017年较2016年下降,由55.51万元降为45.18万元,下降了18.61%。近三年稳步上升,2020年该均值为51.76万元。

第三,前十大股东持股比例整体上呈现缓慢上升的态势,由2016年的64.55%项/家增长至76.87%项/家。

第四,资质数量整体上呈现持续下降的态势,由2016年的80.39项/家下降至2020年的28.72项/家,其中2019年下降幅度最大,降幅为60.80%。

表 8-7　基于招股说明书信息的 2016—2020 年机械设备仪表行业常规无形资产构成情况

行业总值（均值）	2016 年	2017 年	2018 年	2019 年	2020 年
授权专利／项	11900（63.30）	12566（64.44）	12324（61.62）	13426（62.45）	20891（83.56）
非专利技术／项	1506（8.01）	1555（7.97）	1558（7.79）	1594（7.41）	1635（6.54）
著作权／项	2036（10.83）	2154（11.05）	2300（11.50）	2879（13.45）	3843（15.43）
持有商标／项	2271（12.08）	2305（11.82）	2538（12.69）	990（8.84）	1062（9.16）
技术标准／项	472（2.51）	497（2.56）	546（2.73）	643（2.99）	728（2.91）
总经理薪／万元	10435.88（55.51）	8764.83（45.18）	9516.01（47.58）	10506.52（48.87）	12939.45（51.76）
前十大股东持股比例／%	12135.40（64.55）	15134.84（77.61）	14897.07（74.49）	16709.61（77.72）	19218.53（76.87）
资质／项	15113（80.39）	15243（78.17）	15403（77.02）	6490（30.19）	7181（28.72）

（二）基于年报的无形资产规模

表 8-8 为基于年报信息的创业板机械设备仪表行业上市公司无形资产构成情况。

1. 常规无形资产规模变动特征

2016—2020 年，创业板机械设备仪表行业常规无形资产变动特征如下：

第一，授权专利数量呈现快速上升的趋势，2020 年授权专利数量的行业均值达到 202.92 项／家，相比 2016 年的 139.78 项／家增长了 45.17%。

第二，非专利技术数量较少，总体上看呈现波动的态势，2016 年至 2017 年由 0.36 项／家上升至 0.95 项／家之后，2018 年又下降至 0.32 项／家。2019—2020 年该均值保持相对稳定，稳定在 0.46 项／家左右。

第三，著作权数量整体上呈现快速上升的趋势，2020 年著作权的行业均值达到 103.94 项／家，相比 2016 年的 24.58 项／家增长了 3.23 倍。

第四，持有商标数量整体上呈现下降趋势，2016—2018 年保持相对稳定，2019 年出现大幅下降，由 16.76 项／家降为 8.00 项／家。2020 年较 2019 年有所上升，由

8.00项/家增长为11.46项/家。

2. 常规无形资产规模变动特征

2016—2020年,创业板机械设备仪表行业非常规无形资产变动特征如下:

第一,技术标准数量的行业均值呈波动特征,其中2017年最低,仅为1.17项/家,2020年最高,达到2.92项/家。

第二,前五名客户销售额占比整体上较为稳定,除了2019年降至15.39%以外,一直在35%左右浮动,2020年前五名客户销售额占比为30.85%/家,说明该行业客户集中度较稳定。

第三,总经理薪酬呈现逐年上升趋势,且上升幅度逐年增大,2016年仅为55.51万元/家,2020年达到90.28万元/家。

第四,独立董事津贴整体上呈现快速上升的趋势,从2016年的5.97万元/家上升至2020年的19.84万元/家。

第五,前十大股东持股比例整体上呈现缓慢下降的趋势,由2016年的63.87%下降至2020年的56.91%。

第六,技术(研发)人员占比呈现持续平稳的特征,2016年至2020年稳定在24.60%左右。

第七,资质数量整体上呈现波动的趋势,2016年平均每家企业拥有资质9.49项/家,2017年出现大幅下降,2018年继续下降,仅有3.42项/家,为历年最低,2019年回升至10.11项/家,2020年继续上升至10.24项/家。

表8-8 基于年报信息的2016—2020年机械设备仪表行业无形资产构成情况

行业总值(均值)	2016年	2017年	2018年	2019年	2020年
授权专利/项	26279 (139.78)	28959 (148.51)	31482 (159.00)	36944 (171.83)	50729 (202.92)
非专利技术/项	68 (0.36)	185 (0.95)	63 (0.32)	102 (0.47)	110 (0.44)
著作权/项	4621 (24.58)	5244 (26.89)	7056 (35.63)	8412 (39.49)	11849 (103.94)
持有商标/项	2805 (14.92)	2859 (14.66)	3319 (16.76)	1722 (8.00)	2864 (11.46)
技术标准/项	384 (2.04)	228 (1.17)	283 (1.43)	581 (2.70)	731 (2.92)

续表

行业总值（均值）	2016年	2017年	2018年	2019年	2020年
前五名客户销售额占比/%	6871.40 (36.55)	6947.85 (35.63)	6867.36 (34.68)	3308.25 (15.39)	7713.71 (30.85)
总经理薪酬/万元	10435.88 (55.51)	11764.35 (60.33)	11327.37 (57.21)	16704.87 (77.70)	22570.32 (90.28)
独立董事津贴/万元	1122.36 (5.97)	1261.65 (6.47)	4017.33 (20.29)	4414.32 (19.28)	4958.85 (19.84)
前十大股东持股比例/%	12007.56 (63.87)	11877.45 (60.91)	11950.92 (60.36)	12516.68 (58.22)	14227.64 (56.91)
技术（研发）人员占比/%	4530.80 (24.10)	4816.50 (24.70)	4926.58 (24.88)	5341.09 (24.84)	6123.67 (24.49)
资质/项	1784 (9.49)	780 (4.00)	677 (3.42)	2173 (10.11)	2560 (10.24)

三、基于无形资产竞争矩阵的行业无形资产竞争分析

本年度蓝皮书基于无形资产规模结构、无形资产持续能力和无形资产竞争能力三大维度对所有分行业上市公司进行对比分析。三大维度下设二级指标，其中无形资产规模结构包括专利及非专利技术数量、商标数量、资质数量和软件著作权数量四项二级指标；无形资产持续能力包括技术标准数量、研发费用占比和员工学历三项二级指标；无形资产竞争能力包括前五名客户占比、前十大股东持股比例和高管平均年薪三项二级指标。

通过比较各项二级指标对分行业各企业的相对实力予以排序。排序方法为：某二级指标中的数量最高者赋予1分，其他非最高者与最高者比值即为某企业该项二级指标得分；对10项二级指标均以此方法处理，得到每家企业每项二级指标得分；对各企业所有指标得分加总，计算最后得分，得分最高者为行业中的优秀样本企业。之后的分行业报告中，如果没有特殊说明，均采用上述方法。

（一）行业无形资产规模结构分析

2020年，机械设备仪表行业专利及非专利技术共计50830项，平均每家企业拥有203.36项，宁德时代（300750）、楚天科技（300358）和汇川技术（300124）三家企业共有专利及非专利技术6876项，占行业总量的13.53%。

商标数量共计2864项，平均每家企业约有11.46项，乐心医疗（300562）、三诺生物（300298）和汉宇集团（300403）三家企业共持有商标1481项，占行业总量

的 51.71%。

资质数量共计 2560 项，平均每家企业拥有 10.24 项，新莱应材（300260）、乐普医疗（300003）和和佳医疗（300273）三家企业共有资质 99 项，占行业总量的 3.87%。

软件著作权数量共计 11849 项，平均每家企业拥有 103.94 项，新天科技（300259）、易事特（300376）和聚光科技（300203）三家企业共有软件著作权 2346 项，占行业总量 19.80%。

（二）行业无形资产持续能力分析

机械设备仪表行业研发支出占比的行业均值为 5.76%，该项指标排名前三的企业为长川科技（300604）、开立医疗（300633）和英可瑞（300713），分别为 23.3%、20.41% 和 19.78%。

员工本科及以上学历占比的行业均值为 29.49%，该项指标排名前三的企业为安达维尔（300719）、钢研纳克（300797），分别为 80.46%、72.19% 和 71.87%。

技术标准数量的行业均值为 2.92 项／家，该项指标排名前三的企业为温州宏丰（300283）、运达股份（300772）和钢研纳克（300797），分别为 42 项／家、39 项／家和 38 项／家。

（三）行业无形资产竞争能力分析

机械设备仪表行业前五名客户占比的行业均值为 30.85%，该项指标排名前三的企业为青岛中程（300208）、爱乐达（300696）和三角防务（300775），分别为 98.92%、94.91% 和 93.24%。

前十大股东持股比例的行业均值为 56.91%，该项指标排名前三的企业为江苏雷利（300660）、唐源电气（300789）和钢研纳克（300797），分别为 76.12%、75% 和 74.98%。

高管薪酬的行业均值为 90.28 万元，该项指标排名前三的企业为田中精机（300461）、汇川技术（300124）和金龙机电（300032），分别为 516.54 万元、359.75 万元和 344.00 万元。

表 8-9 列示了依据无形资产竞争矩阵计算所得的创业板机械设备仪表行业排名前 30 的优秀样本企业。

报告八：创业板机械设备仪表行业无形资产研究

表 8-9 2020 年创业板机械设备仪表行业无形资产竞争力前 30 名企业一览

股票代码	股票名称	专利与非专利技术得分	商标得分	资质得分	软件著作权得分	技术标准数量得分	研发支出占比	员工学历得分	前五名客户占比得分	十大股东持股比例	高管平均年薪得分	总分得分
300124	汇川技术	0.64	0.00	0.50	0.21	0.14	0.73	0.44	0.11	0.66	0.70	4.13
300772	运达股份	0.00	0.00	0.12	0.00	0.93	0.45	0.66	0.42	0.85	0.41	3.83
300789	唐源电气	0.03	0.00	0.18	0.15	0.86	0.86	0.55	0.99	0.16		3.78
300274	阳光电源	0.53	0.00	0.45	0.00	0.12	0.57	0.86	0.08	0.60	0.54	3.75
300286	安科瑞	0.09	0.01	0.53	0.22	0.21	0.56	0.76	0.07	0.87	0.39	3.72
300797	钢研纳克	0.06	0.00	0.18	0.06	0.90	0.40	0.90	0.08	0.99	0.11	3.67
300750	宁德时代	1.00	0.00	0.05	0.00	0.02	0.90	0.09	0.19	0.84	0.47	3.56
300024	机器人	0.14	0.00	0.18	0.14	0.00	0.84	0.89	0.13	0.91	0.24	3.48
300306	远方信息	0.08	0.00	0.27	0.00	0.60	0.77	0.60	0.12	0.86	0.16	3.46
300562	乐心医疗	0.14	1.00	0.25	0.04	0.00	0.63	0.23	0.21	0.81	0.13	3.45
300450	先导智能	0.46	0.00	0.03	0.00	0.00	0.86	0.46	0.35	0.75	0.39	3.30
300604	长川科技	0.13	0.00	0.02	0.05	0.00	0.88	0.78	0.24	0.81	0.38	3.29
300567	精测电子	0.36	0.08	0.17	0.25	0.00	0.75	0.25	0.48	0.67	0.27	3.28
300203	聚光科技	0.18	0.00	0.28	0.65	0.43	0.55	0.17	0.04	0.60	0.38	3.28
300316	晶盛机电	0.15	0.00	0.13	0.00	0.02	1.00	0.28	0.53	0.81	0.34	3.26
300719	安达维尔	0.00	0.00	0.15	0.00	0.00	0.63	1.00	0.50	0.81	0.16	3.25
300557	理工光科	0.04	0.00	0.03	0.12	0.62	0.57	0.79	0.21	0.66	0.17	3.21
300259	新天科技	0.00	0.00	0.27	1.00	0.02	0.55	0.48	0.05	0.70	0.10	3.18
300206	理邦仪器	0.30	0.00	0.08	0.10	0.00	0.58	0.67	0.21	0.77	0.46	3.17
300403	汉宇集团	0.19	0.76	0.12	0.03	0.02	0.52	0.17	0.39	0.79	0.17	3.17
300105	龙源技术	0.11	0.00	0.12	0.02	0.05	0.70	0.86	0.53	0.63	0.11	3.12
300283	温州宏丰	0.04	0.00	0.08	0.00	1.00	0.60	0.17	0.39	0.74	0.10	3.11
300416	苏试试验	0.11	0.00	0.42	0.12	0.38	0.44	0.54	0.13	0.81	0.14	3.09
300130	新国都	0.05	0.40	0.22	0.36	0.00	0.68	0.59	0.05	0.68	0.06	3.08
300207	欣旺达	0.02	0.00	0.55	0.03	0.02	0.84	0.18	0.39	0.62	0.41	3.07
300633	开立医疗	0.17	0.00	0.22	0.16	0.00	0.61	0.75	0.04	0.88	0.17	3.01
300376	易事特	0.24	0.00	0.13	0.70	0.21	0.35	0.05	0.19	0.92	0.18	2.97
300018	中元股份	0.04	0.00	0.42	0.25	0.07	0.78	0.69	0.07	0.44	0.21	2.96
300648	星云股份	0.05	0.00	0.15	0.04	0.05	0.75	0.63	0.39	0.80	0.10	2.95
300298	三诺生物	0.00	0.89	0.20	0.00	0.00	0.34	0.48	0.07	0.90	0.07	2.94

- 215 -

四、案例分析[①]

由于汇川技术（300124）此次得分第一，为避免重复分析，本年度蓝皮书选取排名第二的精测电子（300567）作为优秀样本企业进行分析。

（一）企业简介

"汇川技术"全称深圳市汇川技术股份有限公司，成立于2003年4月，于2010年9月在创业板上市，股票代码300124。自成立以来始终专注于电机驱动与控制、电力电子、工业网络通信等核心技术，坚持技术营销与行业营销，坚持为细分行业提供"工控+工艺"的定制化解决方案及进口替代的经营策略，实现企业价值与客户价值共同成长。经过15年的发展，公司已经从单一的变频器供应商发展成机电液综合产品及解决方案供应商。目前公司主要产品包括：服务于智能装备领域的工业自动化产品，服务于工业机器人领域的核心部件、整机及解决方案，服务于新能源汽车领域的动力总成产品等。

（二）无形资产相关情况分析

1. 优势分析

"汇川技术"之所以能够在行业内成为无形资产领域的标杆企业，主要原因在于其总经理薪酬、授权专利及非专利数量、十大股东持股比例排名、资质数量、员工学历占比较为靠前。其中，总经理薪酬为359.75万元，居行业第2位；授权专利与非专利技术数量为1898项，居行业第3位；前十大股东持股比例达到71.25%，居行业第61位；资质为30项，居行业第10位；本科以上员工学历占比为44.04%，居第69位。总体来看，"汇川技术"在无形资产持续能力和竞争能力方面表现较好，使其在机械设备仪表行业无形资产竞争中脱颖而出。

2. 不足分析

由表8-9可知，"汇川技术"在商标、技术标准、前五大客户销售占比三项二级指标上略显不足，商标为0项，居行业第27位；技术标准为6项，居行业第26位；著作权为4项，居行业第58位；前五名客户销售占比为17%，居行业第170位。这几项指标与行业无形资产的规模结构和持续能力有关，值得企业关注。综合来看，相较于其他机械设备仪表行业上市公司，"汇川技术"在商标和技术标准的投入上都相对较低；同时，前五名客户销售占比较低，这些都可能成为该企业未来发展的短板。

[①] 此案例分析的主要数据来源为公司网站以及2020年年报，主要参考文献包括公司2020年年报、董事会报告等。

3. 无形资产优化建议

"汇川技术"虽然在整个行业的无形资产得分上位居前列，但是企业的无形资产分布也存在着明显的问题，针对这些问题提出以下建议：

第一，制定规范的技术标准。"汇川技术"作为机械设备仪表行业企业应当积极参与制定相应的技术标准。技术标准的制定有利于降低企业生产的成本，提高企业的生产效率，有利于提高企业的竞争力。

第二，注重商标的申请注册。注册商标可以保护自己的商标不受侵犯，不被他人使用，维护商品的信誉和形象。另外，注册了的商标不仅可以增强消费者的认同感，还可以增强企业自身维护品牌价值的信念，提升品牌形象，在国际市场上拓展市场。

第三，关注公司前五大客户销售情况。对上市公司来说，公司大客户非常重要，稳定的客户关系将有助于企业不断扩大规模，提高企业的竞争力，进而在行业中保持领先地位。反之，如果公司前五大客户销售情况出现大幅下降，很可能导致资本市场上市公司股价的波动，进而对公司的市场价值产生影响。

（三）其他方面竞争优势分析

根据招股说明书（或年报）披露信息，"精测电子"除在无形资产质量竞争中具有优势之外，在品牌管理、组织管理三个方面也具有一定的竞争优势。

1. 技术优势

"汇川技术"具备行业领先水平作为国内工业自动化产品的领军企业，公司不仅掌握了矢量变频、伺服系统、可编程逻辑控制器、编码器、永磁同步电机等产品的核心技术，还掌握了新能源汽车、电梯、起重、注塑机、纺织、金属制品、印刷包装、空压机等行业的应用技术。

2020年，公司产品的综合毛利率为38.96%，其中工业自动化领域的驱动类、控制类的产品毛利率高达50%左右，充分说明公司核心技术的领先优势。2020年公司研发人员合计2513人，研发投入10.23亿元，研发费用率为8.89%。通过持续的高比例研发投入及引进国际领先技术，进一步提升了新能源汽车动力总成、电机与驱动控制、工业控制软件、工业机器人本体设计等方面的核心技术水平，巩固了公司在该领域的领先地位。

2. 行业领先的品牌优势

"汇川技术"自2003年成立以来一直坚持行业营销与技术营销。经过十年多的耕耘，特别是公司上市以来在资本市场的良好表现，使得公司的品牌日益增强。公司不仅在变频器、PLC、伺服系统、新能源汽车电机控制器等产品上树立领先的品牌形象，而且在电梯、新能源汽车、注塑机、机床、空压机、金属制品、锂电、光伏、印包、起重、电子设备、车用空调等行业享有较高的品牌知名度与美誉度。公司是国内最大的低压变频器与伺服系统供应商。

2020年，公司的低压变频器、通用伺服系统的市场占有率进一步提升，市场排名位居内资第一名。在电梯行业，公司已经成为领先的一体化控制器及变频器供应商；在新能源汽车领域，公司已经成为我国新能源汽车电机控制器的领军企业，累计销售电机控制器超过60万台。

3. 提供整体解决方案的优势

公司在实施进口替代的经营过程中，坚持为客户提供整体解决方案，包括为智能装备&工业机器人领域提供多产品组合解决方案或行业定制化专机解决方案；为新能源汽车&轨道交通领域提供集成式电机控制或动力牵引系统解决方案。公司拥有一批营销专家、应用技术专家、产品开发专家，能够快速满足客户需求。

报告期内，公司在新能源汽车、注塑机、3C制造、光伏、机床、纺织、工业机器人、轨道交通等行业推出了新的行业专机或一体化解决方案，这些专机或一体化解决方案都成为公司行业拓展与进口替代的有力武器。

4. 成本优势

随着公司规模的扩大、研发实力的提升，公司在物料采购、产品设计、质量控制等方面的能力得到了较大的提升。与内资品牌相比，公司成本优势主要体现在不断进行产品设计优化而带来的产品方案的低成本、物料采购的低成本以及良好的质量控制而带来的产品维护低成本；与外资品牌相比，公司的成本优势主要体现在以研发和营销成本为主的管理低成本。

公司推行行业线运作，从整体上提升了为客户提供行业定制化解决方案的效率，定制化解决方案的竞争力得到了进一步的提升。与外资品牌相比，公司快速响应行业客户需求的成本优势和运作效率有着明显的优势。

5. 管理优势

经过多年的行业深耕与积累，公司在战略规划、研发管理、事业部运作、供应链管理等方面有着一定的管理优势，富有行业经验的管理团队及优秀人才队伍、贴近用户的组织与流程、平等高效的工程师文化都是公司多年打造出来的管理优势。2019年，公司引入外部顾问，实施管理变革。2020年，公司继续深化管理变革。公司变革的目的是通过搭建敏捷的流程型组织和行业领先的管理体系，让客户更满意，运营更高效，为公司未来高质量的可持续发展奠定坚实基础。随着管理变革项目的推进，"汇川技术"的管理水平还会上一个新的台阶。

报告九：创业板软件、信息技术服务行业无形资产研究

本报告基于证监会二级行业分类标准（2012），对软件、信息技术服务行业进行典型分析。研究样本包括：截至 2020 年 12 月 31 日软件、信息技术服务行业的创业板上市公司，共计 123 家。

一、行业概况

（一）企业数量变化

截至 2020 年 12 月 31 日，创业板软件、信息技术服务行业上市公司共 123 家，约占创业板公司总数量的 13.79%。2019 年 5 月 18 日至 2020 年 12 月 31 日，新增 7 家。近些年该行业企业数量占创业板企业总数比例总体保持稳定，如表 9-1 所示。

表 9-1　2016—2020 年软件、信息技术服务行业企业数量变化[①]

（单位：家）

数量/占比	2016 年	2017 年	2018 年	2019 年	2020 年
行业企业数量	97	109	111	116	123
行业新增企业数量	26	12	2	5	7
创业板企业总数	636	725	757	810	892
行业企业占比	15.25%	15.03%	14.66%	14.32%	13.79%

[①] 由于以前部分上市公司实际上市时间与招股说明书披露存在差异，故此处对以往上市公司数量进行重新统计。

（二）行业成本分析

根据对2019—2020年年报信息的整理，软件、信息技术服务行业企业成本如表9-2所示。行业成本呈上升趋势，从均值增幅来看，销售费用增幅最大，达12.61%；营业成本次之，增幅达7.01%；应付职工薪酬紧随其后，为13.46%；管理费用反而降低，降幅约0.1%。

表9-2 2019—2020年软件、信息技术服务行业成本变动

（单位：亿元）

成本构成	2019年总额	2020年总额	2019年均值	2020年均值	均值同比增长
营业成本	892.84	1013.80	7.70	8.24	7.01%
销售费用	138.19	165.36	1.19	1.34	12.61%
管理费用	126.22	132.44	1.09	1.08	−0.1%
应付职工薪酬	59.74	73.17	0.52	0.59	13.46%

（三）行业利润分析

1. 整体变化趋势

根据对2016—2020年年报信息的整理，软件、信息技术服务行业上市公司利润数据如表9-3所示。行业平均利润总额在2016—2019年连续下降。值得关注的是，2017—2019年行业平均利润总额与平均净利润均出现了高达40%以上的减少，2020年与2019年相比，更是出现了58.97%的减少，说明软件、信息技术服务业在2017—2020年发展势头十分严峻，这与行业竞争愈发激烈有一定关系，也与2020年初的新型冠状病毒肺炎疫情相关。

表9-3 2016—2020年软件、信息技术服务行业利润变动

（单位：亿元）

指标	2016年	2017年	2018年	2019年	2020年
利润总额	160.39	156.88	75.53	45.82	19.94
平均利润总额	1.65	1.44	0.69	0.39	0.16

续表

指标	2016年	2017年	2018年	2019年	2020年
同比增长	23.13%	-12.73%	-52.08%	-42.76%	-58.97%
净利润	143.25	139.93	63.67	31.39	2.94
平均净利润	1.48	1.28	0.58	0.27	0.02
同比增长	25.42%	-13.51%	-54.68%	-53.35%	-92.59

2. 企业盈亏

如表9-4所示，2020年，软件、信息技术服务行业有50%以上企业年度利润总额增长为负，约14%企业利润总额增长为正但不超过20%，利润总额增长超过100%的企业仅占14%。

表9-4　2020年软件、信息技术服务行业利润增长分布情况

（单位：家）

指标	<0	0~20%	20%~40%	40%~60%	60%~80%	80%~100%	100%以上
利润总额增长率	64	15	12	6	4	3	12
净利润增长率	62	18	14	3	5	3	11

3. 行业集中度

就整个行业利润集中程度来看（见表9-5），前0.81%（前1家）的企业累计利润总额约占全行业利润的50%；以上表明：第一，软件、信息技术服务行业中不同企业之间的实力差距巨大；第二，该行业利润集中程度非常高，前2家企业就垄断了几乎整个行业的利润，行业利润集中度较2019年明显增强。

表 9-5　　2020 年软件、信息技术服务行业利润集中情况

（单位：家）

累计利润比例	累计企业数	累计企业数占整个行业企业比例
达 30%	1	0.81%
达 40%	1	0.81%
达 50%	1	0.81%
达 60%	2	1.63%
达 70%	2	1.63%
达 80%	2	1.63%
达 90%	2	1.63%

二、行业无形资产规模

（一）基于招股说明书的无形资产规模

1. 常规无形资产规模变动特征

2015—2020 年，创业板软件、信息技术服务行业常规无形资产变动特征如下：

第一，授权专利的行业总值和均值基本都保持逐年增长态势，2015—2020 年均有不同程度的增加。从增幅上看，除 2016 年总值有超过 50% 的增幅外，其他时期不论是总值还是均值，其增幅均表现出连年下降的趋势，直到 2020 年，专利产量产生了 30% 的增幅。

第二，非专利技术总值一直呈现稳步上升趋势，但均值则连续五年出现下降的趋势。近五年基本维持在 10-11 项／家左右，较为稳定，2019 年降幅为 2.07%。这可能是近些年该行业非专利技术数量的增长速度低于行业企业数量的增长速度所致，而 2020 年该现象仍在延续。

第三，著作权，尤其是软件著作权对于软件、信息技术服务业来说是构成核心竞争力的重要内容，所以该项无形资产的拥有量明显高于其他无形资产。自 2015 年起至 2020 年，该行业企业的软件著作权总值持续增长，其中 2016 年增速最快，总值增幅高达 61.24%，2020 年增长至 7313 项。

第四，持有商标数量整体呈现持续增长趋势，具体而言呈两阶段增长。2015—

2017年总值增长较快，而2017—2020年增长趋于平稳，因此均值数量也比较稳定，2020年均值甚至略有下降。

2. 非常规无形资产规模变动特征

2015—2020年，创业板软件、信息技术服务行业非常规无形资产变动特征如下：

第一，技术标准数量总值保持增长趋势，均值整体较低且表现为波动增长的态势，其变化幅度与总值的增长率基本保持一致。2015—2016年总值增长较快，均值也在增长；而2017—2019年总值增幅趋缓，2018年未新增技术标准数量，由于企业数量有所增加，因而导致均值有小幅下降，2019年总量上涨，而均值与2018年保持一致，2020年相比于2019年稍有增长。

第二，总经理薪酬总值整体保持逐年增长，从2015年的3515.92万元增长至2019年6137.24万元，但均值的增幅却不明显。2015—2016年呈现小幅上升态势，2017年略有下降后在2018年有小幅回升，2019年又略有下降，但基本维持在52万元/家的水平，2020年与2019年相比差距不大。这也从侧面反映尽管越来越多的企业开始注重高管薪酬激励，但是不同企业间还存在较大的薪酬差距。

第三，前十大股东持股比例总值逐年增长，其中2016年增幅最大，达到33%。另外，行业均值呈现出波动的变化趋势，在2015年后连续两年下降，由77.73%/家下降到2017年的75.63%/家，之后的2年又有小幅回升，2019年达到76.38%/家，2020年稍下降至73.46%。不过近几年均值变化幅度均不明显，说明股权结构较为稳定。

第四，资质数量总值在2015—2016年有大幅上涨，而后持续稳定增长。与此同时均值总体上也在持续增加，2015—2018年从26.47项/家增长至37.52项/家，2019年有小幅下降，但影响不大，2020年相比2019年均值降幅5%，下降不明显。达以上数据说明近五年企业越来越重视相关资质的申请和保护，这可能成为未来企业形成核心竞争力的关键所在。

表9-6为基于招股说明书信息的创业板软件、信息技术服务行业上市公司无形资产构成情况。

表9-6 基于招股说明书信息的2015—2020年软件、信息技术服务行业无形资产构成情况

行业总值（均值）	2015年	2016年	2017年	2018年	2019年	2020年
授权专利/项	1161 (16.35)	1815 (18.71)	2283 (20.94)	2490 (22.43)	2585 (22.68)	3380 (27.48)

续表

行业总值（均值）	2015 年	2016 年	2017 年	2018 年	2019 年	2020 年
非专利技术／项	812（11.44）	1090（11.24）	1168（10.72）	1174（10.58）	1202（10.36）	1263（10.26）
著作权／项	3457（48.69）	5574（57.46）	6490（59.54）	6791（61.18）	6906（59.53）	7313（59.94）
持有商标／项	668（9.41）	1155（11.91）	1624（14.90）	1655（14.91）	1672（14.41）	1697（13.80）
技术标准／项	190（2.68）	281（2.90）	295（2.71）	295（2.66）	309（2.66）	375（3.15）
总经理薪／万元	3515.92（49.52）	5048.85（52.05）	5642.93（51.77）	5888.89（53.05）	6137.24（52.91）	6436.76（52.33）
前十大股东持股比例／%	5518.83（77.73）	7341.93（75.69）	8243.67（75.63）	8409.36（75.76）	8860.41（76.38）	9035.45（73.46）
资质／项	1879（26.47）	3488（35.96）	3904（35.82）	4165（37.52）	4270（36.81）	4303（34.98）

（二）基于年报的无形资产规模

1. 常规无形资产规模变动特征

2015—2020 年，创业板软件、信息技术服务行业常规无形资产变动特征如下：

第一，授权专利整体波动幅度较大，从行业均值来看，2015—2016 年从 28.15 项／家大幅跌落至 8.87 项／家，2017 年以 520.63% 的增幅上升至 55.05 项／家，2018 年趋于平稳，2019 年又有所增长，达到 89.41 项／家，2020 年增长至 94.63 项／家。波动较大可能与以前年份部分企业未披露授权专利以及 2017 年新增企业授权专利数量较多密切相关，而增幅较大可见各企业对专利技术的重视。

第二，非专利技术整体呈波动变化态势。从行业均值来看，2015 年为 1.22 项／家，2016 年增至 1.41 项／家。2017 年出现大幅增长，平均每家企业持有 3.78 项非专利技术，是 2016 年的近 7.68 倍，而 2018 年又迅速回落至 1.21 项／家，为 2015 年以来最低值，而 2019、2020 年各家公司年报中甚至未披露非专利技术。本报告认为，年报中非专利技术相关信息披露不足是非专利技术数量减少的主要原因。

第三，著作权的行业总值和均值都保持上涨趋势，2019 年总值超 20000 项，均值超过 190 项／家，远高于其他无形资产，但 2020 年总值下降至 19606 项，下降幅度不大。这说明该行业越来越重视对软件著作权的保护，这也是该行业企业当前竞争最激烈的领域之一。

第四，持有商标数量总值在2017年达到峰值，2018年有超过20%的减少，而2019年有所回升。行业均值趋势大体上和总值保持一致，只是峰值出现在2015年为17.38项/家，随后2016年下降至13.44项/家，2017年回升至16.22项/家后在2018年又降至2015年以来的最低值，2019年重新回升至13.40项/家，2020年下降至8.44项/家。

2. 非常规无形资产规模变动特征

2015—2020年，创业板软件、信息技术服务行业非常规无形资产变动特征如下：

第一，技术标准数量整体来看呈上升趋势，但是行业总值整体较低，截至2019年未超过200项，均值不足2项/家，2020年有了突破，总值超312项，均值超2项/家。

第二，前五名客户销售额占比总值保持上升趋势，但增幅逐渐放缓，2016年增幅接近50%。同时行业均值在过去五年内表现较为稳定，一直在30%左右，2018年较2017年有所下降但幅度不大，且2019年产生了较为大幅的增长，2020年有了小幅增长，这说明该行业客户集中度较为稳定。

第三，总经理薪酬总值在近5年总体呈增长态势，2015—2017年持续增长至7204.9万元，2018年降至6218.59万元，2019年又增长至9252.52万元。均值也随之波动，2017—2018年从66.10万元减至56.53万元，降幅约为14.48%，2019年又增长至80.46万元，增幅约为42.33%，2020年达88.14万元。

第四，独立董事津贴整体保持稳定增长，均值保持在6～7万/家之间，2018年持续增长，已达近7万元/家，2019、2020年稍有降低，但是降幅不大。说明该行业企业愈发关注内部治理结构的调整和独立董事所发挥的作用。

第五，前十大股东持股比例总值在近三年逐年减少，行业均值也有所下降，2020年已降至近六年最低水平，说明该行业企业的股权集中度开始降低，股权有分散化趋势。

第六，技术（研发）人员占比的均值五年间稳定在50%～60%之间，超过公司人数一半，远高于其他行业。这主要是由软件、信息技术服务业的行业性质所决定，因为该行业对技术型人才的需求程度高，需要大量的技术研发人员。

第七，资质总值与均值在近五年间均呈波动趋势。2016年较2015年大幅上涨，2017—2018两年又连续下降，2019年又再次大幅上涨。行业均值也随之波动，2015—2016年数量增多，2017—2018年持续下降，由2016年的8.83项/家降至

2018年的4.53项/家，2019年上涨至13.09项/家，2020年则大幅上涨达到峰值14.28项/家。

表9-7为基于年报信息的创业板软件、信息技术服务行业上市公司无形资产构成情况。

表9-7 基于年报信息的2015—2020年软件信息技术服务行业无形资产构成情况

行业总值（均值）	2015年	2016年	2017年	2018年	2019年	2020年
授权专利/项	1999 (28.15)	860 (8.87)	6000 (55.05)	6325 (57.50)	10372 (89.41)	11640 (94.63)
非专利技术/项	87 (1.22)	137 (1.41)	412 (3.78)	133 (1.21)	0 (0)	0 (0)
著作权/项	3133 (44.13)	10837 (111.72)	13857 (127.13)	19632 (178.47)	20967 (190.61)	19606 (159.4)
持有商标/项	1234 (17.38)	1304 (13.44)	1768 (16.22)	1376 (12.51)	1554 (13.40)	1038 (8.44)
技术标准/项	31 (0.44)	80 (0.82)	75 (0.69)	96 (0.87)	173 (1.97)	312 (2.54)
前五名客户销售额占比/%	2078.17 (29.27)	3036.10 (31.30)	3716.90 (34.10)	3714.02 (33.76)	4194.96 (36.16)	4644.92 (37.76)
总经理薪酬/万元	4023.57 (56.67)	5964.53 (61.49)	7204.9 (66.10)	6218.59 (56.53)	9252.52 (80.46)	10753.59 (88.14)
独立董事津贴/万元	426 (6.00)	618.86 (6.38)	751.01 (6.89)	759.9 (6.91)	772.79 (6.66)	780.92 (6.35)
前十大股东持股比例/%	4156.34 (58.54)	5916.03 (60.99)	6350.34 (58.26)	6184.51 (56.22)	5988.24 (51.62)	2933.52 (23.85)
技术（研发）人员占比/%	4110.19 (57.89)	5279.71 (54.43)	6536.73 (59.97)	6437.52 (58.52)	6880.13 (59.31)	7353.34 (59.78)
资质/项	399 (5.62)	857 (8.83)	559 (5.13)	498 (4.53)	1519 (13.09)	1756 (14.28)

三、基于无形资产竞争矩阵的行业无形资产竞争分析

本年度蓝皮书基于无形资产规模结构、无形资产持续能力和无形资产竞争能力三大维度对所有分行业上市公司进行对比分析。三大维度下设二级指标，其中无形资产规模结构包括专利及非专利技术数量、商标数量、资质数量和软件著作权数量四项二级指标；无形资产持续能力包括技术标准数量、研发费用占比和员工学历三项二级指

标；无形资产竞争能力包括前五名客户占比、前十大股东持股比例和高管平均年薪三项二级指标。

通过比较各项二级指标对分行业各企业的相对实力予以排序。排序方法为：某二级指标中的数量最高者赋予 1 分，其他非最高者与最高者比值即为某企业该项二级指标得分；对 10 项二级指标均以此方法处理，得到每家企业每项二级指标得分；对各企业所有指标得分加总，计算最后得分，得分最高者为行业中的优秀样本企业。之后的分行业报告中，如果没有特殊说明，均采用上述方法。

（一）行业无形资产规模结构分析

2020 年，软件、信息技术服务行业专利及非专利技术共计 11640 项，平均每家企业拥有 94.63 项，飞天诚信（300386）、神州泰岳（300002）和万集科技（300552）三家企业共有专利及非专利技术 2922 项，占行业总量的 25.10%。

商标数量共计 1038 项，平均每家企业约有 8.44 项，天泽信息（300209）、神州泰岳（300002）和 ST 三五（300051）三家企业共持有商标 641 项，占行业总量的 61.75%。

资质数量共计 1756 项，平均每家企业拥有 14.28 项，迪普科技（300768）、天源迪科（300047）和鼎捷软件（300378）三家企业共有资质 251 项，占行业总量的 14.29%。

软件著作权数量共计 19606 项，平均每家企业拥有 159.4 项，神州泰岳（300002）、易华录（300212）和卫宁健康（300253）三家企业共有软件著作权 3641 项，占行业总量 18.57%。

（二）行业无形资产持续能力分析

软件、信息技术服务行业研发支出占比的行业均值为 11.74%，该项指标排名前三的企业为兆日科技（300333）、赢时胜（300377）和中科海讯（300810），分别为 40.00%、38.90% 和 37.16%。

员工本科及以上学历占比的行业均值为 65.35%，该项指标排名前三的企业为思特奇（300608）、富瀚微（300613）和深信服（300454），分别为 94.84%、94.55% 和 94.52%。

技术标准数量的行业均值为 2.54 项／家，该项指标排名前三的企业为数字认证（300579）、金卡智能（300349）和东方通（300379），分别为 95 项／家、57 项／家和 40 项／家。

（三）行业无形资产竞争能力分析

软件、信息技术服务行业前五名客户销售额占比的行业均值为 37.76%，该项指标排名前三的企业为左江科技（300799）、中科海迅（300810）和富瀚微（300613），分别为 96.58%、96.40% 和 92.92%。

前十大股东持股比例的行业均值为 23.85%，该项指标排名前三的企业为数字认证（300579）、运达科技（300440）和万集科技（300552），分别为 56.37%、51.37% 和 50.10%。

高管薪酬[①]的行业均值为 46.87 万元，该项指标排名前三的企业为鼎捷科技（300378）、吴通控股（300292）和万集科技（300552），分别为 144.33 万元、141.67 万元和 131.30 万元。

表 9-8 列示了依据无形资产竞争矩阵计算所得的创业板软件、信息技术服务行业排名前 30 的优秀样本企业。

表 9-8 2020 年创业板软件、信息技术服务行业无形资产竞争力前 30 名企业一览

股票代码	股票名称	专利与非专利技术得分	商标得分	资质得分	软件著作权得分	技术标准得分	研发支出占比	员工学历得分	前五名客户销售额占比得分	前十大股东持股比例得分	高管薪酬得分	总分得分
300002	神州泰岳	0.58	0.83	0.00	1.00	0.06	0.15	0.77	0.83	0.16	0.66	5.04
300768	迪普科技	0.50	0.00	1.00	0.00	0.00	0.51	0.95	0.78	0.86	0.34	4.94
300579	数字认证	0.01	0.00	0.16	0.12	1.00	0.47	0.83	0.14	1.00	0.34	4.08
300212	易华录	0.20	0.39	0.09	0.64	0.00	0.08	0.90	0.40	0.63	0.57	3.89
300379	东方通	0.04	0.08	0.40	0.27	0.42	0.68	0.87	0.38	0.14	0.43	3.71
300017	网宿科技	0.40	0.00	0.06	0.19	0.17	0.26	0.95	0.43	0.19	1.00	3.64
300209	天泽信息	0.00	1.00	0.23	0.24	0.00	0.03	0.83	0.74	0.19	0.38	3.64
300624	万兴科技	0.10	0.00	0.02	0.11	0.00	0.56	0.95	0.75	0.34	0.64	3.49
300369	绿盟科技	0.00	0.00	0.18	0.00	0.00	0.44	0.97	0.69	0.18	1.00	3.47
300810	中科海讯	0.01	0.00	0.01	0.00	0.00	0.93	0.79	0.96	0.52	0.24	3.46
300552	万集科技	0.54	0.00	0.15	0.12	0.19	0.23	0.72	0.18	0.89	0.43	3.44

---

① 高管薪酬：采用独董薪酬均值、财务总监薪酬均值、总经理薪酬均值的平均数。

报告九：创业板软件、信息技术服务行业无形资产研究

续表

股票代码	股票名称	专利与非专利技术得分	商标得分	资质得分	软件著作权得分	技术标准得分	研发支出占比	员工学历得分	前五名客户销售额占比得分	前十大股东持股比例得分	高管薪酬得分	总分得分
300533	冰川网络	0.00	0.00	0.05	0.00	0.00	0.91	0.63	0.69	0.74	0.33	3.35
300333	兆日科技	0.04	0.00	0.09	0.06	0.00	1.00	0.91	0.29	0.29	0.63	3.32
300674	宇信科技	0.44	0.00	0.23	0.00	0.00	0.26	0.91	0.46	0.53	0.42	3.26
300496	中科创达	0.13	0.00	0.17	0.55	0.00	0.38	0.86	0.29	0.54	0.32	3.26
300789	唐源电气	0.06	0.00	0.09	0.09	0.00	0.48	0.73	0.86	0.66	0.28	3.25
300613	富瀚微	0.10	0.00	0.02	0.02	0.00	0.47	1.00	0.92	0.24	0.35	3.12
300682	朗新科技	0.44	0.00	0.13	0.00	0.00	0.27	0.85	0.72	0.26	0.44	3.10
300188	美亚柏科	0.25	0.30	0.06	0.41	0.00	0.38	0.78	0.23	0.30	0.36	3.08
300851	交大思诺	0.07	0.00	0.03	0.00	0.05	0.53	0.84	0.72	0.43	0.39	3.06
300634	彩讯股份	0.01	0.00	0.09	0.16	0.00	0.39	0.78	0.77	0.40	0.37	2.96
300799	左江科技	0.01	0.00	0.02	0.00	0.00	0.46	0.70	1.00	0.41	0.35	2.95
300518	盛讯达	0.00	0.00	0.07	0.51	0.00	0.20	0.68	0.38	0.73	0.37	2.94
300378	鼎捷软件	0.00	0.00	0.47	0.00	0.00	0.32	0.88	0.02	0.27	0.98	2.92
300386	飞天诚信	1.00	0.00	0.02	0.00	0.00	0.27	0.55	0.40	0.54	0.14	2.92
300520	科大国创	0.51	0.00	0.19	0.00	0.00	0.30	0.84	0.29	0.49	0.29	2.90
300377	赢时胜	0.00	0.00	0.05	0.00	0.00	0.97	0.94	0.20	0.32	0.40	2.88
300532	今天国际	0.22	0.00	0.03	0.00	0.00	0.16	0.76	0.63	0.84	0.24	2.87
300183	东软载波	0.08	0.00	0.03	0.24	0.00	0.42	0.77	0.27	0.37	0.65	2.83
300561	汇金科技	0.08	0.00	0.05	0.03	0.00	0.32	0.54	0.60	0.68	0.51	2.81

四、案例分析[①]

由于神州泰岳（300002）连续三年得分第一，为避免重复分析，本年度蓝皮书选取排名第二且得分上升速度较快的迪普科技（300768）作为优秀样本企业进行分析。

（一）企业简介

杭州迪普科技有限公司，以下简称"迪普科技"，股票代码300768，是在网络、安全以及应用交付领域集研发、生产、销售于一体的高科技企业，它以"让网络更简单、智能、安全"为愿景，专注于企业级网络通信领域，致力于向客户提供网络安全、应用交付以及网络产品及配套解决方案，并为其提供专业安全服务。

2020年，公司获"浙江省隐形冠军企业"荣誉称号，并入选了"2020中国新经济企业500强"榜单、"2020浙江省创造力百强企业"前十名、"2019年度浙江省创新型领军企业培育名单"。同时，公司是国家信息安全漏洞库技术支撑单位、中国互联网网络安全威胁治理联盟首批成员单位以及中国网络安全产业联盟理事单位、中国保密协会会员单位和中国网络空间安全协会会员单位。作为践行国家网络信息安全战略的重要先行者，公司在2020年度为乌镇"世界互联网大会"、南宁"中国—东盟商务与投资峰会"、上海"中国国际进口博览会"的网络安全保障和应急响应工作提供技术支撑，同时定期向国家互联网应急中心报送网络安全攻击事件分析和漏洞预警。

（二）无形资产相关情况分析

1. 优势分析

"迪普科技"之所以能够在行业内成为无形资产领域的标杆企业，主要原因在于其资质数量、专利及非专利技术数量、前十大股东持股比例和员工本科及以上学历占比排名较为靠前。其中，资质128项，居行业第1位；专利及非专利技术690项，居行业第6位；前十大股东持股比例48.40%，居行业第4位；员工本科及以上学历占比89.67%，居行业第8位。总体来看，"迪普科技"在非常规无形资产规模结构和持续能力方面表现较好，使其在创业板软件、信息技术服务行业无形资产竞争中脱颖而出。

2. 不足分析

"迪普科技"在技术标准数量、持有商标数量、著作权数量、前五名客户销售额

[①] 此案例分析的主要数据来源为2020年年报。

占比和高管薪酬等五项二级指标上略显不足，技术标准、商标、著作权均为 0 项；研发支出占比为 20.48%，居行业第 15 位；高管薪酬为 42.13 万元，居行业第 50 位。这几项指标与行业无形资产的持续能力和竞争能力有关，因此值得企业关注，在该类无形资产的拥有量和结构上仍有待进一步提高。综合来看，相较于其他软件及信息技术服务行业上市公司，"迪普科技"在高管薪酬的投入上相对较低，对于技术标准、持有商标、著作权等核心无形资产的持有数量不够大，而这些都可能成为该企业未来发展的短板。

3. 无形资产优化建议

未来，"迪普科技"需要继续保持其在资质数量、专利及非专利技术数量、前十大股东持股比例和员工本科及以上学历占比等方面的优势地位，并且优化这些无形资产的质量和结构。与此同时，一方面要加大企业对研发支出的投入比重，重视专业型和科技型人才的引进以及后期的人才培训体系建设，在企业内营造重视创新和人才的文化氛围；另一方面，企业还应注重对相关知识产权的研究开发与保护，以及对相关领域资质的申请和拓展，这是因为诸如软件著作权、专利、技术标准、资质等无形资产是软件、信息技术服务行业内竞争最激烈的领域。通过对企业无形资产发展短板的弥补，力图提升企业无形资产的持续能力和竞争能力。

（三）其他方面竞争优势分析

根据招股说明书和年报披露信息，"迪普科技"除在无形资产质量竞争中具有优势之外，在行业经验、客户服务和技术产品这三个方面也具有一定的竞争优势。

1. 领先的技术和完备的生产线

基于对网络安全发展趋势及用户需求的深刻理解，公司以"让网络更简单、智能、安全"为使命，持续专注于企业级网络通信领域的研发与创新。通过高性能硬件平台，融合网络、安全、应用交付功能于一体的软件平台，FPGA 系统设计，信息安全攻防研究、漏洞挖掘、威胁情报分析、安全事件响应，和应用交付领域相关核心技术等方面的一系列创新，形成了一系列具有自主知识产权的核心技术。截至报告期末，公司及子公司已获授权的专利 690 余项，软件著作权 56 项，其中发明专利 590 项，美国发明授权专利 6 项，处于申请中的发明专利 890 项，并以这些核心技术为基础，推出了全面覆盖企业级网络通信主要应用领域的共十几大类上百款产品，形成了有较强竞争力的完备产品线，公司在相关产品和解决方案上已经形成鲜明技术特点和领先技术优势，同时，通过完备的产品布局和系统的安全服务能力，可以为用户提供完善的整网解决方案，真正实现"交钥匙"工程。

2. 覆盖全国的营销和服务体系

公司通过覆盖全国的市场销售、技术支援体系及专业的安全服务与研究团队，基于对行业价值客户的信息化建设和网络安全需求的理解和把握能力，使公司针对价值客户所提供的产品及服务赢得了用户广泛认同。公司广泛发展渠道合作伙伴，现拥有 1900 余家认证代理商，形成了完备的营销和服务渠道体系，公司的办事处、售后服务机构与渠道合作伙伴之间形成了良好的互动，使得公司的产品和服务能得到快速推广。

3. 行业应用优势及行业经验积累

通过持续的市场拓展，公司产品及服务已经进入了包括运营商、政府、电力能源、金融等众多行业，大批的优质客户与行业经验的积累，动态把握客户对信息化建设的技术需求及发展趋势，推动提高了公司产品、解决方案及服务的水平和竞争力，为公司快速发展、扩大领先优势夯实了基础。

报告十：创业板计算机、通信及电子行业无形资产研究

本报告基于证监会二级行业分类标准（2012），对计算机、通信及电子行业进行典型分析。研究样本包括：截至2020年12月31日计算机、通信及电子行业的创业板上市公司，共计136家。

一、行业概况
（一）企业数量变化

截至2020年12月31日，创业板计算机、通信及电子行业上市公司共136家，约占创业板公司总数量的15.24%。2019年至2020年，新增13家。该行业企业数量占创业板公司总数比例从2016年的14.73%增长到2017年的15.45%，2018—2019年总体呈稳态，占比维持在15.32%～15.58%，2020年有所下降，如表10-1所示。

表10-1　2016—2020年计算机、通信及电子行业企业数量变化　（单位：家）

数量／占比	2016年	2017年	2018年	2019年	2020年
行业企业数量	94	112	116	123	136
行业新增企业数量	22	18	4	7	13
创业板企业总数	638	725	757	789	892
行业企业占比	14.73%	15.45%	15.32%	15.58%	15.24%

（二）行业成本分析

根据对 2019—2020 年年报信息的整理，计算机、通信及电子行业企业成本如表 10-2 所示。行业成本均呈上升趋势，其中应付职工薪酬的均值同比增幅最大，为 17.78%；营业成本次之，均值同比增幅为 11.14%；销售费用紧随其后，均值同比增长 5.13%；管理费用均值同比增幅最低，为 4.59%。上述数据表明创业板计算机、通信及电子行业经营成本整体呈上升趋势。

表 10-2   2019—2020 年计算机、通信及电子行业成本变动   （单位：亿元）

成本构成	2019年总额	2020年总额	2019年均值	2020年均值	均值同比增长
营业成本	1602.04	1968.27	13.02	14.47	11.14%
销售费用	96.07	111.47	0.78	0.82	5.13%
管理费用	134.15	155.52	1.09	1.14	4.59%
应付职工薪酬	55.68	72.53	0.45	0.53	17.78%

（三）行业利润分析

1. 整体变化趋势

根据对 2016—2020 年年报信息的整理，计算机、通信及电子行业上市公司利润数据如表 10-3 所示。行业平均利润在 2016—2017 年期间呈上升趋势；到 2018 年，行业平均利润大幅下降，行业利润总额和净利润的均值降速均超过 50%，主要是因为有超过半数的企业利润增幅为负数，其中有 16 家企业利润下降 1 倍以上，三家企业利润下降 10 倍以上；2019 年行业利润总额和净利润的均值增长率转正，增速都远超 50%，2020 年，各指标均小幅下降。

表 10-3   2016—2020 年计算机、通信及电子行业利润变动   （单位：亿元）

指标	2016年	2017年	2018年	2019年	2020年
利润总额	139.08	183.14	74.55	134.08	147.02
平均利润总额	1.48	1.64	0.65	1.09	1.08
同比增长	25.42%	10.81%	-60.37%	67.69%	-0.92%
净利润	120.23	156.44	50.24	103.54	113.11
平均净利润	1.28	1.40	0.44	0.84	0.83
同比增长	28.00%	9.38%	-68.57%	90.91%	-1.19%

2. 企业盈亏

如表 10-4 所示，2020 年，计算机、通信及电子行业有超过 1/2 企业年度利润总额增长为负，58% 的企业利润总额增长低于 20%，利润总额呈倍数增长的企业仅占总数的 8.83%。2020 年度创业板计算机、通信及电子行业利润增长最令人瞩目的企业当属振芯科技（300101）和博创科技（300548），该年度振芯科技利润总额增幅达 12.5 倍，净利润增长了 15.2 倍；相比于 2019 年，博创科技 2020 年度的利润总额增长了 9.6 倍，净利润增长了 10.4 倍。

表 10-4　2020 年计算机、通信及电子行业利润增长分布情况　（单位：家）

指标	＜0	0～20%	20%～40%	40%～60%	60%～80%	80%～100%	100% 以上
利润总额增长率	69	10	7	11	9	4	12
净利润增长率	66	13	9	9	9	2	14

3. 利润集中度

就整个行业利润集中程度来看（见表 10-5），前 2.2%（前 3 家）的企业累计利润总额约占全行业利润的 20%；前 12.50%（前 17 家）的企业累计利润总额占整个行业 50%；前 60.29%（前 82 家）的企业累计利润总额占整个行业 90%，表明创业板计算机、通信及电子行业利润集中度不高。

表 10-5　2018 年计算机、通信及电子行业利润集中情况　（单位：家）

累计利润比例	累计企业数	累计企业数占整个行业企业比例
达 20%	3	2.20%
达 40%	9	6.61%
达 50%	17	12.50%
达 60%	27	19.85%
达 70%	39	28.68%
达 80%	57	41.91%
达 90%	82	60.29%

二、行业无形资产规模
（一）基于招股说明书的无形资产规模
1. 常规无形资产规模变动特征

2016—2020年，创业板计算机、通信及电子行业常规无形资产变动特征如下：

第一，由于相关披露规则改变，本年度创业板企业对申请专利信息披露较少，大多企业仅披露授权专利情况。2016—2020年行业授权专利均值总体呈上升趋势，而2017年比2016年增长11%。但在2018年授权专利均值出现下降，比2017年下降了22.71%。

第二，非专利技术数量的行业均值在2016—2017年维持在每家企业9项左右，较为稳定，但2018年新增的4家公司都没有非专利技术。

第三，2016年和2017年著作权行业均值维持在每家企业12项左右，2018年的著作权行业均值相比前两年有出现大幅上升。

第四，持有商标数量的行业均值整体呈现先下降后增加的状态，2016—2018年行业平均持有商标数量出现大幅下降，2017年相比2016年下降了27.40%，2018年相比2017年下降82.55%，2019—2020年回升明显。

2. 非常规无形资产规模变动特征

2016—2020年，创业板计算机、通信及电子行业非常规无形资产变动特征如下：

第一，2016年至2017年技术标准数量的行业均值整体呈稳定态势，行业均值为1.5项左右，但2018年出现大幅下降，行业均值为0.5项。

第二，总经理薪酬的行业均值在五年内保持稳定，在54～61万元之间波动，除2017年增长较为明显外，其余年份仅有小幅变化。

第三，前十大股东持股比例持续小幅增长，从2016年的72.64%上升至2020年的76.95%，其中2018年增幅最为明显，近三年则基本保持稳定。

第四，资质数量的行业均值呈稳定态势，2018年大幅上升，相比2017年增长了55.67%，2019—2020年则回落至21项左右。

表10-6为基于招股说明书信息的创业板计算机、通信及电子行业上市公司无形资产构成情况。

鉴于数据的可得性发生变化，表10-6中2016—2018年数据列示的为当年新增上市公司的各类无形资产总量及均值，2019—2020年数据列示的为截止当年所有上市公司的无形资产总量及均值，故无形资产总量在2019年出现较大变化，是因本年度统计口径变更所致，但均值变化则较为稳定。

表 10-6　基于招股说明书信息的 2016—2020 年计算机、通信及电子行业无形资产构成情况

行业总值（均值）	2016 年	2017 年	2018 年	2019 年	2020 年
授权专利 / 项	904 (41.09)	821 (45.61)	141 (35.25)	6536 (54.92)	7188 (53.24)
非专利技术 / 项	202 (9.18)	162 (9.00)	0 (0)	910 (7.40)	895 (6.58)
著作权 / 项	272 (12.36)	227 (12.61)	85 (21.25)	1650 (13.52)	2035 (16.65)
持有商标 / 项	292 (13.27)	212 (11.78)	31 (7.75)	727 (13.22)	685 (12.92)
技术标准 / 项	37 (1.68)	27 (1.50)	2 (0.5)	172 (1.4)	180 (1.32)
总经理薪酬 / 万元	1187 (53.96)	1062 (59.00)	380.04 (59.01)	7073.80 (58.46)	8134.32 (60.70)
前十大股东持股比例 /%	1598 (72.64)	1330 (73.89)	304.44 (76.11)	9381.24 (76.27)	10465.24 (76.95)
资质 / 项	408 (18.55)	289 (16.06)	100 (25)	2659 (21.62)	2912 (21.41)

（二）基于年报的无形资产规模

1. 常规无形资产规模变动特征

2016—2020 年，创业板计算机、通信及电子行业常规无形资产变动特征如下：

第一，由于相关披露规则改变，2020 年度创业板企业对申请专利披露较少，大多企业仅披露授权专利情况。授权专利数量的行业均值整体呈上升趋势，2020 年行业均值达到 168.07 项。

第二，非专利技术行业均值 2017—2019 年出现连续下滑，2016 均值维持在 1.62 项 / 家，2017 年下降到 1.62 项，2018 年下降到 0.71 项，2019 年，行业内所有企业都没有在年报中披露非专利技术，2020 年行业的非专利技术披露也仅为 0.34 项 / 家。

第三，软件著作权是创业板计算机、通信及电子行业核心竞争力的重要体现，年报中披露的著作权行业均值 2016—2019 呈现逐年上升趋势，其中，2016—2018 年行业均值增长速度逐年增长，截至 2020 年，行业软件著作权均值达到 121.87 项。

第四，商标数量的行业均值呈波动上升趋势。2015—2017 年行业均值处于下降趋势，从 2016 年的 23.68 项下降至 2017 年的 5.53 项，2018—2020 年行业商标均值开始回升，2020年回升至10.40项/家。

2. 非常规无形资产规模变动特征

2016—2020年，创业板计算机、通信及电子行业非常规无形资产变动特征如下：

第一，技术标准的行业均值一直处于波动状态，从2016行业均值为1.27项，2017年有所下降，2018—2019年持续增加，2019年技术标准的行业均值达到了2.53项，2020年再次下降，仅为1.85项/家。

第二，2016—2018年，前五名客户销售额占比在过去五年内表现较为稳定，一直在40%左右浮动，但是2019—2020年行业前五名客户销售额占比下降至20%，说明该行业客户数量在增加，行业所获得的收入不仅仅局限在几个大客户中。

第三，总经理薪酬的行业均值在五年内呈不断增长趋势，2019年增幅尤为明显，2020年总经理薪酬的均值达到历史最高点，97.80万元/家，说明该行业对管理人员十分重视。

第四，独立董事津贴的行业均值基本保持稳定，2016—2017年份基本都保持在6万元/家左右，2018—2020年独立董事津贴的行业均值维持在7万元/家。

第五，前十大股东持股比例在2016—2020年期间呈现下降趋势，2016—2019年前十大股东持股比例持续下滑，2020年下降幅度达到了50%，股权集中度不断走向分散。

第六，技术研发人员的占比呈现不断上涨的趋势，行业均值接近公司人数的30%，远高于其他行业，显示出创业板计算机、通信及电子行业对技术型人才的高度依赖。

第七，资质数量的行业均值在2017年呈现大幅下降，2017年和2018年由于信息披露不全导致数据断崖式下滑，2019—2020年资质数量的行业均值虽然有所提升，为9.24项/家，但依旧远低于之前的水平。

表10-7为基于年报信息的创业板计算机、通信及电子行业上市公司无形资产构成情况。

表10-7 基于年报信息的2016—2020年计算机、通信及电子行业无形资产构成情况

行业总值（均值）	2016年	2017年	2018年	2019年	2020年
授权专利/项	9666 (102.83)	12701 (113.40)	14374 (124.99)	18863 (153.36)	22857 (168.07)
非专利技术/项	241 (2.56)	181 (1.62)	82 (0.71)	0 (0)	46 (0.34)

续表

行业总值（均值）	2016年	2017年	2018年	2019年	2020年
著作权/项	2069 (22.01)	2944 (26.29)	4519 (39.30)	5200 (42.62)	6459 (121.87)
持有商标/项	2226 (23.68)	619 (5.53)	765 (6.65)	1006 (8.18)	1415 (10.40)
技术标准/项	119 (1.27)	73 (0.65)	106 (0.92)	248 (2.53)	251 (1.85)
前五名客户销售额占比/%	3901 (41.50)	4224 (37.71)	4994.17 (43.43)	2499.02 (20.32)	2682.13 (19.81)
总经理薪酬/万元	6529 (69.46)	8242 (73.59)	8496.93 (73.89)	11224.7 (92.01)	13300.29 (97.80)
独立董事津贴/万元	572 (6.09)	660 (5.89)	808.73 (7.03)	692.16 (6.99)	977.79 (7.30)
前十大股东持股比例/%	5921 (62.99)	6795 (60.67)	6858 (59.63)	6874.79 (55.89)	3671.79 (27.20)
技术（研发）人员占比/%	2488 (26.47)	3396 (30.32)	3272.57 (28.46)	3725 (30)	3894 (29)
资质/项	3215 (34.20)	405 (3.62)	894 (7.77)	1176 (9.64)	1256 (9.24)

三、基于无形资产竞争矩阵的行业无形资产竞争分析

（一）行业无形资产规模结构分析

2020年，该行业专利及非专利技术共计22903项，平均每家企业拥有168.40项，洲明科技（300232）、蓝思科技（300433）和利亚德（300296）三家企业共有专利及非专利技术3237项，占行业总量14.13%。

商标数量共计1415项，平均每家企业约有10.40项，东土科技（300353）、朗科科技（300042）和中海达（300177）三家企业共有商标649项，占行业总量45.87%。

资质数量共计1256项，平均每家企业拥有9.24项，中海达（300177）、洲明科技（300232）和天华超净（300390）三家企业共有资质117项，占行业总量9.32%。

软件著作权数量共计6459项，平均每家企业拥有121.87项，东土科技（300353）、欧比特（300053）和中海达（300177）三家企业共有软件著作权2052项，占行业总量31.77%。

（二）行业无形资产持续能力分析

创业板计算机、通信及电子行业研发支出占比的行业均值为9%，该项指标排名

前三企业为景嘉微（300474）、左江科技（300799）和上海瀚讯（300762），分别为39.00%、35.47%和34.47%。

员工本科及以上学历占比的行业均值为29%，该项指标排名前三企业为全志科技（300458）、ST 数知（300038）和卓胜微（300782），分别为94.60%、93.62%和92.75%。

技术标准数量的行业均值为1.85项/家，该项指标排名前三的企业为国民技术（300077）、科信技术（300565）和中光防雷（300414），分别为59项/家、55项/家和47项/家。

（三）行业无形资产竞争能力分析

计算机、通信及电子行业前五名客户销售额占比的行业均值为19.81%，该项指标排名前三的企业为贝仕达克（300822）、景嘉微（300474）和康拓红外（300455），分别为76.93%、70.6%和63.3%。

前十大股东持股比例的行业均值为27.2%，该项指标排名前三的企业为蓝思科技（300433）、久之洋（300516）和亿通科技（300211），分别为63.97%、58.25%和48.4%。

高管薪酬的行业均值为97.80万元，该项指标排名前三的企业为蓝思科技（300433）、光弘科技（300735）和东方日升（300118），分别为500万元、511.89万元和325.58万元。

表10-8列示了依据无形资产竞争矩阵计算所得的创业板计算机、电子及通信行业排名前30的优秀样本企业。

表10-8　2018年创业板计算机、电子及通信行业无形资产竞争力前30名企业一览

股票代码	股票名称	专利与非专利技术得分	商标得分	资质得分	软件著作权得分	技术标准数量	研发支出占比	员工学历得分	前五名客户占比得分	十大股东持股比例	高管薪酬得分	总分得分
300353	东土科技	0.281	1	0.476	0.852	0.101	0.519	0.707	0.127	0.406	0.070	4.542
300433	蓝思科技	0.977	0	0.285	0	0	0.118	0.041	0.714	1	0.976	4.114
300177	中海达	0.236	0.431	0.904	1	0	0.348	0.685	0.039	0.355	0.000	4.001
300474	景嘉微	0.045	0	0.119	0.094	1	0	0.825	0.917	0.511	0.220	3.732
300077	国民技术	0.406	0	0.238	0.092	1	0.560	0.542	0.365	0.046	0.226	3.478
300232	洲明科技	1	0	0.880	0	0	0.121	0.421	0.032	0.526	0.106	3.089
300250	初灵信息	0	0.110	0.047	0.491	0	0.596	0.760	0.122	0.569	0.061	2.760
300134	大富科技	0.435	0	0.380	0	0	0.255	0.121	0.532	0.673	0.290	2.690

续表

股票代码	股票名称	专利与非专利技术得分	商标得分	资质得分	软件著作权得分	技术标准数量	研发支出占比	员工学历得分	前五名客户占比得分	十大股东持股比例	高管薪酬得分	总分得分
300414	中光防雷	0.069	0	0.285	0.005	0.796	0.247	0.319	0.209	0.641	0.097	2.671
300516	久之洋	0	0	0.023	0	0	0.285	0.719	0.603	0.910	0.122	2.665
300458	全志科技	0.138	0	0.166	0.103	0	0.523	1	0.223	0.145	0.404	2.705
300053	欧比特	0.099	0.221	0.357	0.761	0	0.187	0.470	0.061	0.235	0.130	2.525
300101	振芯科技	0.080	0.161	0.285	0.166	0	0.468	0.701	0.139	0.465	0.119	2.589
300565	科信技术	0.172	0	0.047	0.080	0.932	0.196	0.385	0.461	0.197	0.023	2.495
300762	上海瀚讯	0	0	0.142	0.094	0	0.883	0.784	0.506	0	0.122	2.534
300282	三盛教育	0	0	0.476	0.191	0	0.233	0.852	0.247	0.425	0.029	2.455
300292	吴通控股	0.112	0	0.214	0.307	0	0.074	0.344	0.357	0.368	0.625	2.402
300367	ST网力	0	0	0.142	0	0	0.756	0.746	0.111	0.298	0.109	2.165
300213	佳讯飞鸿	0	0	0.380	0.370	0.067	0.192	0.900	0.124	0.141	0.179	2.358
300079	数码视讯	0.076	0	0.261	0	0.101	0.242	0.914	0.290	0.234	0.235	2.358
300546	雄帝科技	0.073	0	0.142	0.203	0	0.544	0.544	0.149	0.583	0.136	2.379
300456	赛微电子	0.089	0.041	0.023	0.156	0	0.666	0.608	0.159	0.600	0.088	2.434
300455	康拓红外	0	0	0.095	0	0	0.163	0.902	0.822	0.314	0.047	2.346
300327	中颖电子	0.059	0	0.071	0.014	0	0.531	0.896	0.223	0.375	0.303	2.474
300672	国科微	0.051	0	0.261	0.124	0	0.618	0.875	0.338	0	0.129	2.401
300866	安克创新	0.428	0	0.5	0	0	0.172	0.914	0.102	0	0.165	2.283
300038	*ST 数知	0	0	0.261	0	0	0.162	0.957	0.552	0.204	0.108	2.248
300223	北京君正	0.202	0	0.214	0.157	0	0.399	0.895	0.184	0.201	0.063	2.320
300205	天喻信息	0	0	0.595	0	0	0.212	0.610	0.175	0.373	0.196	2.164
300139	晓程科技	0.010	1	0.166	0.031	0	0.050	0.523	0.816	0.308	0.156	2.063

四、案例分析

蓝思科技（300443）依据无形资产竞争矩阵计算得分排名第二，本年度蓝皮书选取其作为优秀样本企业进行分析。

（一）企业简介

"蓝思科技"是一家以研发、生产、销售高端视窗触控防护玻璃面板、触控模组及视窗触控防护新材料为主营业务的上市公司。

公司以科技创新为先导、以先进制造为基础，坚持走外向型和技术先进型集团化发展的道路，在全球高端电子消费产品主机配套零部件制造领域，依靠特有的技术创新和产品国际化经营的管理模式创新，凭借持续领先的研发投入，具备了从专用模具开发设计、专用生产设备研制开发、专用产品快速研发和规模生产的能力，工艺、技术、规模一直稳居国际领先地位。

公司创始人周群飞女士1993年在深圳开始创业，2003年创立蓝思科技，2006年12月在湖南浏阳经开区投资设立了蓝思科技（湖南）有限公司，2011年3月又以之作为主体通过内部资产并购重组后变更设立为蓝思科技股份有限公司，2015年3月18日，公司在深交所创业板正式挂牌上市。

近年来，公司紧跟消费电子产品技术升级带来的整机更新热潮，积极跟踪各大品牌对上游技术要求的发展动态，抢先开发和率先投入，进一步延伸产业链，目前公司业务已经覆盖视窗防护玻璃，触摸屏单体，触摸屏模组，摄像头，按键，陶瓷，金属配件等。产品广泛应用于手机、平板电脑、笔记本电脑、数码相机、播放器、GPS导航仪、车载触控、智能穿戴、智能家居等方面，市场前景广阔。

（二）无形资产相关情况分析

1. **优势分析**

"蓝思科技"能够在行业内无形资产方面成为标杆企业，主要原因在于"蓝思科技"在十大股东持股比例得分、高管薪酬得分、专利与非专利技术得分、前五名客户销售额占比得分较高。其中，十大股东持股比例为63.97%，位于行业第一；高管薪酬得分0.98，排在行业第二位；专利与非专利技术1756，排在行业第二位；前五名客户销售额占比为54.97%，排在行业第七名。可见，"蓝思科技"在无形资产竞争能力方面表现较好，使其在计算机、通信及电子行业无形资产竞争中脱颖而出。

2. **不足分析**

由表10-18可知，"国科威"在商标得分、软件著作权和技术标准三项二级指标上略显不足，三项指标的得分均为0，这也使得"蓝思科技"在总分上落后"东土科技"，并且这几项指标与行业无形资产的规模结构、持续能力和竞争能力有关，值得企业关注。综合来看，相较于其他计算机通信及电子行业上市公司，"蓝思科技"在研发支出占比得分、资质得分和员工学历得分上都相对较低，处于行业的中下游水平。"蓝思科技"的研发支出占比为4.61%，行业排名114名；拥有12项资质，行业排名为124名；员工学历得分为0.0419，行业中排在123名。这些都可能成为该企业未来发展的短板。

3. 无形资产优化建议

"蓝思科技"在无形资产的规模结构方面表现不佳,应当采取措施提高商标、软件著作权和技术标准方面的竞争力。软件著作权、技术标准方面应当考虑加大研发投入和对软件的开发;商标方面应当考虑尽快申请商标,并加大广告投入。此外,"蓝思科技"在积极弥补不足的同时,还要巩固自身在无形资产在持续能力和竞争能力方面的优势。

(三)其他方面竞争优势分析

根据招股说明书和年报披露信息,"蓝思科技"除在无形资产质量竞争中具有优势之外,在客户资源、科技创新能力、核心团队、战略和制造水平五个方面也具有一定的竞争优势。

1. 丰富的全球优质客户资源把握行业前瞻布局

公司多年来在消费电子行业的深耕细作及口碑,赢得了一批优质、稳定的国际知名品牌客户资源,如:苹果、三星、小米、OPPO、vivo、华为、特斯拉、亚马逊等。同时,凭借在行业内较高的知名度和良好口碑,公司在不断加深与现有客户合作的同时,也与其他新客户建立了良好的合作关系,进一步丰富公司的客户资源、产品结构。公司坚持以市场需求为导向,与客户共同进行技术创新、产品创新、扩大生产规模,竭力为客户提供满意的产品与服务。公司与客户之间相互信任与支持,使得公司能够把握新的商业机遇与行业趋势,提前布局行业未来,为公司经营稳定和成长起到了至关重要的作用。

2. 领先的科技创新能力与技术水平为客户创造价值

公司是消费电子行业外观创新变革的引领者,是首次将玻璃屏引入高端智能手机及平板电脑,首次将陶瓷、蓝宝石材料应用到智能手机和智能可穿戴设备,首次将3D玻璃应用到智能手机的企业。消费电子产品视窗与防护玻璃等外观防护零部件的生产具有加工精度高、工艺难度大的特点,公司掌握了视窗及防护玻璃、蓝宝石、精密陶瓷、精密金属等产品生产的核心技术和工艺诀窍,拥有雄厚的技术积淀与制造优势。稳居行业首位的专利数量、优秀的核心研发团队、成熟的技术人才培养机制及持续稳定的研发投入,确保了公司技术优势不断扩大。报告期内,公司新申请专利165件,其中发明专利26件,实用新型专利109件,外观设计专利30件;截至报告期末,公司已获得专利授权1,756件,其中发明专利196件,实用新型专利1,414件,外观设计专利119件。涵盖加工工艺、产品检测、设备开发、新型材料等多个领域。

3. 稳定的团队与科学高效的精益管理促进可持续发展

公司近年来持续完善现有管理体系、优化内部管理机制、深化内部控制、培育和引进相应的管理人才，为公司精益管理水平、管理效率的不断提升奠定了坚实基础。公司核心管理团队和技术团队稳定，拥有多年丰富的行业经验，利用深厚的行业积累、科学的管理方法、人性化的管理模式不断推进管理创新。公司全面推行由集团管理下的工厂责任制，工厂拥有自主经营管理决策权，从业务、工程研发、品质、生产、供应链等维度上贯通连接，并根据工厂生产运营节约金额和分配规则进行激励，充分调动团队工作活力和团体管理能力，实现可持续高质量发展。

4. 产业链多领域核心组件驱动垂直整合战略

公司在玻璃、精密金属、蓝宝石、精密陶瓷、触控、贴合、模组等产品领域具有领先的技术和地位，通过推动产业链垂直整合，优化效率、良率及成本，可为终端客户提供相关零部件、组件、整机组装一站式产品和服务。此外，公司在现有的业务平台基础上，不断开辟新市场，积极布局原辅材料、专用设备、智能制造等上下游产业，培育或投资了蓝思智能、蓝思集成、东莞蓝思、越南蓝思、蓝思新材料、蓝思智控、豪恩声学、可胜泰州与可利泰州、鑫晶盛电子等多家具有良好成长潜力的子公司或业务模块，为公司持续、健康、快速发展和增长注入新的动力。

5. 领先的智能制造及自动化水平提升快速打样及量产能力

公司是业内最早研发、制造、大规模应用自动化设备和智能制造工业体系的企业之一，目前拥有一支超1200人的智能制造开发团队，将生产制造与工业互联网、大数据、云计算、人工智能等新技术进行深度融合，大幅提高数据自动化采集和分析水平，提高生产效率和良率，降低生产管理成本。公司具备强大的专用设备自主研发制造能力，以及工装夹具、模具、辅材自制能力，自主研发的机器设备更好地适配公司生产线布局和工艺技术特点，关键性能、综合效率、自动化程度、能耗和排放等指标均行业领先。公司根据生产部门需要，自主对老旧设备进行技术升级改造或回收利用，延长设备使用寿命，节省设备投资，成本优势突出。依托自身强大的技术优势、领先的智能制造实力、雄厚的资金支持，以及高度智能化的自动生产线，使公司早已具备行业领先的成熟、高效、先进的新产品研发与快速量产能力，能够很好地满足各大客户的需求，进一步巩固公司全球客户资源与市场份额。

报告十一：创业板化学、橡胶、塑料行业无形资产研究

本报告基于证监会二级行业分类标准（2012），对化学、橡胶、塑料行业进行典型分析。研究样本包括：截至 2020 年 12 月 31 日化学、橡胶、塑料行业的创业板上市公司，包括化学原料和化学制品制造业及橡胶和塑料制品业，共计 88 家。

一、行业概况
（一）企业数量变化

截至 2020 年 12 月 31 日，创业板化学、橡胶、塑料行业上市公司共 89 家，约占创业板公司总数量的 9.98%。2020 年 5 月 18 日至 2020 年 12 月 31 日，新增 9 家。该行业企业数量占创业板公司总数比例近三年保持稳定，均在 10% 左右，2019 年占比为 9.88%，为近三年新低，2020 年有所上升，如表 11-1 所示。

表 11-1　2016—2020 年化学、橡胶、塑料行业企业数量变化　（单位：家）

数量/占比 \ 时间	2016 年	2017 年	2018 年	2019 年	2020 年
行业企业数量	60	73	76	80	89
行业新增企业数量	16	13	3	4	9
创业板企业总数	638	725	757	810	892
行业企业占比	9.40%	10.07%	10.04%	9.88%	9.98%

（二）行业成本分析

根据对 2019—2020 年年报信息的整理，创业板化学、橡胶、塑料行业企业成本如表 11-2 所示，整体呈上升趋势。其中，应付职工薪酬均值的增长幅度最大，达到 13.52%，其次是管理费用均值增长了 1.95%，营业成本均值增长了 1.36%；销售费用

产生下降,下降幅度为 23.04%,降幅较大。同 2019 年相比,营业成本、管理费用、应付职工薪酬总额都产生增长,上述数据表明创业板化学、橡胶、塑料行业经营成本,整体呈上升趋势。

表 11-2　　2019—2020 年化学、橡胶、塑料行业成本变动　　(单位:亿元)

成本构成	2019 年总额	2020 年总额	2019 年均值	2020 年均值	均值同比增长
营业成本	815.2716	930.9642	10.3199	10.4603	1.36%
销售费用	62.4004	54.1031	0.7899	0.6079	-23.04%
管理费用	65.8434	75.6196	0.8334	0.8497	1.95%
应付职工薪酬	17.8218	22.7929	0.2256	0.2561	13.52%

(三)行业利润分析

1. 整体变化趋势

根据对 2016—2020 年年报信息的整理,化学、橡胶、塑料行业上市公司利润数据如表 11-3 所示。行业总利润和净利润在 2016—2018 年总体呈现上升趋势,2019 年平均利润总额和平均净利润均出现负增长,平均利润总额降幅为 -24.28%,平均净利润降幅为 -26.94%;2020 年的利润总额及净利润均出现大幅度增长,平均利润总额增幅高达 45.40%,平均净利润增幅高达 42.06%。

表 11-3　　2016—2020 年化学、橡胶、塑料行业利润变动　　(单位:亿元)

时间 指标	2016 年	2017 年	2018 年	2019 年	2020 年
利润总额	75.2683	107.9014	123.5364	99.8659	163.5809
平均利润总额	1.2545	1.4781	1.6694	1.2641	1.8380
同比增长	43.75%	17.82%	12.94%	-24.28%	45.40%
净利润	32.8992	93.4891	104.7099	81.6718	130.7107
平均净利润	0.7477	1.2807	1.415	1.0338	1.4687
同比增长	2.3%	71.29%	10.49%	-26.94%	42.06%

2. 企业盈亏

如表 11-4 所示，2020 年化学、橡胶、塑料行业有 50.63% 的企业年度利润总额增长率为负数；约 67.10% 的企业利润增长低于 20%，利润总额增长率在 20% 至 100% 区间内的比例为 24.05%，利润增长超过 100% 的企业占比为 8.86%，受疫情影响，盈利情况相比去年较差。

2020 年，该行业利润增长最为突出的是英科医疗（300677），其利润总额增长率高达 4006.12%，净利润增长率高达 3829.22%，远超行业内其他企业，有以下原因：由于疫情的驱动，一次性手套作为关键防疫物资，全球范围内需求激增、供不应求，亦为公司带来了巨大的发展契机，公司在业绩表现、行业地位、市值发展、社会影响力等方面都取得了长足发展。2020 年公司个人防护类产品实现销售收入 134.52 亿元，同比大增 660.23%，总营收占比 97.22%。

2020 年，该行业盈利水平下降幅度最大的为国立科技（300716）。国立科技 2020 年由盈转亏，其利润总额降幅高达 1612.94%，净利润降幅高达 -1904.83%，原因如下：受中美贸易摩擦及新冠疫情双重影响，公司及上下游企业复工时间普遍延迟以及终端客户需求下降，母公司订单量较上年大幅下降，营业收入 69,245.87 万元，同比减少 31,207.38 万元，同比下降 31.07%，本年度实现毛利 3,534.12 万元，毛利率 5.1%，同比毛利额减少 12,793.59 万元，毛利率下降 11.15%。

表 11-4　2020 年化学、橡胶、塑料行业利润增长分布情况[①]（单位：家）

指标＼区间	<0	0～20%	20%～40%	40%～60%	60%～80%	80%～100%	100% 以上
利润总额增长率	40	13	9	4	5	1	7
净利润增长率	40	10	11	6	5	1	6

3. 利润集中度

就整个行业利润集中程度来看（见表 11-5），受英科医疗业绩增长，前 1.12%（前 1 家）的企业累计利润总额约占全行业利润的 60%；前 3.37%（前 3 家）的企业累计利润总额占整个行业 70%；前 12.36%（前 11 家）的企业累计利润总额占整个行业 90%，

[①] 证券编码 300821、300848、300849、300856、300868、300886、300891、300905、300910、300920，这 10 家企业为 2020 年上市，未公布去年年报，因此样本企业数量为 79 家。

表明化学、橡胶、塑料行业内的大部分利润由少数企业获得，剩余较小份额的利润则被剩下的大多数企业分享，利润集中程度较高。

表 11-5　　2020 年化学、橡胶、塑料行业利润集中情况　　（单位：家）

累计利润比例	累计企业数	累计企业数占整个行业企业比例
达 30%	1	1.12%
达 40%	1	1.12%
达 50%	1	1.12%
达 60%	1	1.12%
达 70%	3	3.37%
达 80%	6	6.74%
达 90%	11	12.36%

二、行业无形资产规模

（一）基于招股说明书的无形资产规模

1. 常规无形资产规模变动特征

2016—2020 年，创业板化学、橡胶、塑料行业常规无形资产变动特征如下：

第一，2016—2020 年，行业平均授权专利数量呈稳步上升趋势，2018 与 2017 年基本持平，2019 年、2020 年有了较大提升，2020 年平均每家企业持有专利 35.04 项，相比 2016 年上升 64.66%。

第二，非专利技术数量的均值处于波动趋势中，2016 年跌至近年最低值，2017 年均值略有上升，2018 年降至 6.62 项/家，2019 年提升至 7.91 项/家；2020 年总数保持不变的同时，均值下降至 7.11 项/家。

第三，化学、橡胶、塑料行业的著作权数量近五年呈现逐渐上升的趋势。2017 年新上市两家企业共披露 50 项版权，使行业著作权平均数量增长超过 800%，2018 年这一数量增长至 89 项，2019 年持平，平均每家企业拥有 1.11 项著作权；2020 年著作权上升至 109 项，均值达到 1.22 项/家。

第四，平均持有商标数量在 2016—2020 年整体呈上升趋势。2020 年总数上升至 1448 项，平均每家企业持有 16.27 项商标，表明行业内新上市公司对于商标的重视程度上升。

2. 非常规无形资产规模变动特征

2016—2020 年,创业板化学、橡胶、塑料行业非常规无形资产变动特征如下:

第一,技术标准均值总体呈波动趋势,2019 年与 2018 年相比由 2.64 项/家上升至 3.26 项/家,有较大幅度上升;2020 年有所下降为 2.94 项/家。

第二,总经理薪酬在 2016—2020 年总体呈上升趋势。2017 年为近 5 年的最低值,平均为 37.69 万元/家,2019 年上升至 52.08 万元/家,上升幅度达 38.18%;2020 年上升幅度较低,均值为 54.97 万元/家。

第三,前十大股东持股比例在该行业长期保持在 70% 以上,近三年稳定在 74.00% 左右,2020 年前十大股东持股比例的平均值为 74.66%。

第四,资质数量均值自 2016 年上升至 23.75 项/家后近三年稳定在 23.81 项/家左右,2017 年达到最高值 25.32 项/家,2018 年略微上升至 25.67 项/家,2019 年下降至 23.83 项/家;2020 年均值下降幅度较大,为 21.92 项/家,为近五年最低值。

表 11-6 为基于招股说明书信息的创业板化学、橡胶、塑料行业上市公司无形资产构成情况。

表 11-6　　2016—2020 年化学、橡胶、塑料行业无形资产构成情况

行业总值（均值）	2016 年	2017 年	2018 年	2019 年	2020 年
授权专利/项	1277 (21.28)	1756 (24.05)	1838 (24.18)	2547 (31.84)	3119 (35.04)
非专利技术/项	393 (6.55)	499 (6.84)	503 (6.62)	633 (7.91)	633 (7.11)
著作权/项	5 (0.083)	55 (0.75)	89 (1.17)	89 (1.11)	109 (1.22)
持有商标/项	671 (11.18)	849 (11.63)	889 (11.70)	1215 (15.19)	1448 (16.27)
技术标准/项	140 (2.33)	197 (2.70)	201 (2.64)	261 (3.26)	262 (2.94)
总经理薪/万元	2439 (40.65)	2751.24 (37.69)	3323.92 (43.74)	4166.245 (52.08)	4892.13 (54.97)
前十大股东持股比例/%	4461.6 (74.36)	5387.02 (73.79)	5586.99 (73.51)	5963.92 (74.55)	6644.38 (74.66)
资质/项	1425 (23.75)	1848 (25.32)	1951 (25.67)	1906 (23.83)	1951 (21.92)

(二)基于年报的无形资产规模

1. 常规无形资产规模变动特征

2016—2020年，创业板化学、橡胶、塑料行业常规无形资产变动特征如下：

第一，授权专利的行业均值2016—2020年呈不断上升趋势，2020年达到113.35项／家，相比2016年授权专利行业均值46.02项／家，2020年增长幅度达1.46倍。

第二，非专利技术数量波动明显，2017年和2018年国立科技（300716）分别披露了3771项和5296项产品配方的非专利技术，使该行业的非专利技术拥有量均值暴涨。2019年将数据中这一项极端值剔除后调整至平均水平。2020年披露了74项非专利技术，说明行业开始重视披露非专利技术。

第三，化学、橡胶、塑料行业因其技术特征对软件著作权依赖较小，软件著作权数量不断上升。根据年报信息，2016年该行业企业软件著作权拥有量较少，但2017年上升至11.70项／家，2018年又上升至12.11项／家，2019年降至1.56项／家，2020年达到177项，行业均值已接近2项／家。

第四，持有商标数量在2016—2020年呈现明显的上升趋势，2017年的3.67项／家，为近5年最低值；2017年至2020年持有商标总量上升，2020年均值达到10.93项／家；2020年相比2019年上升83.39%。

2. 非常规无形资产规模变动特征

2016—2020年，创业板化学、橡胶、塑料行业非常规无形资产变动特征如下：

第一，技术标准均值整体呈现U形趋势。2017年平均每家企业的披露数量下降，2017年出现大幅下降是由于上一年度披露数量较多企业在本年度披露数量大幅下滑；2020年又上升至9.02项／家，说明该行业参与制定技术标准的企业在增加，且企业对技术标准越来越重视。

第二，前五名客户销售额占比均值近年一直稳定在30%左右，2018年为30.47%，2019年为31.46%，2020年为31.81%，呈稳定上升趋势。

第三，总经理薪酬均值总体呈现上升态势，2016至2020年连续五年上升，2018年小幅上升至61.97万元／家，2019年大幅上升至73.16万元／家；2020年继续大幅上升，达到83.63万元／家。

第四，独立董事津贴均值2016—2018年总体上较为稳定，增减幅度较小，2018年超过6万元／家，2019年及2020年大幅上涨，2020年达到18.33万元／家，说明企业对独立董事的监督作用重视程度上升。

第五，前十大股东持股比例均值 2016—2019 年均有增减波动，但幅度不大，均保持在 60% 左右；2019 年为其中最低值，为 56.50%。2020 年则大幅下降至 28.27%，股权集中度大幅分散。

第六，技术研发人员占比均值 2016 至 2020 年波动幅度较小，基本维持在 17%～18%，2019 年为 17.78%，2020 年为 18.84%，为近五年新高。

第七，资质数量均值 2020 年达到新高，为 13.63 项／家，2016—2018 年波动幅度较不大，均保持在平均每家企业 3 至 4 项之间；2019 年及 2020 年表现相对较好。

表 11-7 为基于年报信息的创业板化学、橡胶、塑料行业上市公司无形资产构成情况。

表 11-7 2016—2020 年化学、橡胶、塑料行业无形资产构成情况

行业总值（均值）	2016 年	2017 年	2018 年	2019 年	2020 年
授权专利／项	2761 (46.02)	3926 (53.78)	4289 (57.96)	6910 (87.47)	10088 (113.35)
非专利技术／项	29 (0.48)	3840 (52.60)	5321 (71.91)	0 (0)	74 (0.83)
著作权／项	124 (2.07)	854 (11.70)	896 (12.11)	123 (1.56)	177 (1.99)
持有商标／项	247 (4.12)	268 (3.67)	450 (6.08)	471 (5.96)	973 (10.93)
技术标准／项	214 (3.57)	104 (1.42)	245 (3.31)	540 (6.84)	803 (9.02)
前五名客户销售额占比／%	1745.40 (29.09)	2061.62 (28.24)	2254.42 (30.47)	2485.19 (31.46)	2830.71 (31.81)
总经理薪酬／万元	3240.60 (54.01)	4423.19 (60.59)	4585.53 (61.97)	5779.33 (73.16)	7621.38 (85.63)
独立董事津贴／万元	342.60 (5.71)	380.69 (5.21)	476.40 (6.44)	1350.91 (17.10)	1631.77 (18.33)
前十大股东持股比例／%	3886.17 (64.77)	4259.24 (58.35)	4500.18 (60.81)	4463.78 (56.50)	2515.8 (28.27)
技术（研发）人员占比／%	1066.19 (17.77)	1322.12 (18.11)	1327.96 (17.95)	1404.43 (17.78)	1676.50 (18.84)
资质／项	449 (4.48)	223 (3.05)	281 (3.80)	803 (10.16)	1213 (13.63)

三、基于无形资产竞争矩阵的行业无形资产竞争分析
（一）行业无形资产规模结构分析

2020年，化学、橡胶、塑料行业专利及非专利技术共计10162项，平均每家企业拥有114.17项，雄塑科技（300599）、斯迪克（300806）及三聚环保（300072）三家企业共有专利及非专利技术2402项，占行业总量的23.64%。

商标数量共计973项，平均每家企业约有10.93项，杰美特（300868）、鼎龙股份（300054）、安诺其（300067）和新宙邦（300037）四家企业共持有商标644项，占行业总量的66.19%。

资质数量共计1213项，平均每家企业拥有13.63项，回天新材（300041）、国瓷材料（300285）、三聚环保（300072）及青松股份（300132）四家企业共有资质207项，占行业总量的17.07%。

软件著作权数量共计177项，平均每家企业拥有1.99项，鼎龙股份（300054）、新开源（300109）以及杰美特（300868）三家企业共有软件著作权149项，占行业总量84.18%。

（二）行业无形资产持续能力分析

化学、橡胶、塑料行业技术标准数量共计803项，行业均值为9.02项/家，该项指标排名前三的企业为锦鸡股份（300798）、硅宝科技（300019）及清水源（300437），分别为295项、85项和66项。

研发支出占比的行业均值为5.13%，该项指标排名前三的企业为*ST达志（300530）、*ST乐材（300446）以及上海新阳（300236），分别为38.35%、30.15%和11.57%。

员工本科及以上学历占比的行业均值为22.70，该项指标排名前三的企业为药石科技（300725）、科隆股份（300405）和水羊股份（300740），分别为81.13%、74.97%和65.03%。

（三）行业无形资产竞争能力分析

化学、橡胶、塑料行业前五名客户占比的行业均值为31.81%，该项指标排名前三的企业为德方纳米（300769）、天铁股份（300587）及润阳科技（300920），分别为90.04%、71.15%和71.00%。

前十大股东持股比例的行业均值为28.27%，该项指标排名前三的企业为华宝股份（300741）、容大感光（300576）及东岳硅材（300821），分别为81.1%、69.23%和

57.75%。

总经理薪酬的行业均值为85.63万元，该项指标排名前三的企业为东岳硅材（300821）、华峰超纤（300180）及新宙邦（300037），分别为270.56万元、262.85万元和230.35万元。

表11-8列示了依据无形资产竞争矩阵计算所得的创业板化学、橡胶、塑料行业排名前30的优秀样本企业。

表11-8　2020年创业板化学、橡胶、塑料行业企业无形资产得分一览

股票代码	股票名称	专利与非专利技术得分	商标得分	资质得分	软件著作权得分	技术标准数量	研发支出占比	员工学历得分	前五名客户占比得分	十大股东持股比例	高管薪酬得分	总分得分
300868	杰美特	0.02	1.00	0.04	0.35	0.00	0.10	0.12	0.73	0.44	0.42	3.22
300530	*ST达志	0.00	0.00	0.10	0.00	0.00	1.00	0.64	0.41	0.42	0.59	3.16
300054	鼎龙股份	0.06	0.66	0.31	1.00	0.00	0.24	0.24	0.23	0.18	0.13	3.05
300741	华宝股份	0.02	0.00	0.13	0.00	0.00	0.19	0.50	0.60	1.00	0.52	2.96
300109	新开源	0.01	0.32	0.44	0.81	0.00	0.19	0.52	0.21	0.15	0.11	2.77
300037	新宙邦	0.02	0.51	0.39	0.00	0.00	0.16	0.32	0.31	0.17	0.85	2.73
300072	三聚环保	0.07	0.00	0.63	0.00	0.08	0.37	0.54	0.36	0.53	0.00	2.59
300848	美瑞新材	0.00	0.23	0.04	0.16	0.11	0.62	0.49	0.48	0.31	0.00	2.45
300856	科思股份	0.01	0.00	0.31	0.00	0.10	0.26	0.69	0.64	0.41	0.00	2.44
300725	药石科技	0.00	0.00	0.11	0.00	0.23	1.00	0.49	0.27	0.27	0.00	2.39
300821	东岳硅材	0.00	0.00	0.04	0.00	0.03	0.19	0.23	0.10	0.71	1.00	2.32
300769	德方纳米	0.01	0.00	0.17	0.00	0.14	0.28	1.00	0.21	0.49	0.00	2.30
300446	*ST乐材	0.00	0.00	0.07	0.00	0.00	0.79	0.47	0.53	0.38	0.00	2.23
300798	锦鸡股份	0.02	0.18	0.30	0.00	1.00	0.09	0.14	0.20	0.23	0.08	2.23
300285	国瓷材料	0.02	0.00	0.76	0.00	0.03	0.16	0.25	0.26	0.29	0.44	2.21
300041	回天新材	0.01	0.00	1.00	0.00	0.07	0.12	0.40	0.00	0.19	0.16	2.20
300200	高盟新材	0.01	0.09	0.09	0.00	0.00	0.14	0.34	0.38	0.29	0.81	2.15
300021	大禹节水	0.05	0.00	0.43	0.00	0.06	0.04	0.68	0.25	0.29	0.32	2.12
300261	雅本化学	0.01	0.00	0.31	0.00	0.00	0.16	0.26	0.72	0.36	0.28	2.11
300575	中旗股份	0.01	0.00	0.29	0.00	0.00	0.08	0.22	0.54	0.35	0.55	2.04
300801	泰和科技	0.01	0.00	0.36	0.00	0.11	0.11	0.24	0.14	0.58	0.44	1.99
300067	安诺其	0.02	0.57	0.10	0.00	0.07	0.12	0.28	0.17	0.48	0.18	1.98
300019	硅宝科技	0.02	0.00	0.47	0.00	0.29	0.13	0.30	0.13	0.22	0.41	1.97
300405	科隆股份	0.00	0.00	0.06	0.00	0.00	0.06	0.92	0.35	0.48	0.08	1.96
300082	奥克股份	0.00	0.00	0.39	0.00	0.01	0.02	0.36	0.17	0.66	0.33	1.94
300684	中石科技	0.01	0.00	0.09	0.00	0.00	0.17	0.41	0.66	0.27	0.32	1.92
300478	杭州高新	0.00	0.00	0.10	0.00	0.00	0.22	0.13	0.37	0.37	0.73	1.92
300429	强力新材	0.00	0.00	0.27	0.00	0.00	0.21	0.35	0.38	0.26	0.43	1.91
300180	华峰超纤	0.00	0.00	0.11	0.00	0.00	0.14	0.35	0.21	0.11	0.97	1.90
300522	世名科技	0.01	0.00	0.10	0.00	0.17	0.22	0.43	0.17	0.50	0.29	1.89

四、案例分析[①]

本年度蓝皮书选取创业板化学、橡胶和塑料行业无形资产竞争力得分排名第一的杰美特（300868）作为优秀样本企业进行分析。

（一）企业简介

"杰美特"全称为"深圳市杰美特科技股份有限公司"，成立于 2006 年 5 月，于 2020 年 8 月 24 日在深圳证券交易所创业板上市，股票代码 300868。杰美特以强大的产品研发、售后服务能力响应市场，公司主营全球高端电子配件产品的研发、销售和品牌运营。旗下产品受到全球的关注，每年都有新产品销往全球多个国家和地区，先后与多个世界 500 强企业、知名跨国公司建立了稳定的合作关系。

公司拥有高水平的开发设计人才以及专业制造技术，从产品设计理念到产品品质，都力求达到精美与实用相结合，价值与价格相融汇。已获得 200 多项发明、实用新型等专利。与 SAMSUNG、HP、Walmart、BestBuy、SONY、Griffin、Targus、Pelican、Belkin、THULE 等国际知名移动智能终端配件品牌商保持密切合作，并与 Lenovo、OPPO、vivo 等国内手机行业巨头达成战略合作。

（二）无形资产相关情况分析

1. 优势分析

"杰美特"之所以能够在行业内成为无形资产领域的标杆企业，主要原因在于其商标数量、软件著作权、前五名客户销售额占比、专利规模排名较为靠前。其中，持有商标为 235 项，居行业第 1 位；软件著作权为 24 项，居行业第 3 位；前五名客户销售额占比为 65.77%，居行业第 4 位；授权专利 210 项，居行业第 12 位。总体来看，"杰美特"在无形资产竞争能力方面、无形资产规模结构方面都有亮点，使其在创业板化学、橡胶、塑料行业无形资产竞争中脱颖而出。

2. 不足分析

"杰美特"在独立董事薪酬、技术人员占比、研发支出占比以及员工学历这四项二级指标上略显不足。独立董事薪酬仅为 8 万元，居行业 81 位；技术人员占比为 15.11%，居行业 54 位；研发支出占比 3.78%，居行业 51 位；员工学历本科以上为 9.58%，居行业 74 位。以上指标不及行业平均水平，这几项指标与行业无形资产的持续发展能力有关，值得企业重点关注。

综合来看，相较于其他化学、橡胶、塑料行业上市公司，"杰美特"对非专利技术、

[①] 相关信息和数据均来自企业官网、同花顺财经、东方财富网以及企业年报。

技术标准的重视程度也要加强。需要指出的是，以上数据多摘自企业年报，其披露数量并不一定指企业存量，也可能是当年增量，但至少反映了其与同行业企业的比较情况。

3. 无形资产优化建议

杰美特应扩大研发支出投入，拓展研发团队及员工的学历水平，实现企业自主创新，提升无形资产质量，从而提升企业无形资产的持续发展能力。

(三) 其他方面竞争优势分析

根据年报披露信息，"杰美特"除在无形资产规模及无名资产竞争能力中具有优势之外，在自有品牌建设、经营模式方面也具有一定的竞争优势，这也是其在商标和关系类无形资产表现较好的原因。

1. 经营模式优势

杰美特新ODM/OEM直销模式下，公司根据客户委托需求，进行产品的研究开发，并根据客户订单情况组织生产，然后直接销售给ODM/OEM客户。该模式下，存货周转速度快、资金占用少，公司能够专注于产品质量提升和生产工艺改进，未来ODM/OEM销售仍将是公司重要的收入来源。

ODM/OEM直销模式一般业务流程为：公司在与采购额较大的客户洽谈合作意向后，该类客户将对公司进行考察，具体包括：①审核公司经营资质；②现场检验公司生产能力、研发技术水平、管理水平、品质控制、环保状况等。客户对公司考察并综合评估合格后，将公司列入其《合格供应商名录》，向公司发放供应商代码，并签署框架协议，就货物品质、包装、交期、定价原则、付款周期等进行约定，具体交易价格依照后续订单执行。

公司自有品牌主要采用经销模式，通过集中优势资源和精力做好销售管理和销售支持，借助经销商深度的网络优势迅速建立起覆盖广泛、体系健全的营销服务网络，时刻关注产品销售流量、用户等数据，实施精细化运营，实现快速响应市场变化，迅速占领和扩大市场份额。

2. 自有品牌建设

公司所处行业——移动智能终端配件行业市场规模大，竞争程度高，随着消费需求持续升级，品牌逐渐成为客户选择产品的重要因素。相对于行业大部分ODM/OEM生产企业，公司是业内较早从事自有品牌运营的企业之一，依靠高质量的生产工艺和产品基础、长期持续的客户运营与品牌推广，使公司定位中高端消费群体的自有品牌"X-doria"在市场上打造出了一定的知名度，销售区域涵盖国内、北美、欧洲和亚洲等多个区域。报告期内，随着"品牌建设及营销网络升级项目"的实现公司自有品牌开启国内的全面布局。

报告十二：创业板医药制造行业无形资产研究

本报告基于证监会二级行业分类标准（2012），对医药制造行业进行典型分析。研究样本包括：截至 2020 年 12 月 31 日医药制造行业的创业板上市公司，共计 58 家。

一、行业概况
（一）企业数量变化

截至 2020 年 12 月 31 日，创业板医药制造行业上市公司共 58 家，约占创业板公司总数的 6.5%。2020 年 5 月 18 日至 2020 年 12 月 31 日，新增 3 家。该行业企业数量占创业板公司总数比例近五年处于小幅下降趋势中，自 2016 年 7.34% 下降至 2020 年 6.5%。其中，2020 年医药制造行业企业占创业板上市公司总数的比重最低，仅为 6.5%，如表 12-1 所示。

表 12-1　2016—2020 年医药制造行业企业数量变化　（单位：家）

数量/占比	2016 年	2017 年	2018 年	2019 年	2020 年
行业企业数量	47	54	54	55	58
行业新增企业数量	11	7	0	1	3
创业板企业总数	640	725	757	810	892
行业企业占比	7.34%	7.25%	7.13%	6.79%	6.5%

（二）行业成本分析

根据对 2019—2020 年年报信息的整理，医药制造行业企业成本如表 12-2 所示。总的来看，行业成本呈上升趋势，营业成本、应付职工薪酬都上升较大，销售费用、管理费用有一定的下降。其中，应付职工薪酬增势明显，同比增加 25.74%；营业成本同比增加 10.92%；销售费用同比下降 -4.01%；管理费用同比下降 -0.14%。数据表明，创业板医药制造行业经营成本整体呈上升趋势，其中应付职工薪酬的增长速度最高，反映出医药制造企业越来越重视人力资本的扩展和维护。

表12-2　　2019-2020年医药制造行业成本变动　　（单位：亿元）

成本构成	2019年总额	2020年总额	2019年均值	2020年均值	均值同比增长
营业成本	364.3033	434.0045	6.7464	7.4828	10.92%
销售费用	242.6917	250.2069	4.4943	4.3139	-4.01%
管理费用	68.9916	73.9941	1.2776	1.2758	-0.14%
应付职工薪酬	16.8176	22.7102	0.3114	0.3916	25.74%

（三）行业利润分析

1. 整体变化趋势

根据对2016—2020年年报信息的整理，医药制造行业上市公司利润数据如表12-3所示。行业利润总额从2016年的88.7615亿元增长到2020年的159.1592亿元，增长了79.31%；净利润从2016年的71.4126亿元增长到2020年的131.8657亿元，增长了84.65%。分年度来看，不论是平均利润总额还是平均净利润，2020年其增长均有较大上升。平均利润总额在2020年增长最快，达到54.26；2019年利润总数下降至96.0626亿元，平均利润总额增长率为-14.33%，为近五年最低值。平均净利润也在2020年增长最快，达到62.76%；2016年次之，为27.38%；2019年平均净利润增长率为近五年最低值，为-17.59%。从整体上来看，2020年医药制造业盈利水平较2019年有较大的上升。

表12-3　　2016—2020年医药制造行业利润变动　　（单位：亿元）

指标	2016年	2017年	2018年	2019年	2020年
利润总额	88.7615	100.7545	112.1343	96.0626	159.1592
平均利润总额	1.8885	1.8658	2.0766	1.7789	2.7441
同比增长	26.58%	-1.20%	11.30%	-14.34%	54.26%
净利润	71.4126	84.0542	91.5263	75.429	131.8657
平均净利润	1.6258	1.5566	1.6949	1.3968	2.2735
同比增长	27.38%	-4.26%	8.88%	-17.59%	62.77%

2. 企业盈亏

就单个企业利润增长情况来看（见表12-4），2020年该行业32家企业实现盈利，26家的企业年度利润总额和净利润增长率为负。但净利润增长超过100%的企业数量仅为8家，占比为13.79%，可见各个企业之间发展状况有较大差异，利润增长分布较为发散，主要呈现出两端多中间少的现象，表明多数企业发展并不稳定，要么增长过快，要么就出现亏损。

就具体企业来看，2020年盈利增长最大的公司为沃森生物（300142），云南沃森生物技术股份有限公司创立于2001年，是国内专业从事疫苗、血液制品等生物药品研发、生产、销售的现代生物制药企业，为国家认定的高新技术企业和国家企业技术中心。沃森生物2018年当年利润总额为22946.07万元，净利润为19413.56万元。2020年沃森生物利润总额达到137330.41万元，增长了498.49%；净利润达到121118.67万元，增长了523.89%。根据深交所问询结果，业绩提升除了疫情期间研发疫苗的影响，由于应收账款同比增加253.79%，其他应收款同比增加23.77%，而对应的减值却分别减少了10.18%和36.84%，而且公司大幅下调坏账准备的计提比例，表示回款的希望大大增加。经营现金流持续2年为正，具体原因主要是公司新产品的研发，尤其是13价肺炎疫苗上市后已经并将持续成为公司的现金奶牛，将成为公司未来研发及发展的重要基础。

2020年出现巨大亏损的是仟源医药（300254），2019年利润总额为189.45万元，2020年为-29838.70万元，减少了-15850.48%；2019年净利润为-177.74万元，而2020年为-28057.11万元，减少了-15685.59%，主要是由于受新冠肺炎疫情、我国出生人口持续下降、国家药品集中采购等原因导致药品销售价格降低等因素的影响，影响营收；同时子公司杭州保灵集团有限公司、浙江仟源海力生制药有限公司、杭州仟源恩氏基因技术有限公司等存在商誉减值的迹象，公司根据评估机构对主要子公司商誉减值测试的初步结果计提了商誉减值准备约5200万元。

表12-4　　2020年医药制造行业利润增长分布情况　　（单位：家）

指标	<0	0～20%	20%～40%	40%～60%	60%～80%	80%～100%	100%以上
利润总额增长率	26	7	7	6	3	2	7
净利润增长率	26	9	6	5	2	2	8

3. 利润集中度

就整个行业利润集中程度来看（见表 12-5），前 1 家企业利润占整个行业的 30%，企业数占该行业比重为 1.72%；前 4 家企业利润占整个行业的 50% 左右，企业数占该行业比重为 6.90%；前 15 家企业利润占整个行业的 90%，企业数占该行业比重为 25.86%。表明创业板医药制造行业利润集中度非常高，智飞生物（300122）、沃森生物（300142）在疫情期间疫苗研发和销售的情况，影响了整个医药制造行业的利润集中情况，这也从一定程度上反映出该行业中下层市场竞争较为激烈。

表 12-5　　2020 年医药制造行业利润集中情况　　（单位：家）

累计利润比例	累计企业数	累计企业数占整个行业企业比例
达 30%	1	1.72%
达 40%	2	3.45%
达 50%	4	6.90%
达 60%	6	10.34%
达 70%	8	13.79%
达 80%	11	18.97%
达 90%	15	25.86%

二、行业无形资产规模

（一）基于招股说明书的无形资产规模

1. 常规无形资产规模变动特征

2016—2020 年，创业板医药制造行业常规无形资产变动特征如下：

第一，授权专利数量平均数在近五年呈上升趋势，新上市企业边际专利值符合行业平均情况，2020 年达到 22.78 项/家。总体看来，该行业对领域内技术的依赖性逐年增强，企业对专利的重视程度也有所增加。

第二，非专利技术的行业均值在近五年呈现波动趋势，在 2016 年首次降至平均 5 项/家以下；在 2019 年升至 7.16 项/家，达到近五年最高值；2020 年下降至 6.79 项/家，表明行业中的企业相对比较注重非专利技术。

第三，著作权的行业均值呈现出先下降后上升的趋势，其中 2016 年最大，为 0.64 项/家，2017 年、2018 年有所下降，为 0.61 项/家；2019 年、2020 年有所上升，

2020年达到0.9项／家。

第四，前三年商标披露数量的行业均值稳定在28.83项／家，2019年有所上升，达到30.73家；2020年大幅上升，升至38.97项／家，说明行业内上市公司持有商标的数量较多，注重对商标的保护。

2. 非常规无形资产规模变动特征

2016—2020年，创业板医药制造行业非常规无形资产变动特征如下：

第一，技术标准的行业均值呈现出先上升后下降的趋势，在2017年、2018年有所上升，平均每家公司上升至1项／家；2019年技术标准有所下降，为0.84项／家；2020年相比2019年总数维持不变，均值下降至0.76项／家。总体来看，医药制造业对技术标准依赖性并不是太强。

第二，总经理薪酬2016—2019年呈现出先上升后下降的趋势，2020年迎来大规模增长；2016—2020年行业总经理薪酬均值增速较快，从49.38万元／家增长到91.77万元／家，涨幅达85.84%。

第三，前十大股东持股比例相对较为稳定，均保持在74%以上，股权集中度相对较高，一方面说明该行业企业经营控制较为稳定，另一方面也说明该行业公司的股东较为看好企业未来发展趋势。

第四，资质数量的行业均值2016年至2019年每年均有所增加，2020年行业资质均值有所下降，达到47.98项／家。由于行业受到较强的监管以及产品较为特殊，该行业企业的资质主要是以GMP认证和药品注册批件为代表的准入类资质。

表12-6为基于招股说明书信息的创业板医药制造行业上市公司无形资产构成情况。

表12-6　基于招股说明书的2016—2020年医药制造行业无形资产构成情况

行业总值（均值）	2016年	2017年	2018年	2019年	2020年
授权专利／项	728 (15.49)	905 (16.76)	905 (16.76)	1077 (19.58)	1321 (22.78)
非专利技术／项	218 (4.64)	287 (5.32)	287 (5.32)	394 (7.16)	394 (6.79)
著作权／项	30 (0.64)	33 (0.61)	33 (0.61)	46 (0.84)	52 (0.90)
持有商标／项	1355 (28.83)	1557 (28.83)	1557 (28.83)	1690 (30.73)	2260 (38.97)
技术标准／项	38 (0.81)	54 (1)	54 (1)	44 (0.84)	44 (0.76)

行业总值（均值）	2016年	2017年	2018年	2019年	2020年
总经理薪／万元	2321 (49.38)	2652 (49.11)	2652 (49.11)	2927 (53.22)	5323 (91.77)
前十大股东持股比例／%	3485 (74.15)	4096 (75.86)	4096 (75.85)	4223 (76.73)	7621.38 (85.63)
资质／项	2149 (45.72)	2603 (48.20)	2603 (48.20)	2763 (50.24)	2783 (47.98)

（二）基于年报的无形资产规模

1. 常规无形资产规模变动特征

2016—2020年，创业板医药制造行业常规无形资产变动特征如下：

第一，近五年行业平均授权专利呈现出U形的趋势，整体上来看，行业平均授权专利数量从2016年的38.19项／家增长到2020年的57.05项／家，增长了49.38%。

第二，近五年非专利技术变化幅度较大。2016年和2017年相较2015年连续下降，2018年的数量增长至51项，为近五年的最高值；2019年未明确披露非专利技术；2020年仅披露4项非专利技术。总体上来看，行业均值波动较为明显。

第三，近五年著作权整体呈现增长趋势，尽管整体上来看行业均值有所增加，但仍处于较低水平。分年度来看，2020年总量达到最大，共拥有126项著作权，均值为2.17项／家。

第四，就持有商标数量来看，从2016年的44.87项／家下降到2020年的27.17项／家，减少了39.45%，整体来看商标均值出现明显下滑趋势。

2. 非常规无形资产规模变动特征

2016—2020年，创业板医药制造行业非常规无形资产变动特征如下：

第一，近几年创业板医药行业拥有技术标准数量虽然有所增加，但仍处于较低水平。2020年均为0.24项／家，行业内企业对技术标准的重视有所提高，技术标准规模在持续扩大，但仍未有大量上市公司进行列示或披露。

第二，前五名客户销售额占比在前几年较为稳定，2017年至2020年有所下降，表明行业企业对前五大客户的依赖有所降低，同时也说明客户群体在变大。

第三，总经理薪酬2016年至2017年较为稳定，均值在75万元左右浮动；2019年及2020年有了较大增长，行业均值在2020年达到最大值，为121.93万元。

第四，近五年独董津贴总体上处于上升趋势，2018年行业均值为22.24万元，是近五年行业最大值；2019年回落至19.75万元，2020年有所上升，至19.96万元。

第五，前十大股东持股比例近五年出现下滑趋势，从2016年的67.21%下降至2020年的28.76%，行业均值达到最低水平，股权集中度相对分散。

第六，研发人员占比相对稳定，2017年行业均值首次突破20%，2020年稍有下降，达到20.58%。尽管行业内研发人员占比逐年增长，但仍处于较低水平，相对于软件、信息技术服务业等高科技行业（研发人员占比超过50%），医药制造行业的研发人员规模相对较小，并未完全体现出技术密集型的产业特征。

第七，行业内资质数量波动较大。整体上来看，资质数量从2016年平均18.09项/家下降至2020年的12.95项/家，下降了28.41%。与招股说明书类似，年报中披露的资质也多为GMP认证和药品注册批件等准入类资质。

表12-7为基于年报信息的创业板医药制造行业上市公司无形资产构成情况。

表12-7　基于年报信息的2016—2020年医药制造行业无形资产构成情况

行业总值（均值）	2016年	2017年	2018年	2019年	2020年
授权专利/项	1795 (38.19)	1908 (35.33)	1688 (31.26)	2682 (50)	3309 (57.05)
非专利技术/项	17 (0.36)	1 (0.02)	51 (0.94)	0 (0)	4 (0.07)
著作权/项	43 (0.92)	36 (0.67)	65 (1.20)	80 (1.48)	126 (2.17)
持有商标/项	2109 (44.87)	1486 (27.52)	1502 (27.81)	1304 (24.15)	1576 (27.17)
技术标准/项	15 (0.32)	25 (0.46)	17 (0.31)	9 (0.17)	14 (0.24)
前五名客户销售额占比/%	1369 (29.13)	1337 (24.76)	1212 (22.44)	1155 (21.39)	1238 (21.35)
总经理薪酬/万元	3617 (76.96)	4061 (75.20)	3838 (71.08)	4802 (88.93)	7072 (121.93)
独立董事津贴/万元	803 (17.09)	1016 (18.82)	1201 (22.24)	1067 (19.75)	1158 (19.96)
前十大股东持股比例/%	3159 (67.21)	3416 (63.26)	3336 (61.78)	3146 (58.25)	1668 (28.76)
技术（研发）人员占比/%	862 (18.34)	1095 (20.28)	1175 (21.76)	1217 (22.54)	1194 (20.58)
资质/项	850 (18.09)	635 (11.76)	274 (5.07)	790 (14.63)	751 (12.95)

三、基于无形资产竞争矩阵的行业无形资产竞争分析

（一）行业无形资产规模结构分析

2020年，医药制造行业授权专利共计3309项，平均每家企业有57.05项，华仁药业（300110）、迈克生物（300463）和翰宇药业（300199）三家企业获得授权专利共计1115项，约占行业总量的33.70%。

商标数量共计1576项，平均每家企业约有27.17项，金城医药（300233）、康芝药业（300086）和翰宇药业（300199）三家企业共有商标1038项，占行业总量的65.86%。

资质数量共计751项，平均每件企业拥有12.95项，九强生物（300406）、美康生物（300439）及康芝药业（300086）三家企业共有资质229项，占行业总量的30.49%。

（二）行业无形资产持续能力分析

医药制造行业研发费用占比的行业均值为7.64%，该项指标排名前三的企业为舒泰神（300204）、翰宇药业（300199）和贝达药业（300558），分别为57.31%、19.94%和19.4%。

技术人员占比[①]的行业均值为20.58%，该项指标排名前三的企业为海特生物（300683）、透景生命（300642）和迈克生物（300463），分别为66.22%、46.64%和45.72%。

员工本科及以上学历占比的行业均值为38.22%，该项指标排名前三的企业为普利制药（300630）、智飞生物（300122）和海特生物（300683），占比分别为72.88%、71.63%和69.33%。

（三）行业无形资产竞争能力分析

医药制造行业前五名客户占比的行业均值为21.35%，该项指标排名前三的企业为贝托生物（300558）、赛托生物（300583）及一品红（300723），占比分别为54.20%、50.58%和46.25%。

前十大股东持股比例的行业均值为28.76%，该项指标排名前三的企业为维康生物（300878）、智飞生物（300122）和回盛生物（300871），占比分别为60.82%、50.35%和49.95%。

总经理平均年薪的行业均值为121.93万元，该项指标排名前三的企业为红日药

[①] 由于医药制造行业对技术标准的敏感性较小，58份2020年年报中仅有2家披露此项信息，因此此处采用技术人员占比作为替代指标，以反映该行业无形资产持续能力。

业（300026）、兴齐眼药（300573）和新产业（300832），分别为620.37万元、600.00万元和351.60万元。

表12-14列示了依据无形资产竞争矩阵计算所得的创业板医药制造行业全部样本企业的相关信息。需要说明的是，该行业55份2018年年报中，未披露非专利技术，2家公司披露了软件著作权，样本量过小，因此统计时将上述两个指标剔除，其他指标不变。

表12-14　2020年创业板医药制造行业无形资产竞争力样本企业一览

股票代码	股票名称	专利技术得分	商标得分	资质得分	研发费用占比得分	技术员工占比得分	员工学历得分	前五名客户占比得分	十大股东持股比例得分	高管平均年薪得分	总分
300199	翰宇药业	0.80	0.63	0.04	0.35	0.54	0.71	0.23	0.36	0.31	3.96
300204	舒泰神	0.23	0.47	0.02	1.00	0.03	0.83	0.32	0.61	0.13	3.63
300558	贝达药业	0.00	0.00	0.02	0.34	0.52	0.90	1.00	0.32	0.40	3.50
300439	美康生物	0.49	0.00	0.66	0.10	0.64	0.63	0.20	0.61	0.13	3.46
300630	普利制药	0.13	0.00	0.27	0.28	0.57	1.00	0.55	0.56	0.09	3.46
300683	海特生物	0.00	0.00	0.07	0.29	1.00	0.95	0.25	0.64	0.10	3.30
300406	九强生物	0.00	0.00	1.00	0.16	0.43	0.72	0.28	0.24	0.40	3.24
300086	康芝药业	0.09	0.84	0.63	0.03	0.45	0.36	0.29	0.48	0.05	3.23
300832	新产业	0.49	0.00	0.05	0.12	0.33	0.91	0.29	0.44	0.57	3.21
300463	迈克生物	0.98	0.00	0.09	0.10	0.69	0.72	0.22	0.20	0.14	3.13
300642	透景生命	0.07	0.00	0.04	0.22	0.70	0.91	0.56	0.33	0.26	3.10
300110	华仁药业	1.00	0.00	0.28	0.06	0.19	0.18	0.53	0.33	0.50	3.07
300723	一品红	0.00	0.00	0.11	0.14	0.45	0.72	0.85	0.69	0.11	3.07
300573	兴齐眼药	0.09	0.00	0.03	0.16	0.27	0.68	0.35	0.50	0.97	3.05
300357	我武生物	0.03	0.00	0.10	0.18	0.28	0.79	0.80	0.64	0.12	2.94
300482	万孚生物	0.66	0.00	0.17	0.17	0.36	0.64	0.35	0.38	0.16	2.89
300705	九典制药	0.18	0.44	0.22	0.15	0.46	0.14	0.47	0.59	0.15	2.79
300685	艾德生物	0.09	0.00	0.04	0.28	0.49	0.92	0.33	0.36	0.16	2.67
300233	金城医药	0.00	1.00	0.16	0.11	0.11	0.30	0.44	0.33	0.14	2.59
300026	红日药业	0.00	0.00	0.10	0.05	0.40	0.48	0.17	0.37	1.00	2.57
300294	博雅生物	0.44	0.00	0.06	0.06	0.28	0.56	0.25	0.48	0.42	2.54
300878	维康药业	0.20	0.00	0.22	0.06	0.13	0.24	0.54	1.00	0.06	2.44
300122	智飞生物	0.00	0.00	0.05	0.03	0.18	0.98	0.16	0.83	0.12	2.35
300363	博腾股份	0.08	0.00	0.10	0.13	0.07	0.70	0.79	0.26	0.22	2.35
300485	赛升药业	0.11	0.00	0.08	0.11	0.41	0.51	0.17	0.81	0.08	2.29

续表

股票代码	股票名称	专利技术得分	商标得分	资质得分	研发费用占比得分	技术员工占比得分	员工学历得分	前五名客户占比得分	十大股东持股比例得分	高管平均年薪得分	总分
300639	凯普生物	0.11	0.00	0.13	0.09	0.33	0.64	0.20	0.48	0.30	2.28
300583	赛托生物	0.00	0.00	0.05	0.09	0.23	0.22	0.93	0.61	0.14	2.28
300289	利德曼	0.19	0.00	0.11	0.14	0.33	0.69	0.17	0.49	0.15	2.27
300871	回盛生物	0.01	0.00	0.05	0.06	0.23	0.38	0.57	0.82	0.14	2.26
300497	富祥药业	0.14	0.00	0.08	0.09	0.25	0.29	0.80	0.40	0.19	2.24
300009	安科生物	0.00	0.00	0.26	0.13	0.34	0.61	0.22	0.44	0.20	2.20
300702	天宇股份	0.00	0.00	0.05	0.12	0.30	0.27	0.60	0.61	0.25	2.20
300841	康华生物	0.00	0.00	0.01	0.10	0.39	0.95	0.16	0.34	0.25	2.19
300636	同和药业	0.04	0.00	0.09	0.14	0.48	0.36	0.63	0.30	0.12	2.17
300239	东宝生物	0.05	0.31	0.09	0.04	0.15	0.31	0.66	0.44	0.07	2.11
300584	海辰药业	0.00	0.00	0.02	0.08	0.44	0.56	0.25	0.69	0.07	2.11
300436	广生堂	0.05	0.00	0.04	0.22	0.17	0.53	0.82	0.26	0.01	2.11
300381	溢多利	0.51	0.00	0.13	0.11	0.20	0.26	0.21	0.51	0.16	2.10
300519	新光药业	0.02	0.00	0.02	0.07	0.19	0.29	0.80	0.63	0.03	2.06
300267	尔康制药	0.40	0.00	0.06	0.04	0.15	0.31	0.33	0.68	0.06	2.02
300601	康泰生物	0.00	0.00	0.03	0.21	0.31	0.73	0.05	0.44	0.25	2.01
300158	振东制药	0.00	0.00	0.14	0.05	0.11	0.39	0.47	0.63	0.11	1.90
300119	瑞普生物	0.00	0.00	0.33	0.10	0.05	0.51	0.09	0.68	0.09	1.84
300016	北陆药业	0.00	0.00	0.03	0.11	0.23	0.57	0.33	0.37	0.19	1.82
300006	莱美药业	0.00	0.00	0.16	0.12	0.34	0.49	0.25	0.37	0.05	1.78
300181	佐力药业	0.00	0.00	0.08	0.05	0.20	0.24	0.68	0.35	0.17	1.77
300255	常山药业	0.00	0.00	0.06	0.09	0.00	0.61	0.32	0.59	0.09	1.77
300111	向日葵	0.07	0.05	0.05	0.07	0.32	0.35	0.45	0.30	0.09	1.76
300501	海顺新材	0.29	0.00	0.07	0.06	0.20	0.19	0.24	0.61	0.08	1.75
300142	沃森生物	0.16	0.00	0.06	0.10	0.17	0.56	0.15	0.08	0.45	1.73
300039	上海凯宝	0.00	0.00	0.22	0.11	0.43	0.24	0.35	0.26	0.07	1.68
300534	陇神戎发	0.00	0.00	0.09	0.04	0.15	0.53	0.30	0.49	0.07	1.68
300147	香雪制药	0.00	0.00	0.07	0.04	0.28	0.23	0.33	0.54	0.15	1.63
300452	山河药辅	0.04	0.00	0.15	0.06	0.17	0.35	0.20	0.44	0.11	1.52
300254	仟源医药	0.00	0.00	0.05	0.15	0.26	0.43	0.24	0.14	0.11	1.37
300194	福安药业	0.00	0.00	0.02	0.06	0.30	0.32	0.15	0.39	0.09	1.34
300108	吉药控股	0.00	0.00	0.08	0.04	0.14	0.23	0.30	0.38	0.15	1.33
300434	金石亚药	0.00	0.00	0.02	0.06	0.21	0.31	0.18	0.30	0.19	1.27

四、案例分析[①]

本年度蓝皮书选取创业板医药制造行业无形资产竞争力得分排名第三的贝达药业（300463）作为优秀样本企业进行分析。

（一）企业简介

"贝达药业"全称"贝达药业股份有限公司"，成立于2003年1月，于2016年11月在创业板上市，股票代码300558，是一家由海归高层次人才团队创办的、以自主知识产权创新药物研究和开发为核心，集研发、生产、市场销售于一体的高新制药企业。公司现有员工1500余人，组建了一支具有国际先进水平的生物创新药开发和产业化人才团队，包括数十位海归博士，其中3位入选国家高层次人才计划，4位入选浙江省高层次人才计划，在北京、杭州分别设有新药研发中心。

贝达药业曾仅依赖埃克替尼这一款药品撑起业绩，这一款药在2019年为该公司带来了15亿元左右的营业收入，此后随着医药产业政策陆续执行，肺癌靶向药物市场竞争白热化。"4+7"带量采购方案落地，涉及11个试点城市以及主动跟进的福建、河北两省，埃克替尼竞品易瑞沙大幅降价。另外，各家仿制药纷纷上市，至2019年年末，已有伊瑞可、吉至以及科伦药业吉非替尼片获批上市。

（二）无形资产相关情况分析

1. 优势分析

"贝达药业"之所以能够在行业内成为无形资产领域的标杆企业，主要原因在于其研发支出占比、技术员工占比、员工学历排名、前五名客户销售额占比及总经理薪酬较为靠前。其中，研发支出占比达19.40%，居行业第4位；员工学历本科以上占比达65.76%，居行业第9位；技术员工占比34.48%，居行业第7位；前五名客户销售额占比54.20%，居行业第1位；总经理薪酬达246.58万元，居行业第8位。总体来看，"贝达药业"在无形资产竞争能力和无形资产持续能力方面表现较好，使其在医药制造行业无形资产竞争中脱颖而出。

2. 不足分析

由表12-14可知，"贝达药业"在专利及非专利技术披露、资质、著作权、技术标准等无形资产规模指标披露上略显不足，大部分指标未能在其年报中进行有序列示。这几项指标与行业无形资产规模结构的价值实现有关，值得企业关注。综合来看，相较于其他医药制造行业上市公司，"贝达药业"相对被诟病的仍然是"单腿走路"问题，

---

① 此案例分析的主要数据和资料源于普利制药公司官网以及该公司的招股说明书和年报。

尽管依赖埃克替尼这一款药品撑起业绩的问题正在慢慢改善，但仍需扩展其无形资产的多样性。

3. 无形资产优化建议

首先，"贝达药业"应该保持其在研发支出占比、技术员工占比、员工学历排名、前五名客户销售额占比及总经理薪酬等方面领先的优势；其次，也应该意识到自身在无形资产多样性及无形资产规模披露的不足，扩展传统无形资产的多样性。

（三）其他方面竞争优势分析

根据招股说明书和年报披露信息，"贝达药业"除在无形资产质量竞争中具有优势之外，在药物研发投入、创新药技术、公司经营模式三个方面也具有一定的竞争优势。

1. 药物研发投入

贝达药业研发投入占比位居行业第四位，达到 3.629 亿，占比 19.40%。同时积极响应国家号召，打造了生物医药创业创新平台——贝达梦工场，帮助更多科学家实现创业创新梦想。

同时贝达药业针对恶性肿瘤、糖尿病等严重影响人类健康的重大疾病，持续增加新药研发投入。目前有在研创新药项目 30 余项，15 项进入临床试验，4 项正在开展 III 期临床试验，其中盐酸恩沙替尼项目全球多中心 III 期临床试验正在推进，有望成为首个由中国企业主导在全球上市的肺癌靶向创新药。

2. 创新药技术

至 2021 年上半年，贝达药业成功递交 7 个 IND 申请：MCLA-129 晚期实体瘤适应征、BPI-421286 晚期实体瘤适应征、巴替利单抗注射液晚期宫颈癌适应征、BPI-16350 联用氟维司群或芳香化酶抑制剂治疗乳腺癌、巴替利单抗注射液和泽弗利单抗注射液联用治疗晚期实体瘤、泽弗利单抗注射液联用巴替利单抗注射液治疗晚期宫颈癌、BPI-23314 恶性血液系统肿瘤（包括但不限于骨髓纤维化等骨髓增殖性肿瘤和骨髓增生异常综合征）适应征。另外，该公司还成功递交 2 个 NDA 申请：BPI-D0316 二线治疗适应征、盐酸恩沙替尼一线治疗适应征，并成功获批了 1 个 NDA：凯美纳术后辅助适应征。

伴随着创新药成为国家实现自主创新的重要领域，将会受到社会的广泛关注，贝达药业将会有更好的商业价值和社会价值。

3. 公司生产经营模式

贝达药业拥有集药物发现、开发、生产及商业化功能为一体的药物开发平台，经过十余年的淬炼，平台渐趋成熟。本公司采用市场为导向、车间为单位的批量生产模式，根据市场需求计划、产品库存情况以及车间的生产能力，制订生产计划，下发至采购、设备、车间、质控、EHS 等部门，有序地安排生产。公司拥有先进的原料药和固体制剂生产线，为生产高质量标准的药品提供了保障。

在管理方面，公司组建了优秀的生产和质量管理团队，不断提升管理能力，建立了以质量体系为中心的 GMP 六大管理体系，将 GMP 贯彻到供应商审计、原料采购、药品生产、控制及产品放行、贮存发运的全过程中，确保所生产的药品符合 GMP 的要求，保证产品质量的稳定性。多年来，公司坚持学术推广，基于产品自身丰富的临床研究数据，通过组织专家学术会、大型学术推广会、城市圆桌会等学术会议开展了丰富的学术推广活动，成功将凯美纳打造为中国肺癌治疗领域的国产创新药品牌，并打造了一支专业精干的市场销售团队。销售网络遍布全国 30 多个省市自治区，与大型经销商建立了稳固、长期的合作关系。

报告十三：创业板互联网和相关服务行业无形资产研究

本报告基于证监会二级行业分类标准（2012），对互联网和相关服务行业进行典型分析。研究样本包括：截至 2020 年 12 月 31 日互联网和相关服务行业的创业板上市公司，共计 22 家。

一、行业概况

（一）公司数量变化

截至 2020 年 12 月 31 日，创业板互联网和相关服务行业上市公司共 22 家，约占创业板公司总数量的 2.24%。该行业公司数量占创业板公司总数比例 2016—2020 年存在小幅波动，其中 2020 年行业公司占比最小，仅为 2.24%，主要由于创业板公司总数量的增多，如表 13-1 所示。

表 13-1　2016—2020 年互联网及相关服务行业公司数量变化　（单位：家）

数量／占比	2016 年	2017 年	2018 年	2019 年	2020 年
行业公司数量	16	18	20	20	22
行业新增公司数量	1	2	2	0	2
创业板公司总数	637	725	757	810	892
行业公司占比	2.51%	2.48%	2.64%	2.47%	2.24%

（二）行业成本分析

根据对 2018—2020 年年报信息的整理，互联网和相关服务行业公司成本如表 13-2 所示。行业成本呈下降趋势，从均值来看，营业成本降幅较大，达 44.19%；销售费用出现同比下降，销售费用下降 22.63%、管理费用和应付职工薪酬变化幅度较小。

表13-2　2018—2020年互联网及相关服务行业成本变动　（单位：亿元）

成本构成	2018年总额	2019年总额	2020年总额	2018年均值	2019年均值	2020年均值	均值同比增长率
营业成本	1186.45	1444.57	844.52	65.91	68.79	38.39	-44.19%
销售费用	45.92	51.05	41.40	2.55	2.43	1.88	-22.63%
管理费用	64.58	34.81	36.37	3.59	1.66	1.65	-0.60%
应付职工薪酬	9.46	11.17	11.38	0.53	0.53	0.52	-1.90%

（三）行业利润分析

1. 整体变化趋势

根据对2016—2020年年报信息的整理，互联网和相关服务行业上市公司利润数据如表13-3所示。行业平均利润在2016—2020年总体变动较大，在2016年和2018、2019年均出现负增长，2020年平均利润总额相对2019年平均利润总额来说有所增加，实现平均利润总额的正向增长。

表13-3　2016—2020年互联网及相关服务行业利润变动　（单位：亿元）

指标	2016年	2017年	2018年	2019年	2020年
利润总额	29.69	49.68	-36.20	-95.04	1.33
平均利润总额	1.98	2.76	-2.01	-4.56	0.06
平均利润总额同比增长	-29.22%	39.39%	-172.87%	-126.87%	101.32%
净利润	27.44	47.23	-43.69	-101.43	-5.85
平均净利润	1.83	2.62	-2.43	-4.83	-0.27
平均净利润同比增长	-24.38%	43.17%	-192.75%	-98.77%	94.4%

2. 公司盈亏

如表13-4所示，对行业中21家公司进行分析，新增企业南凌科技（300921）不纳入分析，通过整理发现，互联网和相关服务行业有9家的公司年度利润总额增长率为负，2家公司利润增长率低于20%，利润增长率处于20%～40%之间的为3家，利润增长率处于 40%～60% 之间的有 2 家，利润增长率处于 60%～80% 之间的有 1 家，利润增长率处于 80%～100% 之间的有 1 家，超过 100% 公司有 3 家，可以看到互联网和相关服务行业中企业发展还是存在一定差距。

表 13-4　2020 年互联网和相关服务行业利润增长分布情况　（单位：家）

指标	<0	0～20%	20%～40%	40%～60%	60%～80%	80%～100%	100% 以上
利润总额增长率在此区间企业数量 / 家	9	2	3	2	1	1	3
净利润增长率在此区间企业数量 / 家	10	2	2	2	0	1	3

3. 利润集中度

就整个行业利润总额为正的 12 家公司集中程度来看（见表 13-5），前 8.33%（前 1 家）的公司累计利润总额约占利润总额为正的公司利润总额的 50%；前 25%（前 3 家）的公司累计利润总额占 70%，说明行业内企业发展差异较大，利润主要集中行业发展状况较好的企业。

表 13-5　2020 年互联网和相关服务行业利润集中情况

累计利润比例	累计公司数（家）	累计公司数占利润总额为正的公司数的比例
达 50%	1	8.33%
达 60%	2	16.67%
达 70%	3	25%
达 100%	12	100%

二、行业无形资产规模

（一）基于招股说明书的无形资产规模

1. 常规无形资产规模变动特征

2016—2020 年，创业板互联网和相关服务行业常规无形资产变动特征如下：

第一，行业平均授权专利数量在 2016 年为五年均值中的最低值，为 5.94 项 / 家，之后四年处于持续增加的状态。在 2020 年均值达到最大为 10.23 项 / 家，同比增长 35.14%，总体来看，行业内授权专利总量呈现增长的趋势。

第二，行业非专利技术较授权专利平均数量总体呈现增加趋势，但是2020年数量为0。在2016—2017年，非专利技术均值有所下降，但在2018年均值开始增加，2019年非专利技术均值又开始下降，2019年非专利技术均值为4.08项/家，主要由于行业内非专利技术总量减少，2020年行业内非专利技术为0。

第三，软件著作权对于互联网和相关服务行业来说，是支撑其发展的重要基石，也是公司实力的体现。2016—2020年，该行业著作权总数呈持续增长趋势，但均值呈波动状态，总体为增长趋势，且2020年行业软件著作权总量达到709项，行业内软件著作权均值为32.23项/家。

第四，该行业的公司持有商标的总数呈先上升后下降趋势，但均值在2017年有所下降，在2018年行业持有商标数量达到1271项，2019年持有商标数量仅有180项，2020年持有商标总数为184项，下降幅度较大。

2. 非常规无形资产规模变动特征

2016—2020年，创业板互联网和相关服务行业非常规无形资产变动特征如下：

第一，2016年到2020年，行业内技术标准变化较大，2020年技术标准总量仅11项，技术标准均值仅为0.5项/家，说明创业板互联网和相关服务行业对技术标准的依赖性较小。

第二，行业总经理薪酬均值整体呈现上升趋势，在2017年均值达到最小值为39.73万元/家。2020年新增公司总经理薪酬较多，使得总体均值增加至77.91万元/家，可以看出行业内对高管人才的重视。

第三，行业平均前十大股东持股比例合计整体呈现增长状态，除2019年外，其余年份均保持在60%左右。

第四，行业平均资质的数量自2016年呈现下降的趋势，在2020年为12.55项/家，整体看行业平均资质维持在13项/家。

表13-6为基于招股说明书信息的创业板互联网和相关服务行业上市公司无形资产构成情况。由于该行业公司总数变化较小，为使分析结果更加直观，此报告基于招股说明书信息的分析以相关指标的总数分析为主。

表 13-6　基于招股说明书信息的 2016—2020 年互联网及相关服务行业无形资产构成情况

行业总值（均值）	2016 年	2017 年	2018 年	2019 年	2020 年
授权专利 / 项	95 (5.94)	114 (6.33)	173 (8.65)	159 (7.57)	225 (10.23)
非专利技术 / 项	117 (7.31)	127 (7.06)	160 (8.00)	85 (4.08)	0 (0)
著作权 / 项	201 (12.56)	203 (11.28)	360 (18.00)	711 (33.86)	709 (32.23)
持有商标 / 项	309 (19.31)	319 (17.72)	1271 (63.55)	180 (16.37)	184 (16.73)
技术标准 / 项	9 (0.56)	12 (0.67)	12 (0.60)	8 (0.38)	11 (0.5)
总经理薪酬 / 万元	686.09 (42.88)	715.09 (39.73)	1169.39 (58.47)	1184.27 (56.4)	1714.09 (77.91)
前十大股东持股比例合计 /%	937.37 (58.59)	1081.63 (60.09)	1205.83 (60.29)	1680.4 (80.02)	1346.3 (61.19)
资质 / 项	228 (14.25)	246 (13.67)	271 (13.55)	291 (13.86)	276 (12.55)

（二）基于年报的无形资产规模

1. 常规无形资产规模变动特征

2016—2020 年，创业板互联网和相关服务行业常规无形资产变动特征如下：

第一，行业平均授权专利波动幅度较大，均值在 2016 年最低为 5.63 项 / 家，在 2017 年达到五年的最大值为 60.83 项 / 家，2017 年后，行业平均授权专利有所下降，2020 年授权专利均值仅为 12.05 项 / 家。

第二，行业平均非专利技术波动在 2016—2017 年幅度不大，稳定在 2.50 项 / 家，2018 年、2019 年、2020 年行业非专利技术总量均为 0 项。

第三，行业平均著作权基本呈上升趋势，仅在 2017 年有小幅度下降，2020 年行业平均著作权达到最大值 123.82 项 / 家，行业著作权总量达到 2724 项。

第四，行业平均持有商标的数量呈先下降后上升趋势，且在 2017 年降幅明显，同比降幅达 83.89%，2020 年行业平均持有商标数量为 48.14 项 / 家。

2. 非常规无形资产规模变动特征

2016—2020 年，创业板互联网和相关服务行业非常规无形资产变动特征如下：

第一，该行业的公司披露的技术标准非常少，只有在 2016 年和 2020 年有一家公司获得技术标准，其余年份均为 0。

第二，2016—2019年前五名客户销售额占比的行业均值呈现较小的波动趋势，基本维持在45%左右，2020年前五名客户销售额占比明显下降，仅为22.44%。

第三，总经理薪酬的行业均值呈现波动趋势，在2017年有所下降，从2016年的73.96万元/家下降至为63.13万元/家，同比降幅达14.64%。2020年行业平均总经理薪酬为77.91万元/家，与2019年相比下降比例为15.50%。

第四，独立董事津贴的行业均值在2018年上升较为明显，2020年达到24.75万元/家。可见行业内对独立董事越来越重视，独立董事担任更多的监管企业的责任。

第五，前十大股东持股比例合计的行业均值呈现持续下降趋势，在2020年降至22.56%，与2019年相比有较小幅度增加。

第六，技术（研发）人员占比的行业均值在这五年中发展趋势较为平缓，但整体有所下降，在2020年降至31.32%，对于互联网企业来说，技术研发对于企业的发展至关重要，是企业竞争力的主要来源。

第七，资质的行业均值五年来波动程度较大，2019年行业资质均值达到最大值为11.60项/家，2020年行业资质总值为239项，行业资质均值为10.89项/家。

表13-7为基于年报信息的创业板互联网和相关服务行业上市公司无形资产构成情况。

表13-7 基于年报信息的2016—2020年互联网及相关服务行业无形资产构成情况

行业总值（均值）	2016年	2017年	2018年	2019年	2020年
授权专利/项	90 (5.63)	1095 (60.83)	316 (17.56)	174 (8.29)	265 (12.05)
非专利技术/项	40 (2.50)	45 (2.50)	0 (0.00)	0 (0)	0 (0)
著作权/项	222 (13.88)	243 (13.50)	386 (21.44)	1205 (57.38)	2724 (123.82)
持有商标/项	585 (36.56)	106 (5.89)	160 (8.89)	466 (22.19)	1059 (48.14)
技术标准/项	1 (0.06)	0 (0.00)	0 (0.00)	0 (0.00)	1 (0.5)
前五名客户销售额占比/%	734.83 (45.93)	840.51 (46.70)	891.47 (49.53)	930.37 (44.30)	493.67 (22.44)
总经理薪酬/万元	1183.36 (73.96)	1136.33 (63.13)	1743.28 (96.85)	1936.22 (92.20)	1714.09 (77.91)

报告十三：创业板互联网和相关服务行业无形资产研究

行业总值（均值）	2016 年	2017 年	2018 年	2019 年	2020 年
独立董事津贴 / 万元	270 (16.88)	284.88 (15.83)	389.26 (21.63)	530.05 (25.24)	544.56 (24.75)
前十大股东持股比例合计 /%	851.90 (53.24)	927.44 (51.52)	890.89 (49.49)	469.91 (22.38)	496.3 (22.56)
技术（研发）人员占比 /%	621.60 (38.85)	654.30 (36.35)	653.20 (36.29)	618.98 (44.21)	689 (31.32)
资质 / 项	119 (7.44)	98 (5.44)	83 (4.61)	244 (11.6)	239 (10.86)

三、基于无形资产竞争矩阵的行业无形资产竞争分析

本年度蓝皮书基于无形资产规模结构、无形资产持续能力和无形资产竞争能力三大维度对所有分行业上市公司进行对比分析。三大维度下设二级指标，其中无形资产规模结构包括专利及非专利技术数量、商标数量、资质数量和软件著作权数量四项二级指标；无形资产持续能力包括技术标准数量、研发费用占比和员工学历三项二级指标；无形资产竞争能力包括前五名客户销售额占比、前十大股东持股比例和独立董事津贴三项二级指标。

通过比较各项二级指标对分行业各企业的相对实力予以排序。排序方法为：某二级指标中的数量最高者赋予 1 分，其他非最高者与最高者比值即为某企业该项二级指标得分；对 10 项二级指标均以此方法处理，得到每家企业每项二级指标得分；对各企业所有指标得分加总，计算最后得分，得分最高者为行业中的优秀样本企业。之后的分行业报告中，如果没有特殊说明，均采用上述方法。

（一）行业无形资产规模结构分析

2020 年，互联网和相关服务行业专利及非专利技术共计 265 项，平均每家公司拥有 12.05 项，宝通科技（300031）、拉卡拉（300773）和顺网科技（300113）三家公司共有专利及非专利技术 163 项，占行业总量的 61.50%。

商标数量共计 1059 项，平均每家公司约有 48.14 项，仅掌趣科技（300315）、每日互动（300766）两家公司共拥有 752 项商标，占行业总量的 71.01%。

资质数量共计 239 项，平均每家公司拥有 10.86 项，联创股份（300343）、昆仑万维（300418）、金科文化（300459）三家公司共拥有 76 项，占行业总量的 31.8%。

软件著作权数量共计 2724 项，平均每家公司拥有 1238 项，平治信息（300571）、

拉卡拉（300773）、值得买（300785）拥有 305 家软件著作权，占行业总量的 11.20%。

（二）行业无形资产持续能力分析

互联网和相关服务行业研发支出占比的行业均值为 9.00%，该项指标排名前三的公司为掌趣科技（300315）、每日互动（300766）、讯游科技（300467），分别为 26.90%、26.00%、21.00%。

员工本科及以上学历占比的行业均值为 56%，该项指标排名前三的公司为 *ST 数知（300038）、每日互动（300766）值得买（300785）和讯游科技（300467），分别为 90.60%、90.20% 和 74.20%。

由于该行业技术标准欠缺，大部分企业技术标准项目总数为 0，仅宝通科技（300031）有 11 项技术标准。

（三）行业无形资产竞争能力分析

互联网和相关服务行业前五名客户销售额占公司营业收入比重的行业均值为 22.00%，该项指标排名前三的公司为迅游科技（300467）、盛天网络（300494）、腾信股份（300392）和昆仑万维（300418），分别为 69.67%、35.7% 和 34.61%。

前十大股东持股比例的行业均值为 22.56%，该项指标排名前三的公司为顺网科技（300113）、值得买（300785）和壹网壹创（300792），分别为 40.36%、38.91%、38.70%。

高管薪酬的行业均值为 77.91 万元，该项指标排名前三的公司为掌趣科技（300315）、三六五网（300295）、拉卡拉（300733）分别为 216.38 万元、202.46 万元、132.68 万元。

表 13-8 列示了依据无形资产竞争矩阵计算所得的创业板互联网和相关服务行业所有公司的无形资产竞争力得分。

表 13-8　2020 年创业板互联网和相关服务行业无形资产竞争力一览

证券代码	证券名称	专利得分	商标得分	资质得分	著作权得分	研发得分	员工学历得分	前五名客户得分	前十大股东得分	总经理薪资得分	总分
300315	掌趣科技	0.01	1.00	0.27	0.95	1.00	0.75	0.43	0.17	1.00	5.59
300785	值得买	0.01	0.00	0.38	0.98	0.50	0.82	0.45	0.96	0.61	4.72
300766	每日互动	0.52	0.39	0.31	0.42	0.97	1.00	0.48	0.30	0.34	4.71

300031	宝通科技	0.51	0.08	0.38	0.00	0.10	0.54	0.38	0.56	0.25	3.80
300571	平治信息	0.43	0.00	0.31	1.00	0.07	0.53	0.27	0.63	0.38	3.63
300467	迅游科技	0.03	0.12	0.27	0.15	0.78	0.81	1.00	0.27	0.20	3.62
300773	拉卡拉	0.24	0.00	0.31	0.98	0.17	0.53	0.02	0.70	0.61	3.56
300494	盛天网络	0.05	0.00	0.38	0.35	0.23	0.70	0.51	0.83	0.23	3.29
300113	顺网科技	0.00	0.00	0.85	0.11	0.68	0.57	0.07	1.00	0.00	3.28
300418	昆仑万维	0.00	0.00	0.96	0.17	0.23	0.80	0.40	0.40	0.29	3.25
300043	星辉娱乐	1.00	0.00	0.42	0.00	0.05	0.35	0.41	0.81	0.12	3.17
300295	三六五网	0.00	0.00	0.42	0.23	0.37	0.69	0.03	0.37	0.94	3.05
300148	天舟文化	0.00	0.29	0.08	0.75	0.60	0.65	0.18	0.36	0.00	2.91
300038	*ST 数知	0.00	0.00	0.42	0.02	0.26	1.00	0.61	0.32	0.26	2.89
300392	腾信股份	0.00	0.00	0.38	0.16	0.04	0.69	0.50	0.80	0.21	2.78
300459	金科文化	0.00	0.00	0.96	0.00	0.28	0.08	0.47	0.36	0.33	2.49
300242	佳云科技	0.00	0.00	0.19	0.00	0.02	0.83	0.09	0.53	0.82	2.49
300921	南凌科技	0.00	0.00	0.27	0.25	0.25	0.72	0.09	0.66	0.16	2.40
300226	上海钢联	0.02	0.09	0.35	0.16	0.01	0.69	0.05	0.62	0.37	2.35
300792	壹网壹创	0.00	0.00	0.15	0.06	0.04	0.01	0.29	0.96	0.61	2.13
300052	中青宝	0.00	0.00	0.12	0.17	0.45	0.64	0.27	0.31	0.14	2.10
300343	联创股份	0.21	0.00	1.00	0.00	0.09	0.25	0.06	0.36	0.04	2.01

四、案例分析[①]

本年度蓝皮书选取无形资产竞争力排名第一名的掌趣科技（300315）作为优秀样本公司进行分析。

（一）公司简介

"掌趣科技"全称"北京掌趣股份有限公司"，成立于2004年，并于2012年5月11日深圳证券交易所上市，股票代码300315。公司主要业务为游戏的开发、发行与运营，目前主要包括移动终端游戏、互联网页面游戏及其周边产品的产品开发、发行推广和运营维护等。

（二）无形资产相关情况分析

1. 优势分析

从表13-8可以看出，"掌趣科技"之所以能在互联网及其相关服务业的无形资产得分排名中脱颖而出，成为标志性公司，主要是因为其在商标得分、研发支出得分、

---

① 此案例分析的主要数据来源为新浪财经东方财富历年年报。

总经理薪酬得分排名在行业第一，可以发现，"掌趣科技"在无形资产规模结构和无形资产持续能力和无形资产竞争能力方面都有一定的优势，公司重视对科技研发的投入以及高管人才的培养。

2. 不足分析

表 13-8 显示，"掌趣科技"在专利得分、资质得分、前五名客户销售总额、前十大股东各项二级指标上的排名较低。公司的无形资产竞争力、无形资产规模以及无形资产的持续能力都会受上述二级指标的影响，从而制约公司的发展。

3. 无形资产优化建议

综上所述，尽管"掌趣科技"在无形资产竞争矩阵中的得分排名靠前，但是该公司无形资产竞争能力方面的问题也非常明显，掌趣科技在未来的发展中，一方面要继续保持其在研发能力方面的优势，同时也要注意研发支出的转化能力，提高监督，另一方面要注意自己在无形资产竞争能力方面的不足，特别是注意客户关系的维持以及员工学历素养的提高。

（三）其他方面竞争优势分析

根据招股说明书和年报披露信息，"掌趣科技"除在上述所述优势以外，在以下方面也有很大的核心竞争力。随着游戏行业的研发和运营水平逐步提高，游戏用户需求不断变化，公司认为游戏产业甚至是数字娱乐产业未来的增长动力主要来自两个方面。

一是 5G、大数据、人工智能、云游戏等新兴信息技术的发展和应用，将为数字娱乐产业开辟更广阔的市场空间。

二是新一代消费者崛起带来的结构性趋势，需要更多品质过硬、内容创新的文化产品，这将为秉持精品化战略的头部企业带来红利。

公司始终立足游戏精品化战略，公司以技术为驱动、以产品为中心，深耕尖端引擎技术、提升研发效能并构建全球化发行运营体系，不断提升核心优势产品竞争力。未来三年，公司将致力于成为面向世界的、给用户带来成就感和快乐的、开放的学习型公司。在产品侧继续夯实优势产品品类并持续迭代、拓展长周期产品品类和细分市场品类；在发行侧着力推进国内发行体系建设、拓展海外发行区域，并通过投资布局着眼未来行业发展趋势，力争在新一轮产业变革中抓住机遇。为此，公司也将搭建相应组织架构，推进人才引进和人才激励，并通过数字驱动和结果导向来切实带动整合公司业务体系能力升级，深入推进研运一体化，增强公司核心竞争力。

报告十四：创业板文化与传播及相关行业无形资产研究

本报告基于证监会二级行业分类标准（2012），对文化与传播及相关行业进行典型分析。研究样本包括：截至 2020 年 12 月 31 日文化与传播行业的创业板上市公司，共计 15 家。

一、行业概况
（一）企业数量变化

截至 2020 年 12 月 31 日，创业板文化与传播行业上市公司共 15 家，约占创业板公司总数量的 1.68%。2020 年新增 2 家。行业企业在创业板中占比由 2017 年 2.48% 下降至 1.68%，近些年来，行业内企业数量占创业板总数量比例大多维持在 2.00%～2.40%，2020 年占比仅为 1.68%，如表 14-1 所示。

表 14-1　2015—2020 年文化与传播行业企业数量变化　（单位：家）

时间	2015 年	2016 年	2017 年	2018 年	2019 年	2020 年
行业企业数量	12	13	18	18	13	15
行业新增企业数量	2	1	5	0	-5[①]	2
创业板企业总数	508	638	725	757	810	892
行业企业占比	2.36%	2.04%	2.48%	2.38%	1.60%	1.68%

（二）行业成本分析

根据对 2018—2020 年年报信息的整理，文化与传播行业企业成本如表 14-2 所示。整体上看，营业成本均值、销售费用均值、管理费用均值、应付职工薪酬均值都有所下降，四项指标 2020 年均值与 2019 年相比，普遍下降 12.00%～20.00%。

- 279 -

表14-2 2018—2020年文化与传播行业成本变动 （单位：亿元）

成本构成	2018年总额	2019年总额	2020年总额	2018年均值	2019年均值	2020年均值	均值同比增长
营业成本	171.05	212.79	197.57	9.50	16.37	13.17	-19.50%
销售费用	28.70	47.49	44.37	1.59	3.65	2.96	-18.90%
管理费用	29.74	24.94	24.24	1.65	1.92	1.62	-15.60%
应付职工薪酬	4.99	12.47	12.58	0.28	0.96	0.84	-12.50%

（三）行业利润分析

1. 整体变化趋势

根据对2014—2020年年报信息的整理，文化与传播行业上市公司利润数据如表14-3所示。行业平均利润在2014—2016年呈现显著上升的趋势，涨幅在小范围内波动；2017年，虽然利润总额和净利润总额相较于之前有所上升，但均值均呈现负增长趋势；2018年利润总额出现大幅下降，平均利润总额同比减幅高达208.09%，平均净利润同比下降244.56%，2020年行业平均利润总额开始回升，但行业平均利润总额为-1.74亿元/家，仍为负值。可见，近两年文化与传播行业平均利润总额都为负，行业内企业发展情况较为严峻，行业内竞争加剧。

表14-3 2014—2020年文化与传播行业利润变动 （单位：亿元）

指标	2014年	2015年	2016年	2017年	2018年	2019年	2020年
利润总额	33.2	46.21	55.48	55.6	-60.03	-38.84	-26.11
平均利润总额	3.32	3.85	4.27	3.09	-3.34	-2.99	-1.74
平均利润总额同比增长	29.18%	15.96%	10.91%	-27.63%	-208.09%	10.47%	41.8%
净利润	26.51	31.83	46.48	49.62	-71.82	-47.86	-29.22
平均净利润	2.65	2.65	3.58	2.76	-3.99	-3.68	-1.95
平均净利润同比增长	34.64%	0.06%	34.79%	-22.90%	-244.56%	7.77%	47.01%

2. 企业盈亏

如表 14-4 所示，2020 年文化与传播行业共有 15 家上市公司，有 1 家公司（锋尚文化 300860）无 2019 年财务数据，这里描述企业盈亏的数据中不包含该公司，2020 年，文化与传播行业有 57.14% 的企业年度利润总额增长为负，净利润增长率为负企业约占总企业数的 50%，利润总额增长率为正的企业占行业内总企业数的 50%，仅有 2 家企业的利润总额和净利润增长率在 100% 以上。2020 年度，文化与传播行业中利润增长最令人瞩目的企业当属华策影视（300133），其利润总额增幅达 136.80% 以上，净利润的增幅高达 126.69%。

表 14-4　　2020 年文化与传播行业利润增长分布情况（单位：家）

指标	<0	0~20%	20%~40%	40%~60%	60%~80%	80%~100%	100%以上
利润总额增长率	8	0	1	1	2	0	2
净利润增长率	7	1	1	1	2	0	2

3. 利润集中度

2020 年行业利润总额为负，在分析利润集中度时，为保证分析的严谨性，只选取净利润为正的 8 家企业，就整个行业利润集中程度来看（见表 14-5），前 12.5%（前 1 家）的企业累计利润总额约占全行业利润的 50%；前 50%（前 3 家）的企业累计利润总额占整个行业 80%；前 87.5%（前 7 家）的企业累计利润总额占整个行业 98%，行业内企业的发展较为集中，差异较小。

表 14-5　　2020 年文化与传播行业利润集中情况　　（单位：家）

累计利润比例	累计企业数	累计企业数占整个行业企业比例
达 50%	1	12.50%
达 80%	3	50.00%
达 90%	5	62.50%
达 95%	6	75.00%
达 98%	7	87.50%
达 100%	8	100.00%

二、行业无形资产规模
（一）基于招股说明书的无形资产规模
1. 常规无形资产规模变动特征

2016—2020年，创业板文化与传播行业常规无形资产变动特征如下：

第一，整体来看，行业平均授权专利数量在2016—2018年出现较大幅度变化，2019年、2020年由于行业内企业数量的减少，行业内授权专利总数减少，2020年仅为24项，行业平均专利量仅有1.60项/家。

第二，2016—2019年非专利技术近年来波动幅度较小，现有已披露数据极少。已披露数据显示，2019年行业内企业平均非专利技术拥有量仅在5.56项/家左右，呈现增长的趋势，但是2020年行业内企业非专利技术总量为0项。

第三，著作权整体波动较大。2017年新上市的企业源创文化（300703）有高达4000余项著作权，导致2017年行业均量达到269.11项/家，也体现出该行业对著作权的重视程度正逐步加深，但是2020年行业均量仅为52.73项/家。

第四，持有商标的数量整体呈现波动变化的特征，行业持有商标均值自2016—2020年持续增长，且在2019年达到41项/家，但是2020年行业内企业持有商标均值仅为15.63项/家。

2. 非常规无形资产规模变动特征

2016—2020年，创业板文化与传播行业非常规无形资产变动特征如下：

第一，行业平均技术标准较少，2017年行业平均技术标准达到1.11项/家，由于行业内企业数量的减少，2020年行业技术标准总量为0项。

第二，总经理薪酬总体呈现先下降后上升趋势，从2016年的64.11万元/家持续下降至2018年的56.56万元/家，再上升至2020年的147.92万元/家，一定程度上反映了激烈的文化产业市场竞争下总经理待遇的大幅波动。

第三，前十大股东持股比例呈现两段式变化。平均持股比例从2016年到2019年持续增加，但是到2020年出现较大幅度下降，2020年仅为19.53%。

第四，资质数量变化波动较大，2016年均值仅为42.6项/家，2020年增长为46.87项/家。

表 14-6 为基于招股说明书信息的创业板文化与传播行业上市公司无形资产构成情况。

表 14-6　基于招股说明书的 2016—2020 年文化与传播行业无形资产构成情况

行业总值（均值）	2016 年	2017 年	2018 年	2019 年	2020 年
授权专利 / 项	44 (3.44)	459 (25.50)	459 (25.50)	27 (2.08)	24 (1.60)
非专利技 / 项	34 (2.62)	53 (2.94)	53 (2.94)	71 (5.56)	0 (0)
著作权 / 项	378 (29.08)	4844 (269.11)	4844 (269.11)	760 (58.47)	791 (52.73)
持有商标 / 项	393 (30.23)	684 (38.00)	684 (38.00)	287 (41)	125 (15.63)
技术标准 / 项	2.6 (0.20)	20 (1.11)	20 (1.11)	0 (0)	0 (0)
总经理薪酬 / 万元	833.43 (64.11)	1018.05 (56.56)	1018.05 (56.56)	847.5 (65.2)	2218.73 (147.92)
前十大股东持股比例 /%	941.46 (72.42)	1350.85 (75.05)	1350.85 (75.05)	983.47 (75.65)	292.9 (19.53)
资质 / 项	554 (42.63)	726 (40.33)	726 (40.33)	665 (51.15)	703 (46.87)

（二）基于年报的无形资产规模

1. 常规无形资产规模变动特征

2016—2020 年，创业板文化与传播行业常规无形资产变动特征如下：

第一，由于该行业起步较晚，直至 2015 年行业内才出现授权专利，此后授权专利的数量逐渐增加，2017 年授权专利总量达到 603 项，平均授权数量达到 33.50 项 / 家，行业整体对于专利的重视程度逐步提高，2018 年授权专利总量未发生变化，但是 2019 年企业数量减少，行业内授权专利总量为 44 项，2020 年授权专利仅为 24 项。

第二，基于行业的特殊性，该行业对非专利类无形资产依赖性较小，非专利技术研发和披露较少，2018 年非专利技术出现突破，行业内企业拥有了 8 项非专利技术，平均每家企业拥有非专利技术 0.44 项，但是 2019 年、2020 年披露的非专利技术无形资产总量为 0 项。

第三，著作权变化幅度较大，2016 年至 2018 年著作权总数呈现上升趋势，2016 年行业内著作权总项数达到 1290 项，平均每家企业拥有著作权 99.23 项，2017 年小幅回落至81.44项/家，2018年出现大幅上升，行业内著作权总项数达到2039项，平均每家企业拥有著作权113.28项，2020年行业著作权总量为1075项，行业内企业拥有著作权均值为71.67项/家。

第四，2016—2020年，行业持有商标总量总体呈现下降趋势，从2016年的15.80项/家，下降到2020年的7.20项/家。

2. 非常规无形资产规模变动特征

2016—2020年，创业板文化与传播行业非常规无形资产变动特征如下：

第一，该行业技术标准在2015年产生了第一项技术标准。2017年，行业内技术标准已有28项，平均技术标准达到1.56项/家。2018年，行业内技术标准小幅回落，技术标准总项数下降至19项，平均技术标准达到1.06项/家，2019年行业技术标准总项数下降为4项，平均技术标准达到0.3项/家，2020年行业技术标准为0项。

第二，前五名客户销售额2016—2019年呈现上涨趋势，2019年达到最大值，行业内前五名客户销售占比平均值为37.47%，2020年出现回落，行业内前五名客户销售占比平均值仅为21.79%。

第三，总经理薪酬总体整体呈现增长趋势，2016—2017持续上涨，2018年总经理薪酬的均值下降至63.67万元/人，但是2019年后开始实现增长，2020年总经理薪酬均值达到147.92万元/人，高管人才在行业内越来越受重视。

第四，独立董事津贴行业均值基本保持稳定，2018年出现显著上升，2019年又出现回落，2016—2017年的均值维持在每人6万元左右，2018年独立董事津贴的均值达到22.24万/家，2019年独立董事津贴达到了最高值25.16万/家，2020年为24.80万元/家，独立董事也承担起对企业内部更多的监管。

第五，前十大股东持股比例整体呈下降趋势，从2016年的63.23%下降到2020年的19.53%。

第六，资质数量整体呈现先下降后上升的趋势，2016年均值22.08项/家，资质总量达到287项，而后开始下降，2018年资质总量仅为9.28项/家，之后开始上升，2019年资质均值为10.62项，资质总量为138项，2020年行业内企业均值为23.47项/家。

表 14-7 为基于年报信息的创业板文化与传播行业上市公司无形资产构成情况。

表 14-7　基于年报信息的 2016—2020 年文化与传播行业无形资产构成情况[①]

行业总值（均值）	2016 年	2017 年	2018 年	2019 年	2020 年
授权专利 / 项	78.91 (6.07)	603 (33.50)	603 (33.50)	44 (3.38)	24 (1.60)
非专利技术 / 项	0 (0)	0 (0)	8 (0.44)	0 (0)	0 (0)
著作权 / 项	1290 (99.23)	1466 (81.44)	2039 (113.28)	804 (61.85)	1075 (71.67)
持有商标 / 项	205.4 (15.80)	351 (19.50)	394 (21.89)	144 (11.06)	108 (7.20)
技术标准 / 项	1 (0.08)	28 (1.56)	19 (1.06)	4 (0.31)	0 (0)
前五名客户销售额占比 /%	410.67 (31.59)	597.78 (33.21)	672.89 (37.38)	487.06 (37.47)	326.78 (21.79)
总经理薪酬 / 万元	929.63 (71.51)	1428.84 (79.38)	1146.1 (63.67)	1731.46 (133.19)	2218.73 (147.92)
独立董事津贴 / 万元	81.77 (6.29)	110.88 (6.16)	400.4 (22.24)	327 (25.10)	371.94 (24.80)
前十大股东持股比例 /%	821.93 (63.23)	1076.3 (59.80)	1041.11 (57.84)	444.04 (34.16)	292.9 (19.53)
资质 / 项	287 (22.08)	207 (11.50)	167 (9.28)	138 (10.62)	352 (23.47)

三、基于无形资产竞争矩阵的行业无形资产竞争分析

本年度蓝皮书基于无形资产规模结构、无形资产持续能力和无形资产竞争能力三大维度对所有分行业上市公司进行对比分析。三大维度下设二级指标，其中无形资产规模结构包括专利及非专利技术数量、商标数量、资质数量和软件著作权数量四项二级指标；无形资产持续能力包括技术标准数量、研发费用占比和员工学历三项二级指标；无形资产竞争能力包括前五名客户销售额占比、前十大股东持股比例和独立董事津贴三项二级指标。

通过比较各项二级指标对分行业各企业的相对实力予以排序。排序方法为：某二级指标中的数量最高者赋予 1 分，其他非最高者与最高者比值即为某企业该项二级指标得分；对 10 项二级指标均以此方法处理，得到每家企业每项二级指标得分；对各

---

① 由于文化与传播行业的特殊性，技术（研发）人员占比、研发费用等指标极少披露与涉及，在对该行业的分析中技术类指标只保留部分有效可参考指标。

企业所有指标得分加总，计算最后得分，得分最高者为行业中的优秀样本企业。之后的分行业报告中，如果没有特殊说明，均采用上述方法。

（一）行业无形资产规模结构分析

2020年，文化与传播行业专利非专利技术总数量24项，华凯创意（300592），拥有24项专利和非专利技术。

文化与传播行业商标数量共计108项，平均每家企业约有7.2项，华谊兄弟（300027）持有商标99项，占行业总量的91.67%。

资质数量共计352项，平均每家企业拥有23.47项，华谊兄弟（300027）拥有资质141项，占行业总量的40.06%。

软件著作权数量共计1075项，平均每家企业拥有71.67项/家，唐德影视（300426）拥有770项，占行业总量的71.62%。

（二）行业无形资产持续能力分析

文化与传播员工本科及以上学历占比行业均值为59.84%。员工本科及以上学历占比最高的前三名企业为中文在线（300364）、华录百纳（300291）和光线传媒（300251），分别为86.32%、77.85%和75.56%。

（三）行业无形资产竞争能力分析

文化与传播行业前五名客户占比行业均值为21.79%，前五名客户占比最高的前三的企业为唐德影视（300426）、光线传媒（300251）和华凯创意（300592），分别为57.42%、46.28%和32%。

前十大股东持股比例行业均值为19.52%，前十大股东持股比例最高的前三个企业为光线传媒（300251）、宋城演艺（300114）、华凯创意（300592）分别为40.36%、32.77%和32.37%。

表14-8列示了依据无形资产竞争矩阵计算所得的创业板文化与传播行业内全部企业。

表14-8　　2020年创业板文化与传播行业无形资产竞争力企业一览

证券代码	证券名称	专利得分	商标得分	资质得分	著作权得分	技术标准得分	研发支出得分	员工学历得分	前五名客户得分	前十大股东得分	总经理薪资得分	总分
300027	华谊兄弟	0.00	1.00	1.00	0.00	0	0.07	0.63	0.42	0.56	0.57	4.25387
300592	华凯创意	1.00	0.00	0.16	0.00	0.00	0.74	0.61	0.56	0.80	0.10	3.975543
300251	光线传媒	0.00	0.00	0.26	0.00	0.00	0.21	0.88	0.81	1.00	0.11	3.270564
300426	唐德影视	0.00	0.00	0.01	1.00	0.00	0.00	0.77	1.00	0.17	0.07	3.030704
300364	中文在线	0.00	0.00	0.15	0.00	0.00	1.00	1.00	0.11	0.53	0.13	2.91224
300413	芒果超媒	0.00	0.00	0.09	0.00	0.00	0.19	0.83	0.38	0.37	1.00	2.852168
300144	宋城演艺	0.00	0.00	0.02	0.00	0.00	0.59	0.37	0.25	0.81	0.09	2.128642
300788	中信出版	0.00	0.00	0.45	0.00	0.00	0.07	0.71	0.27	0.36	0.19	2.054608
300336	新文化	0.00	0.09	0.07	0.20	0.00	0.00	0.59	0.38	0.62	0.07	2.034366
300291	华录百纳	0.00	0.00	0.07	0.00	0.00	0.00	0.90	0.31	0.36	0.22	1.855951
300860	锋尚文化	0.00	0.00	0.01	0.19	0.00	0.15	0.57	0.55	0.27	0.05	1.789445
300182	捷成股份	0.00	0.00	0.06	0.00	0.00	0.24	0.71	0.19	0.31	0.15	1.655775
300133	华策影视	0.00	0.00	0.06	0.00	0.00	0.04	0.85	0.02	0.32	0.24	1.53406
300654	世纪天鸿	0.00	0.00	0.01	0.00	0.00	0.05	0.64	0.27	0.40	0.09	1.475749
300528	幸福蓝海	0.00	0.00	0.07	0.00	0.00	0.00	0.31	0.18	0.36	0.10	1.020148

四、案例分析

文化与传播行业属于刚刚兴起的新兴产业，行业内企业数量较少且企业存续时间较短。华谊兄弟（300027）的无形资产竞争力在行业内排列第一，故本年度选取"华谊兄弟"作为典型样本企业进行分析。

（一）企业简介

华谊兄弟传媒股份有限公司（简称"华谊兄弟"）成立于2004年，于2019年在深圳证券交易所上市，主要从事电影的制作、发行及衍生业务；电视剧的制作、发行及衍生业务；艺人经纪服务及相关服务业务。主要产品包括电影、电视剧、音乐的创作、发行及衍生业务，影院的投资管理运营业务。

（二）无形资产相关情况分析

1. 优势分析

"华谊兄弟"能够在行业内成为无形资产领域的标杆企业，主要原因在于其资质、商标指标得分居行业第一，其中资质为141项，占比为40%，居行业第一，商标指标99项，得分居行业第一，占比91.70%，十大股东占比和总经理薪酬得分较高、排名居前列。

2. 不足分析

由表 14-8 可知,"华谊兄弟"在著作权、前五名客户销售总额、两项得分上处于行业劣势地位。其中,前五名客户销售得分 0.42,著作权 0.00,与行业中其他企业相比得分较低,著作权和前五名客户销售总额得分较小,将会影响华谊兄弟未来的发展。

3. 无形资产优化建议

第一,公司需要提高对著作权、前五名客户销售总额以及专利技术的重视程度,注重对企业常规无形资产的保护,基于文化产业的特殊性,对企业文化作品的保护对企业的经营和发展有着极其重要的影响;同时注意维系客户关系,对客户类无形资产的维系,客户的稳定将会影响公司的发展。

第二,需要加强品牌授权及实景娱乐,整合原创优势、管理优势和资源优势,需要严格内部控制制度,建立科学有效的风险防范机制和财务风险指标体系,实现科学长远发展。

(三)其他方面竞争优势分析

根据招股说明书和年报披露信息,"华谊兄弟"的核心竞争优势在于丰富的内容制作经验、完善的产业链布局和灵活的商业模式。

1. 生态布局的优势

公司成立 27 年来,积累了丰富的行业经验和资源,建立起了影视娱乐、实景娱乐双核驱动的业务布局,是业内产业链最完善、娱乐资源最丰富的公司之一。公司利用丰富的制作经验和全产业链布局的先发优势,反哺公司主营业务发展,强化公司核心竞争力。

2. 运营体系的优势

公司通过多年的丰富实践,将国外传媒产业成熟先进的管理理念与中国传媒产业的运作特点及现状相结合,将公司各业务环节以模块化和标准化的方式进行再造,主要包括强调"营销与创作紧密结合"的创作与营销管理模块、强调专业分工的"事业部"的弹性运营管理模块以及以"收益评估+预算控制+资金回笼"为主线的综合性财务管理模块等。通过贯穿始终并行之有效的创作管理(服务管理)、人才管理、营销管理、组织管理和财务管理等管理措施来确保各业务模块在具有一定管理弹性的基础上得以标准化运作,进而保证整个业务运作体系的规范化和高效率。

3. 公司品牌的优势

公司创立至今 27 年间,出品了大量优秀影视作品,并为中国娱乐产业培养了大量优质艺人。2009 年公司率先登陆创业板，成为中国影视行业首家上市公司，被称为"中国影视娱乐第一股"。公司一直以前瞻性思维引领业务布局，不断坚持创新，所开创的多种商业模式引发行业效仿。近年来，公司以内容制作为切入点积极探索国际合作，让品牌影响力扩大至海外。

公司基于自身品牌优势和丰富的 IP 储备，积极开拓实景娱乐及品牌授权业务，率先进军文旅行业，并经过多年布局成长为文旅行业项目落地效率和完成程度最高的影视公司，从而进一步形成公司在影视行业和文旅行业品牌互促互生的良性循环。

4. 专业人才的优势

公司目前已建立了包括王忠军、王忠磊、冯小刚、张国立、程耳、田羽生等在内的一批优秀的影视业经营管理和创作人才队伍，与陈国富、徐克等紧密合作，并通过多种形式扶持青年导演，为影视娱乐行业储备新生代人才。同时不断完善年轻艺人培养机制，运用全产业链资源整合能力对年轻艺人进行全方位孵化。对于娱乐产业的其他管理人才和专业人才，公司不断创新激励机制和合作模式，制定职业培训和发展规划，扩充和优化人才储备。

5. 合作伙伴的优势

公司以互利共赢为合作宗旨，引入了行业内外的重要战略伙伴。多年来，公司和阿里巴巴、腾讯、复星传媒、中国平安等企业通过多种方式建立稳定的合作关系，成为公司突破行业边界限制的强大后盾。另外，公司以创新激励和利益分享模式，和新生代影视制作公司，导演、编剧工作室，院线公司，直播平台等产业链上下游企业通过多种方式建立伙伴关系，夯实内容生产力，完善生态构建，实现互利共赢，也为优质娱乐内容的流转和衍生拓展了更多可能。品牌授权与实景娱乐领域，公司凭借强大的内容优势、品牌优势、管理优势和资源整合能力吸引了诸多企业伙伴，并建立了稳固的项目合作关系，在实景娱乐领域摸索出了一整套健康可持续的发展模式。

近年来，公司凭借全球化战略布局，与海外合作伙伴保持稳定的合作关系。公司与好莱坞顶级导演罗素兄弟合作组建全球性的影视内容引擎，致力于全球性超级系列 IP 的投资和制作。同时，整合 20 年国际合作资源和经验，搭建中国影视海外发行服务平台，贯彻文化自信、为中国文化扬帆出海保驾护航。

报告十五：创业板上市公司无形资产年度指数（2020）

为持续跟踪研究创业板上市公司无形资产整体质量及信息披露质量，本报告基于证监会30号准则（2012年修订）及2020年度创业板上市公司年度报告中的无形资产相关信息，并考虑各类型无形资产对不同行业公司重要性的差异化特征，通过构建年度信息披露指数及质量指数，对2020年度创业板上市公司的无形资产整体质量和信息披露质量进行了评价，并基于无形资产类型差异和行业差异进行了比较分析。此外，由于无形资产已逐步成为创业板上市公司实现技术进步和创新发展的核心竞争要素，本报告新构建了创业板上市公司无形资产价值评价指数，旨在从无形资产角度量化分析上市公司创新能力和企业价值。因此，2020年创业板上市公司无形资产年度指数由信息披露指数、无形资产质量指数和无形资产价值评价指数三项指数共同构成。

一、2020年度无形资产信息披露指数的构建

（一）评价样本

截至2021年5月18日，共有956家公司在创业板上市，其中共有892家公司披露了2020年年报。本报告将上述892家公司纳入统计样本，并根据证监会二级行业（2012年）的样本数量及代表性，将全部样本公司分为医药制造、互联网及相关服务、机械设备仪表[1]、计算机通信及电子、软件及信息技术服务、化学橡胶塑料、文化传播及其他[2]共8个二级行业，并分别计算各行业的2020年度无形资产信息披露指数。

---

[1] 为便于统计分析，本报告将专用设备制造业、通用设备制造业、电器机械和器械制造业、仪器仪表制造业等4个二级行业统归为机械设备仪表业。

[2] 凡不属于前述7类二级行业的其他样本公司均归入其他行业，主要涵盖的行业有：农林牧渔业、商业服务业、非金属矿物制品业、环保业、土木工程建筑业等。

基于以上说明，创业板上市公司 2020 年度无形资产信息披露指数的评价样本具体如表 15-1 所示：

表 15-1 2020 年度无形资产信息披露指数评价样本

数据来源	样本数量	行业分类
2020 年年报	892 家	（不含已退市、未使用证券代码及当年新上市不强制要求披露年报的公司）　医药制造（57 家） 互联网及相关服务业（32 家） 机械设备仪表（250 家） 计算机、通信及电子行业（136 家） 软件、信息技术服务业（115 家） 化学橡胶塑料（93 家） 文化传播（7 家） 其他（202 家）

（二）指标选取

创业板上市公司 2020 年度信息披露指数用于反映创业板上市公司 2020 年年报的无形资产信息披露质量，其评价体系由三级指标构成，一级指标为无形资产门类，二级指标为无形资产具体类型，三级指标为各类型无形资产的信息披露要素。各级指标的组成及选取依据如下：

一级指标：包括技术类、市场类及人力资源类三项指标。基于蓝皮书系列报告对创业板上市公司无形资产的结构性分类，可将其粗略分为技术类、市场类、资质类、人力资源类及无形资产相关投入共 5 大类型。由于以研发支出、期间费用、政府补助为代表的无形资产相关投入信息在创业板上市公司年度报告中的披露情况较为规范和统一，且信息披露要素较少，难以体现样本公司信息披露的横向差异，故不纳入该指标体系中。另外，由于资质类无形资产与企业市场竞争力高度相关，本报告将资质类无形资产纳入市场类无形资产中一并处理。

二级指标：技术类无形资产包含专利、非专利技术、技术标准及软件著作权四项二级指标；市场类无形资产包含商标、资质、客户及市场竞争地位四项二级指标；人力资源类无形资产包含高管、独立董事及员工三项二级指标。另外，因股东类人力资本信息无规律地披露于年度报告中，增加了信息统计的难度，故不纳入指标体系。由于证监会对高级管理人员相关信息（包括总经理、财务总监、董事会秘书）的披露规制普遍统一，且在信息统计的过程中发现高管信息披露呈现较为一致的情形，为避免重复统计，本报告以总经理的信息披露质量代表高管的普遍信息披露水平。

三级指标：即各类型无形资产的信息披露要素。考虑到相关要素的多样性和复杂性，本报告对三级指标的选择均结合相关规制披露要素与实际披露情况综合制定，并基于重要性原则，对30号准则中的或有指标或经统计后均未披露的指标进行了适当剔除，以保证各项三级指标的普遍性和代表性，降低偶然性信息对公司整体无形资产信息披露质量的影响。

（三）权重设置

为客观反映无形资产各信息要素之间的相对重要性及各行业对不同类型无形资产的依赖性，本报告依据专家问卷调查的结果对上述三级指标的权重进行了设置。其中，一级指标的权重主要因行业差异而发生变化，二级指标的权重则保持固定以便进行统计处理，三级指标的权重则主要体现了各信息要素之间的相对重要性。基于专家打分的结果，各级指标的权重设置如表15-2、表15-3、表15-4所示：

表15-2　　基于专家调查的一级指标权重设置

	技术类权重	市场类权重	人力资源类权重
机械设备仪表	40%	35%	25%
软件、信息技术服务业	45%	30%	25%
医药制造	45%	25%	30%
计算机、通信及电子行业	40%	25%	35%
化学橡胶塑料	35%	40%	25%
互联网及相关服务业	30%	25%	45%
文化传播	25%	45%	30%
其他	33%	33%	33%

表15-3　　基于专家调查的二级指标权重设置

技术类无形资产			
专利	非专利技术	技术标准	软件著作权
25%	25%	25%	25%
市场类无形资产			
商标	资质	客户	竞争地位
30%	30%	10%	30%
人力资源类无形资产			
高管	独立董事	员工	
35%	35%	30%	

表 15-4　基于专家调查的重要三级指标①

二级指标	最重要的三项三级指标
专利	专利类型、授权日期、许可质押担保信息
非专利技术	功能及用途、技术水平、许可使用情况
技术标准	标准级别、企业参与程度、发布单位
软件著作权	取得方式、权利范围、首次发表日期
商标	适用范围、商标荣誉、授权情况
客户	客户集中度、客户性质、关联客户
竞争地位	市场竞争程度、竞争对手、细分市场排名
资质	类型、级别、产生的竞争优势
高管	学历及职称、职业经历、股权比例
独立董事	学历背景、职业经历、履职情况
股东	类型、关联关系、限售承诺
员工	总数、专业结构、技术人员占比

（四）计分方法

基于以上指标体系，本报告采取如下步骤对所有样本公司 2020 年年报中的无形资产信息进行计分，从而计算其年度无形资产信息披露指数：

1. 各项三级指标信息已披露的得 1 分，未披露的得 0 分，基于三级指标的相对权重进行加权求和，并转化为百分制，从而获得企业的各项二级指标得分。

2. 基于二级指标的权重，对二级指标得分进行加权平均，从而获得企业的各项一级指标得分。

3. 基于一级指标的权重，对一级指标得分进行加权平均，从而获得企业的最终得分，即年度信息披露指数。

4. 由于技术类无形资产所包含的四项二级指标均为或有指标，部分企业可能存在并不全部拥有各类无形资产的情况，为避免或有指标对信息披露得分所产生的影响，本报告在面临上述情况时，会自动将未披露的或有指标的权重平均分摊至其他已有指

---

① 重要的三级指标将在指标体系中获得相对其他普通三级指标更高的计分权重。

标[①]，从而客观评价样本公司的信息披露质量。

5.样本公司2020年度信息披露指数的理论最高分为100分，最低分为0分，兼具绝对得分与相对得分的特征。即对同一行业的样本公司而言，该指数既反映了样本公司信息披露实际情况与理想情况所存在的绝对差距，又反映了同行业内不同公司之间的相对差距，可以较为客观的衡量样本公司2020年年报的无形资产信息披露质量。

经过以上指标选取及权重设置，基于2020年年度报告的创业板上市公司无形资产年度信息披露指数的指标体系如表15-5所示。考虑到行业的差异性，本表仅以机械设备仪表行业为例，其他行业仅在一级指标的权重设置上有所不同，二级指标及三级指标的权重均保持一致。

表15-5　　2020年度无形资产信息披露指数指标体系

二级行业	一级指标	二级指标	三级指标	权重
机械设备仪表	技术类（40%）	专利（25%）	专利数量	5%
			专利名称	5%
			专利类型	15%
			专利号或申请号	5%
			专利权人或申请人	10%
			授权日期或申请日期	15%
			取得方式	10%
			重要程度	10%
			法律状态	10%
			许可、质押、担保信息	15%
		非专利技术（25%）	技术数量	5%
			技术名称	5%
			取得方式	10%
			功能及用途	15%
			取得时间	10%
			技术水平	15%
			许可使用情况	15%
			重要程度	10%
			账面价值	5%
			权属人	10%

① 例如，当某企业并不拥有专利时，则非专利技术、技术标准及软件著作权的权重则同时变更为33%，从而消除专利缺失对该企业总分的影响。

续表

二级行业	一级指标	二级指标	三级指标	权重
机械设备仪表	技术类(40%)	技术标准(25%)	标准名称	10%
			标准类型	20%
			标准发布单位	20%
			企业参与程度	20%
			标准所处阶段	20%
			标准数量	10%
		著作权(25%)	著作权数量	5%
			名称	5%
			登记号	10%
			证书编号	10%
			取得方式	15%
			首次发表日期	15%
			权利范围	15%
			保护期限	10%
			重要程度	5%
			账面价值	10%
	市场类(35%)	商标(30%)	商标数量变化情况及原因	5%
			适用范围	15%
			商标荣誉	15%
			取得方式	10%
			授权、许可情况	15%
			注册时间	5%
			使用地域	10%
			法律状态	10%
			商标权人	10%
			最近一期账面价值	5%
		资质(30%)	准入类	40%
			能力类	30%
			荣誉类	30%
		客户(10%)	前5名客户名称	15%
			前5名客户的性质	25%
			客户集中度	25%
			关联客户及同一控制下客户信息	20%
			销售合同信息	15%
		竞争地位(30%)	预期目标实现情况	20%
			总体经营情况	20%
			主要产品销量及市场变动	20%
			企业市场竞争力变动	20%
			市场竞争格局变动	20%

续表

二级行业	一级指标	二级指标	三级指标	权重
机械设备仪表	技术类（40%）	专利（25%）	专利数量	5%
			专利名称	5%
			专利类型	15%
			专利号或申请号	5%
			专利权人或申请人	10%
			授权日期或申请日期	15%
			取得方式	10%
			重要程度	10%
			法律状态	10%
			许可、质押、担保信息	15%
		非专利技术（25%）	技术数量	5%
			技术名称	5%
			取得方式	10%
			功能及用途	15%
			取得时间	10%
			技术水平	15%
			许可使用情况	15%
			重要程度	10%
			账面价值	5%
			权属人	10%
	人力类（25%）	高管（35%）	姓名	5%
			任期	5%
			性别	5%
			年龄	5%
			学历	10%
			职称	10%
			年度薪酬情况	10%
			年初、年末持股情况及变动量	10%
			持股变动的原因	10%
			最近五年主要工作经历	10%
			是否在股东单位任职	5%
			报酬的决策程序及依据	5%
			兼职情况	5%
			股权激励计划	5%
		独董（35%）	姓名	5%
			性别	5%
			年龄	5%
			国籍及境外居留权	5%
			学历	5%
			职称	5%

续表

二级行业	一级指标	二级指标	三级指标	权重
机械设备仪表	人力类 (25%)	独董 (35%)	持股情况	10%
			兼职情况	5%
			税前报酬总额	10%
			报酬的决策程序及依据	10%
			任期	5%
			最近五年主要工作经历	5%
			曾经担任的重要职务	5%
			是否对公司有关事项提出过异议	10%
			独立董事履行职责情况	10%
		员工 (30%)	员工人数及变化	20%
			专业结构	20%
			教育程度	15%
			年龄分布	15%
			社会保障情况	10%
			离退休人员数量	10%
			人员变动对发行人影响	10%

二、2020年度无形资产信息披露指数的统计

基于以上指标体系，本报告对892家样本公司2020年年度报告的无形资产信息披露质量进行了量化打分，从而获得其年度信息披露指数。受篇幅所限，所有样本公司的具体得分请参见书末的附表1，下文仅对样本公司的指数得分进行统计分析。

（一）总体情况

创业板上市公司2020年度信息披露指数的主要描述统计量及频率分布分别如表15-6、表15-7所示。统计结果表明，创业板上市公司年度信息披露指数得分均值较低，仅为41.66分，依然处于"不及格"状态，且相比2019年的48.05分明显下降，说明创业板上市公司2020年年报的无形资产信息披露质量在经过连续几年的小幅上升后明显下降。从频率分布来看，年度信息披露指数得分相对较为集中，呈现出正态分布特征，但横向差异较为明显，最高分与最低分之间的差值保持在36分左右，其中仅有11家公司指数得分达到60分以上。

表 15-6   2020 年度信息披露指数描述统计量

N	最大值	最小值	均值
892	62.66	26.06	41.66

表 15-7   2020 年度信息披露指数频率分布

分值区间	公司数量	占比
[25, 30)	9	0.97%
[30, 40)	377	42.34%
[40, 50)	405	45.40%
[50, 60)	90	10.03%
[60, 65)	11	1.26%
合计	892	100%

（二）基于无形资产类型差异的分析

为进一步解构 2020 年度信息披露指数，本报告对各项一级指标的得分进行了描述性统计，结果如表 15-8 所示。统计表明，从无形资产的类型差异来看，技术类及市场类无形资产信息披露得分普遍较低，而人力资源类无形资产信息披露得分相对较高，且优势明显。其主要原因在于第 30 号准则对人力资源类无形资产相关要素的披露规则较为严格、明确和详细，上市公司并无太多自主调整的空间，从而提高了信息披露质量。

表 15-8   2020 年度信息披露指数一级指标描述统计量

	最大值	最小值	均值
技术类得分	62.25	5.00	12.21
市场类得分	71.15	24.00	47.25
人力资源类得分	95.00	75.00	79.66

（三）基于行业差异的分析

为体现样本公司 2020 年度信息披露指数的行业差异，本报告对前述 8 个二级行业的指数得分进行了描述性统计，结果如表 15-9 所示。统计表明，仅有机械设备仪表和化学橡胶塑料两个行业的得分均值超过全样本均值（41.66 分），医药制造、软件信息技术服务、计算机通信及电子、文化传播和其他行业共五大类行业的得分均值都在 39～41 分之间，虽都略低于全样本均值，但相互间差异不大。互联网及相关服务行业的得分均值仅为 37.56 分，相较其他行业差距较大。但考虑到单一年度得分的偶然性因素，持续信息披露指数的行业差异特征还有待在更长的观测区间内考察。

表 15-9　　　　2020 年度信息披露指数的行业比较

	医药制造	计算机通信及电子	机械设备仪表	软件、信息技术服务	互联网及相关服务	化学橡胶塑料	文化传播	其他
样本数量	57	136	250	115	32	93	7	202
均值	41.25	40.67	42.25	40.75	37.56	42.03	40.45	39.06
最高分	62.56	61.11	62.66	61.53	52.40	52.46	56.31	61.71
最低分	33.84	32.43	27.43	26.06	33.08	29.35	39.46	33.91
均值排名	3	5	1	4	8	2	6	7

三、2020 年度无形资产质量指数的构建

（一）样本范围

2020 年度创业板上市公司无形资产质量指数的样本范围与年度信息披露指数一致，在此不再赘述。

（二）指标选择

1. 指标选取的原则

影响创业板上市公司无形资产整体质量的因素较为复杂，为实现评价目标，在选取指标时应遵循以下原则。

全面性原则：企业无形资产质量指数是一个多维度、多层次的复杂系统，涵盖了从相关资金投入到经营绩效的多方面内容，需要建立一套全面、系统的指标体系进行评价。

科学性原则：构建的指标体系应当与企业无形资产整体质量有直接的联系，能够恰当反映评价样本的无形资产竞争力，从而满足客观监测和科学评价的功能。

重要性原则：在繁杂的各类指标中，应当优先使用最具有代表性、最能反映评价要求的核心指标，从而增强评价模型的适用性。

可比性原则：由于存在行业、规模、经营方式等因素的差异，不同企业的指标在绝对数上往往不具有可比性，应采用相对数指标削减这一影响，确保同一行业内不同企业的指标口径一致，行业间的指标口径则应保持一定的差异。

可得性原则：质量指数的编制必须基于定量分析，因此选取的指标必须有可靠的数据来源和准确的量化方法，指标数量不宜过多以便于操作。

2. 指标选取结果

无形资产质量指数用于反映创业板上市公司各年度的无形资产整体质量和竞争能力，其评价体系由两级指标构成，一级指标为无形资产质量评价维度，二级指标为与无形资产相关的具体数量指标和财务指标。基于上述指标选取原则，用于构建无形资产质量指数的各级指标组成如下：

一级指标：包括无形资产账面价值、无形资产规模能力、无形资产持续能力及无形资产竞争能力四个维度。无形资产账面价值是反映企业无形资产存续状况的基础性财务指标，尽管会计制度的局限性使得该项指标并不能如实反映企业无形资产的市场价值，但基于可比性原则，对该项指标的使用仍具有一定的合理性。无形资产规模能力主要是对企业无形资产的存续规模进行描述，从数量角度评价企业的无形资产竞争力。无形资产持续能力用于反映企业创造、积累无形资产的持续性，持续能力越强的企业所具备的发展潜力往往也越高。无形资产竞争能力则体现了企业利用无形资产创造经营业绩的最终效果，是企业无形资产质量优劣的直接表现，一般采用财务指标进行反映。

二级指标：无形资产账面价值只包含企业无形资产覆盖率这1项二级指标。无形资产规模能力包含专利数量、技术标准数量、商标数量、资质数量及著作权数量5项二级指标。无形资产持续能力包含研发支出强度、专业人员密度、员工素质、政府补助强度及销售投入5项二级指标。无形资产竞争能力包含营业利润率、资产收益率及每股净收益3项二级指标。

考虑到指标的科学性和严谨性，本报告对各项二级指标的数据处理采用以下方法：①无形资产规模能力所包含的5项二级指标均采用截至2020年末的无形资产存量指标，而非当年的增量指标；②企业所拥有的专利、商标及著作权数量均为已授权、注册和登记的数量，正在申请的专利、商标和著作权均不纳入统计范围；③考虑到指标的覆盖率，上述14项指标并未全部纳入所有行业的评价体系中，各行业二级指标数量在10～14项之间；④为体现行业特征，部分二级指标在不同行业中的选取会有所差异，如将资质数量细分为准入类、能力类和荣誉类，将专业人员密度细分为销售人员、技术人员和生产人员等。

3. 各项指标的含义

构建年度无形资产质量指数所需的指标体系共包含上述4项一级指标和14项二级指标，二级指标的含义及计算方法具体如表15-10所示。

表15-10　无形资产质量指数二级指标的含义及计算

一级指标	二级指标	含义及计算方法	单位
无形资产账面价值	无形资产覆盖率	年末无形资产账面价值/总资产账面价值	%
无形资产规模能力	专利数量	已获授权专利（或发明专利）总量	项
	技术标准数量	参与定制国际、国家和行业技术标准的数量	项
	商标数量	持有注册商标数量	项
	资质数量	各类型（准入、能力、荣誉）资质数量	项
	著作权数量	所获软件著作权（或作品著作权）数量	项
无形资产持续能力	研发支出强度	当年研发支出/当年营业收入	%
	专业人员密度	技术人员（或销售人员、生产人员）占比	%
	员工素质	本科以上学历员工占比	%
	政府补助强度	当年所获政府补助/当年营业收入	%
	销售投入	当年销售费用/当年营业收入	%
无形资产竞争能力	营业利润率	当年营业利润/当年营业收入	%
	资产收益率（ROA）	当年利润总额/平均资产总额	%
	每股净收益（EPS）	当年净利润/年末股本总额	元

（三）权重设置

为客观反映各项评价指标的相对重要性及各行业对不同类型无形资产的依赖性，本报告依据专家问卷调查的结果对上述两级指标的权重进行了设置。其中，一级指标的权重一般保持固定以便进行统计处理，除文化传播行业外，其余7类行业的4项一级指标的权重分别设置为10%、25%、40%和25%。二级指标权重的设置则基于指标种类和具体内容的差异对8类行业进行了有针对性的微调，但在整体上基本保持一致。

经过以上指标选取及权重设置，基于2020年年度报告的创业板上市公司2020年度无形资产质量指数评价指标体系如表15-11所示。

表15-11　　2020年度无形资产质量指数评价指标体系

所属二级行业	一级指标	二级指标	权重
文化传播	无形资产规模能力（30%）	持有商标数量	20%
		资质总量	30%
		作品著作权数量	50%
	无形资产持续能力（40%）	销售人员占比	30%
		员工素质	30%
		政府补助强度	10%
		销售投入	30%
	无形资产竞争能力（30%）	营业利润率	30%
		资产收益率	40%
		每股净收益	30%
医药制造	无形资产账面价值（10%）	无形资产覆盖率	100%
	无形资产规模能力（25%）	发明专利数量	30%
		持有商标数量	20%
		准入类资质数量	50%
	无形资产持续能力（40%）	研发支出强度	30%
		技术人员占比	20%
		员工素质	20%
		政府补助强度	10%
		销售投入	20%
	无形资产竞争能力（25%）	营业利润率	30%
		资产收益率	40%
		每股净收益	30%

续表

所属二级行业	一级指标	二级指标	权重
机械设备仪表	无形资产账面价值（10%）	无形资产覆盖率	100%
	无形资产规模能力（25%）	发明专利数量	30%
		技术标准数量	10%
		持有商标数量	10%
		能力类资质数量	25%
		软件著作权数量	25%
	无形资产持续能力（40%）	研发支出强度	30%
		生产人员占比	20%
		员工素质	20%
		政府补助强度	10%
		销售投入	20%
	无形资产竞争能力（25%）	营业利润率	30%
		资产收益率	40%
		每股净收益	30%
	无形资产账面价值（10%）	无形资产覆盖率	100%
	无形资产规模能力（25%）	发明专利数量	30%
		技术标准数量	10%
		持有商标数量	10%
		能力类资质数量	25%
		软件著作权数量	25%
	无形资产持续能力（40%）	研发支出强度	30%
		技术人员占比	20%
		员工素质	20%
		政府补助强度	10%
		销售投入	20%
	无形资产竞争能力（25%）	营业利润率	30%
		资产收益率	40%
		每股净收益	30%
互联网及相关服务业	无形资产账面价值（10%）	无形资产覆盖率	100%
	无形资产规模能力（25%）	发明专利数量	30%
		持有商标数量	20%
		能力类资质数量	25%
		软件著作权数量	25%

续表

所属二级行业	一级指标	二级指标	权重
互联网及相关服务业	无形资产持续能力（40%）	研发支出强度	30%
		技术人员占比	20%
		员工素质	20%
		政府补助强度	10%
		销售投入	20%
	无形资产竞争能力（25%）	营业利润率	30%
		资产收益率	40%
		每股净收益	30%
计算机、通信及电子	无形资产账面价值（10%）	无形资产覆盖率	100%
	无形资产规模能力（25%）	发明专利数量	30%
		持有商标数量	20%
		能力类资质数量	25%
		软件著作权数量	25%
	无形资产持续能力（40%）	研发支出强度	30%
		生产人员占比	20%
		员工素质	20%
		政府补助强度	10%
		销售投入	20%
	无形资产竞争能力（25%）	营业利润率	30%
		资产收益率	40%
		每股净收益	30%
化学橡胶塑料	无形资产账面价值（10%）	无形资产覆盖率	100%
	无形资产规模能力（25%）	发明专利数量	30%
		技术标准数量	20%
		持有商标数量	25%
		准入类资质数量	25%
	无形资产持续能力（40%）	研发支出强度	30%
		生产人员占比	20%
		员工素质	20%
		政府补助强度	10%
		销售投入	20%
	无形资产竞争能力（25%）	营业利润率	30%
		资产收益率	40%
		每股净收益	30%

续表

所属二级行业	一级指标	二级指标	权重
其他行业	无形资产账面价值（10%）	无形资产覆盖率	100%
	无形资产规模能力（25%）	专利数量	30%
		技术标准数量	10%
		持有商标数量	10%
		资质总数量	25%
		软件著作权数量	25%
	无形资产持续能力（40%）	研发支出强度	30%
		技术人员占比	20%
		员工素质	20%
		政府补助强度	10%
		销售投入	20%
	无形资产竞争能力（25%）	营业利润率	30%
		资产收益率	40%
		每股净收益	30%

（四）计分方法

创业板上市公司无形资产质量评价计分方法的根本是要对评价指标进行无量纲化处理以消除原始变量量纲的影响。首先，要确定每个指标2个标准值，然后分别给2个标准值打分，由标准值1（分数1）及标准值2（分数2）确定计分公式，进而可确定每一个指标实际值对应的得分，再通过指标权重与指标实际值得分的加权平均运算得到指标综合得分值，从而得到行业内每家样本公司的无形资产质量指数。

具体而言，本报告采用"两点法"对二级指标进行无量纲化处理，即利用专家评判法给标准值1（行业最低值，记0分）和标准值2（行业最高值，记100分）打分，从而形成了两个确定的点，利用这两个点就可以确定一条以指标实际值为自变量、以二级指标得分为因变量的一次线性函数方程，从而确定每个实际指标值所对应的分数。最后利用加权平均法即可得出每家样本公司的一级指标得分和最终得分，该得分即为企业的无形资产质量指数。

四、2020年度无形资产质量指数的统计

基于以上指标体系，本报告对892家样本公司2020年年度报告所体现的无形资产整体质量进行了量化打分，从而获得其无形资产质量指数。受篇幅所限，所有样本公司的具体得分请参见书末的附表2，下文仅对样本公司的质量指数得分进行统计分析。

（一）总体情况

样本公司无形资产质量指数的主要描述统计量及频率分布分别如表15-12、表15-13所示。统计结果表明，2020年创业板上市公司无形资产质量指数得分均值较低，仅为33.38分，显示创业板上市公司无形资产整体质量不高。从频率分布来看，无形资产质量指数得分较为集中，呈现出明显的正态分布特征，横向差异并不明显，其中，超过9成公司的得分在20至40分之间，集中度较高。但相较于无形资产信息披露指数，创业板上市公司的无形资产质量指数分布则相对分散，样本极差依然超过28分，分值区间包含6个分数段，说明不同企业间的无形资产质量差异较为明显。与此同时，得分在40分以上的无形资产整体质量较高的企业占比仅为2.50%，说明无形资产综合竞争力较强的领先企业依然偏少。

表15-12　　无形资产质量指数描述统计量

	N	最大值	最小值	均值
无形资产质量指数	892	46.00	17.63	33.38

表15-13　　无形资产质量指数频率分布

分值区间	公司数量	占比
[10，20)	8	0.84%
[20，25)	161	18.11%
[25，30)	421	47.21%
[30，35)	201	22.57%
[35，40)	79	8.77%
[40，50)	22	2.50%
合计	882	100%

（二）基于评价维度差异的分析

为进一步解构无形资产质量指数，本报告对各项一级指标的得分进行了描述性统计，结果如表15-14所示。统计表明，从一级指标的差异来看，创业板上市公司的无形资产规模能力相对较差，且企业间的差距较为明显。尽管本报告在指标体系的设置中剔除了个别覆盖率极低的或有指标，但仍有部分企业在该指标上的得分明显偏低，说明其无形资产规模和结构尚未形成企业的核心竞争力。相较于规模能力，创业板上市公司的无形资产持续能力的描述性指标与质量指数基本保持一致。

值得注意的是，样本公司无形资产竞争能力的描述性指标远远高于质量指数，由于该项一级指标是由3项财务指标构成，因而体现了创业板上市公司无形资产的运行效果相对较好，在企业无形资产规模能力相对不足的条件下依然通过有效经营实现了盈利。

表 15-14　　无形资产质量指数一级指标描述统计量

	最大值	最小值	均值
无形资产账面价值	100	0	10.70
无形资产规模能力	88	0	14.07
无形资产持续能力	91.95	6.3	27.54
无形资产竞争能力	91.88	0	71.12

（三）基于行业差异的分析

为体现样本公司无形资产质量指数的行业差异，本报告对前述8个二级行业的指数得分进行了描述性统计，结果如表15-15所示。统计表明，有5个行业的质量指数得分均值高于全样本均值（31.46分），其中，文化传播业的质量指数得分均值（34.17）、最高分（43.07）及最低分（31.69）均超过其他行业，成为无形资产整体质量最高的行业，这可能与该行业的无形资产富集且样本数量较少相关；软件、信息技术服务业的质量指数得分均值（33.06）、最高分（46.00）及最低分（21.57）均排名第二，成为无形资产整体质量较高的行业，这可能与该行业的无形资产富集特征相关，且该行业近年来的经营业绩普遍提升，从而拉高了整体得分。计算机通信及电子、互联网及相关服务业、化学橡胶塑料、医药制造和机械设备仪表五类行业的得分均值较为接近，均在31～32分之间，横向差异较小。

表 15-15　　无形资产质量指数的行业比较

	医药制造	计算机通信及电子	机械设备仪表	软件、信息技术服务	互联网及相关服务	化学橡胶塑料	文化传播	其他
样本数量	57	136	250	115	32	93	7	202
均值	31.30	31.92	31.29	33.06	31.57	31.51	34.17	29.84
最高分	45.28	43.67	39.58	46.00	36.94	33.91	43.07	41.15
最低分	22.51	18.81	22.34	21.57	23.88	24.01	31.69	17.63
均值排名	6	3	7	2	4	5	1	8

五、2020 年度无形资产价值评价指数的构建

（一）指数的功能与意义

创业板上市公司通常集中于技术密集型行业，以快速成长和技术进步为主要特征，是促进我国战略新兴产业发展的重要推动力量。以知识产权为代表的企业无形资产已逐步成为创业板上市公司实现技术进步和创新发展的核心竞争要素。创业板上市公司无形资产价值评价指数，即从无形资产角度分析上市公司创新能力和企业价值的评价方法，既体现了资本市场对企业无形资产的认可程度和溢价水平，也体现了企业自身的创新基础和创新能力，对于更为全面、客观的评价创业板上市公司的创新水平和竞争能力具有重要参考意义。

（二）样本范围

2020 年度创业板上市公司无形资产价值评价指数的样本范围与年度信息披露指数和无形资产质量指数一致，在此不再赘述。

（三）计算方法

创业板上市公司无形资产价值评价指数的构建方法为：

价值评价指数 = 托宾 Q 值 × 无形资产质量指数

其中：托宾 Q 值则是评价企业市场价值的常用指标，用于反映资本市场对企业无形资产的认可程度和溢价水平，体现了无形资产价值的市场放大效应；无形资产质量指数则是本报告前文中已构建的，用于反映企业无形资产质量的评价指标，可以看作对无形资产市场价值的合理调整。两项指标相乘，即是创业板上市公司无形资产价值评价指数的数值，且两项指标的计算基准日均为 2020 年 12 月 31 日。

托宾 Q 值是公司市场价值对其资产重置成本的比率，由于公司真实市场价值和资产重置成本难以计算获得，考虑到计算的便捷性和数据的可得性，本报告在计算过程中使用"股权的市场价值＋负债的账面价值"近似替代"公司市场价值"，使用"资产账面价值"近似替代"资产重置成本"。

无形资产价值质量指数的计算方法前文已有说明，在此不再赘述。

六、2020 年度无形资产价值评价指数的统计

（一）总体情况

基于以上计算方法，本报告对 892 家样本公司的 2020 年度无形资产价值指数进行了计算，总体得分情况如表 15-16 所示。统计结果表明，创业板上市公司无形资产价值指数得分均值为 88.82 分，且分布较为分散，各分数段的样本占比大多都在 15%～20% 之间，说明样本公司之间的横向差异较为明显，没有明显集中的分数段。

表 15-16　　无形资产价值评价指数总体分布

分值区间	40 以下	[40, 60)	[60, 80)	[80, 100)	[100, 1500)	150 及以上	合计
样本数量	145	205	160	142	147	93	892
占比	16.2%	22.9%	17.9%	15.9%	16.5%	10.6%	100%
总体均值	88.82						

（二）基于行业差异的分析

为体现样本公司无形资产价值评价指数的行业差异，本报告对前述 8 个二级行业的指数得分均值进行了统计，结果如表 15-17 所示。

统计表明，有4个行业的无形资产价值指数得分均值高于全样本均值（88.82分），其中，计算机通信及电子行业的质量指数得分均值（114.11）远超过其他行业，成为无形资产整体价值最高的行业。软件信息技术服务业排名第二，但与第一名的得分差距不大。医药制造和互联网及相关服务这两大行业的得分均值较为接近，但高出全样本均值较多。文化传播行业得分均值仅略低于全样本均值，但化学橡胶塑料、机械设备仪表和其他行业的得分均值都仅在75分左右，行业间差距不大，但都低于全样本均值15分左右，落后较为明显。

表 15-17　无形资产价值评价指数的行业比较

	软件信息技术服务	互联网及相关服务	计算机通信及电子	文化传播	医药制造	机械设备仪表	其他	化学橡胶塑料
样本数量	115	32	136	7	57	250	202	93
均值	109.93	102.92	114.11	87.91	105.23	74.86	73.17	75.83
均值排名	2	4	1	5	3	7	8	6

报告十六：2015—2020年创业板公司无形资产指数回顾

截至2020年，恰逢中国创业板成立10周年，值此我国资本市场发展的重要节点，有必要对近年来创业板上市公司无形资产存续状态及信息披露的规律和特征进行总结。因此，基于持续性和稳定性原则，本报告对2015年以来创业板上市公司无形资产系列指数进行了整体性的梳理和回顾，以期发现并总结创业板上市公司无形资产信息披露和存续状态的变化特征。

一、首次信息披露指数（2015—2020）

2014年，证监会对第28号准则进行了修订，优化完善了对创业板上市公司招股说明书信息披露的有关要求。据此，本报告以2015年后上市的创业板上市公司为样本，基于本系列蓝皮书所述的首次信息披露指数的计算方法，对历年新增样本公司的招股说明书信息披露质量进行了评价，统计结果如表16-1所示。

统计表明，2015—2020年，创业板上市公司基于招股说明书的首次信息披露指数在46～53分之间波动变化，每年均未达到60分的及格线，信息披露质量有待提高。其中，2016年得分最高，为52.79分，2019年得分最低，为46.16分，且2016—2019年间得分持续降低，直至2020年才有所提高。

表16-1　创业板上市公司首次信息披露指数（2015—2020）

年份	2015	2016	2017	2018	2019	2020
样本数量[①]	51	132	87	34	52	88
均值	50.19	52.79	48.88	47.79	46.16	48.24

①仅包含当年新上市样本公司的数量。

为进一步解构首次信息披露指数在 6 年间的变化趋势，本报告对各项一级指标的得分进行了描述性统计，结果如表 16-2 所示。统计表明，从无形资产的类型差异来看，在每一年度，技术类及市场类无形资产信息披露的得分均普遍较低，技术类得分一般在 32～35 分之间，市场类得分一般在 35～39 分之间，而人力类无形资产信息披露得分每年均明显高于其他两类得分和整体均值，通常在 85～90 之间，且上述特征和趋势在 2015—2020 年均未发生变化，说明这一规律较为明显。

表 16-2　首次信息披露指数基于一级指标的分解（2015—2020）

年份	2015	2016	2017	2018	2019	2020
技术类得分	34.01	35.67	33.54	32.80	31.68	33.66
市场类得分	37.25	39.04	37.26	36.43	35.19	37.45
人力类得分	93.25	91.45	89.67	87.68	84.69	86.67
总得分	50.19	52.79	48.88	47.79	46.16	48.24

统计表明，从无形资产的类型差异来看，技术类及市场类无形资产信息披露得分普遍较低，而人力类无形资产信息披露得分相对较高。

二、持续信息披露指数（2015—2020）

2012 年，证监会对第 30 号准则进行了修订，优化完善了对创业板上市公司年度报告信息披露的有关要求。据此，并考虑到与首次信息披露指数的一致性，本报告以 2015 年后上市的创业板上市公司为样本，基于前文所述的持续信息披露指数的计算方法，对每年创业板上市公司的年度报告信息披露质量进行评价，其统计结果如表 16-3 所示。

统计表明，2015—2020 年，创业板上市公司基于年度报告的持续信息披露指数在 38～55 分之间波动变化，每年均未达到 60 分的及格线，信息披露质量有待提高，且历年得分波动较为明显。其中，2015—2018 年的四年间得分持续下降，2019 年得分上涨较为明显，2020 年又开始下降，说明创业板上市公司年度报告的信息披露质量并不稳定。

表 16-3　　创业板上市公司持续信息披露指数（2015—2020）

年份	2015	2016	2017	2018	2019	2020
样本数量[①]	497	601	718	744	797	892
均值	54.25	53.65	41.93	38.09	48.05	41.66

为进一步解构持续信息披露指数在 6 年间的变化趋势，本报告对各项一级指标的得分进行了描述性统计，结果如表 16-4 所示。统计表明，从无形资产的类型差异来看，在每一年度，技术类及市场类无形资产信息披露的得分均明显低于人力类得分，这一特征与首次信息披露指数一致。但同时呈现出以下特征：一是技术类得分最不稳定，最高年份可达到 35 分左右，最低年份则不到 10 分，说明创业板上市公司在年度报告中对技术类无形资产的信息披露较为随意，质量稳定性较差；二是市场类得分虽然也有较大波动，但整体呈上升趋势，说明创业板上市公司开始逐渐重视对企业市场竞争能力相关信息的披露；三是人力类得分呈缓慢下降态势，但总体下降程度并不明显，总体依然保持稳定。

表 16-4　　持续信息披露指数基于一级指标的分解（2015—2020）

年份	2015	2016	2017	2018	2019	2020
技术类得分	35.33	34.85	11.58	9.94	15.55	12.21
市场类得分	37.00	36.66	45.92	41.95	58.79	47.25
人力类得分	86.64	85.55	78.96	77.71	80.74	79.66
总得分	54.25	53.65	41.93	38.09	48.05	41.66

本报告对前述 8 个二级行业近六年来的持续信息披露指数得分进行了统计，结果如表 16-5 所示。统计表明，各行业 2015—2020 年的持续信息披露指数得分的变化趋势与全样本均值变化趋势保持一致，均是在 2015—2018 年间持续下降，2019 年明显

[①] 仅包含披露的当年年度报告的创业板上市公司，下同。

提高，2020年又继续下降。从行业间的横向比较来看，传播与文化行业的历年得分均值最高，考虑到该行业样本公司数量较少，故该得分容易受极值影响。此外，互联网及相关服务、计算机通信及电子行业的历年得分均值都相对较高，在47～48分之间，且在各年度的行业相对排名中均靠前，故可以认为这两个行业的持续信息披露质量较高。其他五类行业的历年得分均值则属于第三梯队，得分在45～46分之间，差异并不明显。

表16-5　　持续信息披露指数基于二级行业的比较（2015—2020）

	2015年	2016年	2017年	2018年	2019年	2020年	行业历年均值
医药制造	53.36	52.67	41.93	39.10	44.79	41.25	45.52
互联网及相关服务	60.75	58.85	39.28	35.08	53.55	37.56	47.51
机械设备仪表	51.67	51.15	40.92	38.17	47.84	42.25	45.33
计算机、通信及电子	58.45	57.85	43.07	37.63	48.55	40.67	47.70
软件信息技术服务	55.28	54.67	38.79	38.45	46.01	40.75	45.66
化学、橡胶、塑料	52.45	52.05	41.56	39.08	49.50	42.03	46.11
传播与文化	56.94	56.33	46.60	36.44	55.07	40.45	48.64
其他行业	50.85	50.33	44.80	37.66	51.28	39.06	45.66
全样本均值	54.25	53.65	41.93	38.09	48.05	41.66	

三、无形资产质量指数（2015—2020）

本报告以2015年后上市的创业板上市公司为样本，基于前文所述的无形资产质量指数的计算方法，对创业板上市公司历年的无形资产整体质量进行评价，其统计结果如表16-6所示。

统计表明，2015—2020年，创业板上市公司无形资产质量指数在31～38分之间波动变化，除2017年得分下降较为明显外，近四年来得分基本保持稳定，但相较于2015年和2016年，创业板上市公司无形资产质量仍总体呈现下降趋势。

表 16-6　创业板上市公司无形资产质量指数（2015—2020）

年份	2015	2016	2017	2018	2019	2020
样本数量	497	601	718	744	797	892
均值	36.82	37.26	31.40	33.53	31.31	33.38

为进一步解构无形资产质量指数在6年间的变化趋势，本报告对各项一级指标的得分进行了描述性统计，结果如表16-7所示。统计表明，从一级指标评价维度的差异来看，创业板上市公司的无形资产账面价值、规模能力和持续能力均低于总得分，只有竞争能力得分高于总得分，说明上市公司的盈利水平是拉升无形资产质量的主要动力。在其他三项一级指标中，账面价值得分相对最低，且呈持续下降趋势，说明基于财务数据的无形资产账面价值占企业总资产的比例较低。规模能力指标得分也较低，除前两年外，其余年份得分均在14分左右，说明创业板上市公司以知识产权为代表的无形资产数量近年来并未明显增长，企业技术创新的后劲不足。持续能力指标得分虽高于账面价值得分和规模能力得分，但明显低于总得分，近年来略有上升，说明样本公司对无形资产的相关投入还有待提高。

表 16-7　无形资产质量指数基于一级指标的分解（2015—2020）

年份	2015	2016	2017	2018	2019	2020
账面价值	14.14	12.50	8.38	8.64	8.53	10.70
规模能力	17.85	18.85	14.06	13.78	13.99	14.07
持续能力	35.65	38.65	23.61	23.47	25.04	27.54
竞争能力	66.75	63.35	70.41	79.33	67.76	71.12
总得分	36.82	37.26	31.40	33.53	31.31	33.38

本报告对前述8个二级行业近六年来的无形资产价值指数得分进行了统计，结果如表16-8所示。统计表明，各行业2015—2020年的无形资产质量指数得分的变化趋势与全样本均值变化趋势保持一致，均是在2017年明显下降，此后保持平稳波动，2020年有所回升。从行业间的横向比较来看，软件信息技术服务行业的历年得分均值最高，且相较其他行业领先幅度较大，说明该行业企业整体无形资产质量较高。传播与文化行业和互联网及相关服务行业的历年得分均值也较高，但这两个行业样本公司数量相对较少，故该得分容易受极值影响。此外，医药制造、计算机通信及电子、机

械设备仪表三个行业的历年得分均值较为接近，属于第二梯队。化学橡胶塑料和其他行业的得分则明显落后于其他行业，无形资产整体质量相对较差。

表 16-8　无形资产质量指数基于二级行业的比较（2015—2020）

	2015 年	2016 年	2017 年	2018 年	2019 年	2020 年	行业历年均值
医药制造	35.18	36.48	30.17	33.56	28.73	31.30	32.57
计算机通信及电子	38.12	39.52	27.68	30.80	29.33	31.92	32.89
机械设备仪表	34.83	35.93	29.27	30.00	28.72	31.29	31.67
互联网及相关服务	40.45	41.85	30.25	35.77	28.99	31.57	34.81
化学橡胶塑料	31.67	32.97	27.82	28.81	28.93	31.51	30.28
软件信息技术服务	43.67	44.97	33.02	36.50	30.45	33.06	36.94
传播与文化	36.85	38.15	36.26	37.04	31.54	34.17	35.67
其他	32.05	33.45	26.19	31.16	27.29	29.84	30.00
全样本均值	36.82	37.26	31.40	33.53	31.31	33.38	

四、无形资产价值指数（2015—2020）

本报告以 2015 年后上市的创业板上市公司为样本，基于前文所述的无形资产价值指数的计算方法，对创业板上市公司历年的无形资产整体价值进行评价，其统计结果如表 16-9 所示。

统计表明，2015—2020 年，创业板上市公司无形资产价值指数大约在 80 ～ 100 分之间波动变化，每年均有波动起伏，除 2017 年得分下降较为明显外，其他年份并无明显的趋势性特征。值得注意的是，各年度无形资产价值指数的相对顺序与无形资产质量指数的相对顺序完全一致，即无形资产质量指数较高的年份，其无形资产价值指数也较高。

表 16-9　创业板上市公司无形资产价值指数（2015—2020）

年份	2015	2016	2017	2018	2019	2020
样本数量	497	601	718	744	797	892
均值	99.41	102.84	79.75	89.52	78.58	88.80

鉴于无形资产价值指数是无形资产质量指数与对应公司托宾Q值的乘积，以上特征表明托宾Q值的确体现了资本市场对上市公司无形资产质量的正向反馈，市场对无形资产质量较高的公司给予了更高的股权溢价，这也从侧面印证了本报告所构建的无形资产质量指数的合理性。本报告对前述8个二级行业近六年来的无形资产价值指数得分进行了统计，结果如表16-10所示。

统计表明，各行业2015—2020年的无形资产价值指数的得分变化趋势与全样本均值变化趋势保持一致，均是在2017年明显下降，此后保持平稳波动，2020年有所回升。从行业间的横向比较来看，8个大类行业明显分为三个层次：计算机通信及电子、软件信息技术服务、医药制造和互联网及相关服务这四个行业的得分均值明显高于其他行业，处于领先地位；传播与文化行业得分与全样本均值非常接近，属于第二梯队；机械设备仪表、化学橡胶塑料和其他行业的历年平均得分则明显较低，属于第三梯队。以上分析表明，创业板上市公司无形资产价值指数的行业差异较为明显，以互联网和软件开发为代表的轻资产行业的无形资产价值明显高于以机械设备、石化塑料为代表的重资产行业，这一特征值得关注。

表16-10　　无形资产价值指数基于二级行业的比较（2015—2020）

	2015年	2016年	2017年	2018年	2019年	2020年	行业历年均值
医药制造	116.81	122.86	95.51	107.09	94.12	105.23	106.93
计算机通信及电子	126.75	131.15	101.48	116.04	102.97	114.11	115.42
机械设备仪表	84.81	87.69	70.23	74.47	68.24	74.86	76.72
互联网及相关服务	114.22	120.19	93.44	104.76	90.07	102.92	104.27
化学橡胶塑料	85.90	88.82	67.11	77.45	66.11	75.83	76.87
软件信息技术服务	120.07	125.31	100.74	109.83	98.28	109.93	110.69
传播与文化	97.42	100.81	80.96	90.63	78.79	87.91	89.42
其他	81.92	84.74	65.72	73.77	64.75	73.17	74.01
全样本均值	99.41	102.84	79.75	89.52	78.58	88.80	

五、研究结论

综合以上对创业板上市公司四类指数 2015—2020 年间变化趋势的比较分析，并结合本研究团队在数据收集过程中的观察记录，本报告得出以下结论：

第一，创业板上市公司招股说明书的信息披露质量略优于年度报告，且质量较为稳定，而年度报告的信息披露质量不够稳定，起伏较大。其原因可能在于：首先，相关准则对招股说明书无形资产信息披露的要求更为严格和具体，且事关企业能否顺利过会上市，严格的监管要求和强烈的企业动机使得每年的新上市公司均能保持稳定的信息披露质量。其次，年度报告信息披露属于公司上市后的重复性例行工作，随着上市时间的久远或相关审计机构的变更，容易使得上市公司出现"披露疲劳"或披露风格不一致的问题，导致年度报告的信息披露质量不够稳定。

第二，无论是年度报告还是招股说明书，人力资源类无形资产的信息披露质量均远远优于技术类无形资产和市场类无形资产，其中，技术类无形资产信息披露得分长期较低且呈现持续下降趋势，市场类无形资产信息披露得分也相对较低，但近年来呈稳步增长趋势。其原因可能在于：首先，人力资源类无形资产通常以通用格式的表格形式呈现，信息要素完整且统一，企业并无太多自主变更的空间，使得信息披露质量较高；其次，技术类无形资产的信息披露在监管上存在"有原则、无细则"的问题，加之企业知识产权意识不强等原因，导致相关信息的披露"不完整、不规范、不流畅"，说明创业板上市公司对以知识产权为代表的技术类无形资产信息披露质量亟待提升。最后，市场类无形资产主要包括商标、资质、企业竞争优势、行业竞争地位等信息，出于释放利好信息的需要，企业对这类无形资产信息的披露逐渐开始重视，得分有所提高，说明相较于技术类无形资产，创业板上市公司更倾向于通过更为直接的市场竞争信息体现企业竞争优势，这一特征值得关注。

第三，在构成上市公司无形资产质量的一级指标中，规模能力和持续能力得分偏低，且近年来持续下降，竞争能力则长期保持较高水平，说明创业板上市公司的经营业绩较为稳定，但企业技术创新的后劲不足、对研发投入的重视不够。在数据收集过程中发现，不少企业的知识产权增量通常集中于上市前后的两三年，此后再无明显的数量增长，说明创业板上市公司在获得了上市机会和高额的经营利润之后缺少持续创新的内在动机，导致企业无形资产的整体质量难以持续保持，这一现象值得警惕。

第四，创业板上市公司各行业的信息披露指数、质量指数和价值指数存在一定的规律性特征，行业间的差异较为明显，具体表现为：首先，计算机通信及电子、互联网及相关服务、机械设备仪表、石油化工塑料和其他，这五大类行业的信息披露指数、质量指数和价值指数三者之间呈现较为明显的正相关关系，即信息披露质量越高，质量指数和价值指数也越高，且呈放大效应；其次，软件信息技术服务行业信息披露指数相对较低，但质量指数和价值指数则属于第一梯队，说明该行业的无形资产仍然具有一定的核心竞争力，但信息披露质量有待提升。与之相反，文化传播行业信息披露指数得分较高，但质量指数和价值指数只属于中等水平，考虑到该行业样本数量较少，其特征并不明显。最后，医药制造行业在各项指数中的相对排名都不处于领先地位，只属于中等水平，说明医药制造业的技术创新能力和信息披露水平离大众的期待仍有一定差距，行业整体的科技水平还有待提高。

第五，总体来看，以计算机通信及电子、互联网及相关服务、软件信息技术服务为代表的轻资产行业，在各类指数的行业比较中，均能明显领先于以机械设备仪表、石油化工塑料为代表的重资产行业，这些行业具有相对较高的技术实力，更具优势的无形资产规模和结构，同时也能更好地进行无形资产信息披露，进而获得资本市场投资者的认可，从而实现经营业绩和股价提升的双赢。这一特征足以证明，创业板市场已基本具备无形资产质量识别和价值释放的功能，能够实现股权资本在成长型科技企业之间的有效配置，与此同时，以无形资产为基础的企业创新能力仍然是创业板上市公司能否健康稳定发展的核心要素，只有持续加强对技术创新的研发投入、持续关注无形资产的管理运营、持续改进无形资产信息披露质量，才能获得消费者和投资者的认可，进而打造企业基于无形资产的核心竞争力。

报告十七：创业板巨无霸公司专题研究报告

启动创业板旨在深入贯彻创新驱动发展战略，适应发展更多依靠创新、创造、创意的大趋势，主要服务成长型创新创业企业。经过十年的发展，一部分企业通过并购或内生增长发展壮大，成为"巨无霸"；也有一部分本身规模巨大的企业，在特定历史时期选择了创业板上市。本研究表明，随着多层次资本市场的不断完善，"巨无霸"在创业板上市可能并非资源配置上的最优解，非"巨无霸"企业通过在创业板融资积累了更多的无形资产。

一、文献综述

在创业板尚未设立前，全国人大常委会办公厅范力（2008）[①]就研究了中国企业在IPO时的交易所选择策略，他认为企业应根据自己的规模、所处行业、拓展领域、证券交易所特点等因素综合考虑来选择适合自己的交易所。自身规模较小、募集资金较少的中小企业，从发行上市总费用、市盈率、市净率等角度考虑，应选择境内中小企业板发行上市。魏玉平、曾国安（2017）[②]的研究结果进一步表明：中国企业上市前多数面临融资约束，但融资约束状况存在差异：中小板、创业板上市企业相较于主板上市企业面临更大的融资约束，中小规模企业相较于大规模企业面临更大的融资约束，由于所处发展阶段的原因，中型企业融资约束更甚。

我国创业板市场对标美国的纳斯达克市场，因此对纳斯达克市场的相关研究有较大的参考意义。侯传斌（2013）[③]对纳斯达克的板块分析中提到，其将交易不太活跃的证券、中小公司的股票转入纳斯达克开设的小资本市场，待其符合要求后再转入纳斯达克全国市场。对照近期创业板交易指标的退市标准，该研究具有一定的

[①] 范力.中国企业首次公开发行上市交易所选择策略分析 [J]. 中国流通经济,2008,22(12):38-40.
[②] 魏玉平,曾国安.中国上市企业上市前融资约束的实证研究 [J]. 华东经济管理,2017,31(08):113-123.
[③] 侯传斌.中美创业板市场比较 [D]. 东北财经大学,2013.

前瞻性。欧阳辉、刘一楠（2017）[①]又进一步指出，纳斯达克市场于2006年分为三层，针对全球范围内大型市值公司制定全面严格的各类上市标准，针对中型市值公司，需满足较严格的财务指标、流动性标准及公司治理标准等。王乃水（2016）[②]注意到，通过合理的制度设计，纳斯达克保持了较高的灵活度，在上市企业股权结构上要求较为灵活，企业上市标准具有多样性，其全球精选市场要求申请上市企业只需满足四个指标体系之一即可，这些对于缓解中小企业发展瓶颈等起到了十分重要的作用。

创业板是我国多层次资本市场的重要组成部分，是深交所两大板块之一，经过十年的发展，创业板IPO由核准制走向注册制，上市标准也不断与成熟市场接轨。张磊（2021）[③]指出，只有将发展多层次资本市场和建设金融投资风险管理完整生态结合起来，才能在商业发展所有阶段都有效支持企业家创新以及市场创造，其关键在于在加强以投资者利益为代表的产权保护基础上，完善利益相关者治理。

正是在这一背景下，研究创业板不同规模企业，尤其是超大规模企业的以知识产权为核心的无形资产特征，有利于观察创业板上市对于不同规模企业在支持创新创造方面的贡献，为后续拟上市公司在选择上市板块时提供借鉴。

二、研究假设

创业板创立十一年以来，展现了中国资本市场的青春活力，体现出较大的包容性，容纳了十几家超大规模的公司（本文中所称的"巨无霸"）以及近千家市值在十亿至数百亿不等的大中企业。从公司角度，本报告假设巨无霸公司的融资需求小于其他创业板公司，相应地，本报告假设创业板上市对于其他创业板公司的意义要大于巨无霸公司。从市场角度，本报告假设巨无霸公司的股价波动会给指数带来助涨助跌的效应。

三、样本公司选取

考虑到创业板巨无霸公司同时也满足主板上市标准，本报告在选取时，参考其在主板的规模分位。由于深圳主板与中小板合并事项是在2021年发生，本次2020年度的报告暂不合并考虑。按照原深圳主板424家上市公司（不含已退市）

---

① 欧阳辉,刘一楠.纳斯达克的两次分层启示[J].纺织科学研究,2017(05):43.
② 王乃水.纳斯达克灵活支持企业融资创新[J].金融世界,2016(09):30-31.
③ 张磊.多层次资本市场发展与中国挑战[J].南京社会科学,2021(01):15-23.

的统计范围：总市值的前 5% 分位，截至第 21 家上市公司 TCL 科技（000100），为 993.38 亿元；营业收入的前 5% 分位，截至第 21 家上市公司长安汽车（000625），为 845.66 亿元；总资产的前 5% 分位，截至第 21 家上市公司泛海控股（000046），为 1809.91 亿元。以上条件满足其一者，被定义为本文的研究标的，总计 16 家大市值上市公司，其市值均在千亿以上，其中卓胜微在营收和总资产方面，规模较小。

表 17-1　巨无霸公司一览表

证券代码	证券名称	首发上市日期	2020 年底总市值／亿元	2020 年度营业收入／亿元	2020 年度总资产／亿元
300014	亿纬锂能	2009-10-30	1539.43	81.62	257.00
300015	爱尔眼科	2009-10-30	3086.60	119.12	155.41
300059	东方财富	2010-03-19	2670.07	32.52	1103.29
300122	智飞生物	2010-09-28	2366.56	151.90	152.15
300124	汇川技术	2010-09-28	1604.50	115.11	186.48
300274	阳光电源	2011-11-02	1053.29	192.86	280.03
300347	泰格医药	2012-08-17	1410.06	31.92	195.06
300413	芒果超媒	2015-01-21	1290.77	140.06	192.66
300433	蓝思科技	2015-03-18	1341.90	369.39	795.76
300454	深信服	2018-05-16	1026.31	54.58	96.56
300498	温氏股份	2015-11-02	1161.88	749.24	805.00
300601	康泰生物	2017-02-07	1195.20	22.61	95.85
300750	宁德时代	2018-06-11	8179.02	503.19	1566.18
300760	迈瑞医疗	2018-10-16	5178.84	210.26	333.06
300782	卓胜微	2019-06-18	1026.97	27.92	30.90
300999	金龙鱼	2020-10-15	5872.67	1949.22	1791.77

四、样本公司行业分布

以上 16 家巨无霸公司按照申万行业（2021）一级行业的分类，有 5 家公司属于医药生物行业，3 家公司属于电力设备行业，2 家公司属于电子行业，2 家公司属于农林牧渔行业，1 家公司属于计算机行业，1 家公司属于机械设备行业，1 家公司属于非银金融行业，1 家公司属于传媒行业。

纳斯达克市场2020年末市值最大的16家公司中，按照GICS二级行业的分类，6家公司属于软件与服务行业，3家公司属于半导体产品与设备行业，3家公司属于零售业行业，1家公司属于技术硬件与设备行业，1家公司属于汽车与汽车零部件行业，1家公司属于食品饮料与烟草行业，1家公司属于媒体与娱乐行业。

纳斯达克市场的巨无霸企业过于集中在软件与服务、技术硬件与设备行业。相对而言，软件与服务行业，较为广泛地受到互联网人口红利枯竭，反垄断审查的影响，存在较大的波动，21世纪初美国的互联网泡沫破灭就是一个例子。而技术硬件与设备行业则面临贸易战导致的供应链中断等问题。过于集中在以上行业，则抗风险能力较弱。相对而言，创业板巨无霸公司在行业分布上更为均衡。

五、样本公司无形资产情况

按照蓝皮书的惯例，无形资产分为技术类、市场类、人力资本类与资质类。本次统计无形资产规模时，技术类本报告选取授权专利、著作权、专有技术、专有技术（招股说明书）、技术标准的数量作为指标，市场类本报告选取商标数量作为指标，人力资本类本报告选取硕士以上人数和研发人员人数作为指标，资质类本报告选取资质总数作为指标，如表17-2所示。

巨无霸公司的授权专利占比为10.69%，而其总市值占比则达到36.46%，从数量上来说，其他创业板企业（非巨无霸）在每个单位市值上的专利更多。巨无霸公司在著作权、专有技术（招股说明书）、技术标准等技术类无形资产的数量上占比都仅在1%左右，而在专有技术（年报）上也仅有东方财富一家有披露。考虑到巨无霸公司数量（16家）与全部创业板公司数量（892家）的关系，本报告认为，创业板公司技术类无形资产的分布较为均衡，巨无霸公司并未显示出与其规模相应的优势。

商标方面，年报中仅东方财富披露了商标数量，因此，对比分析不具有统计学意义。从有限的数据看，创业板公司商标的分布较为均衡，巨无霸公司并未显示出与其规模相应的优势。

巨无霸公司吸引了15.67%的硕士以上员工和9.56%的研发人员，这表明，巨无霸公司呈现出一定的人力资本类无形资产富集的特征，也与当前高学历人才就业时倾向于去大公司有关。

巨无霸公司的资质总数占比2.05%，仅略高于公司数量的比例，并未显示出资质数量富集的特征。考虑到诸如高新技术企业资格这样的资质是定性的，每家企业无论大小都只能拥有一项，资质总数占比略高于企业数量占比是合理的。

表 17-2　巨无霸公司无形资产数量情况

证券代码	证券名称	授权专利	著作权	专有技术	专有技术（招股说明书）	技术标准	商标数量	硕士以上人数	研发人员人数	资质总数
300014	亿纬锂能	1097	0	0	6	0	0	597	1751	6
300015	爱尔眼科	0	0	0	0	0	0	1507	291	56
300059	东方财富	0	12	123	9	0	190	614	1823	3
300122	智飞生物	0	0	0	19	0	0	351	414	5
300124	汇川技术	1898	15	0	0	0	0	1332	2513	14
300274	阳光电源	1568	9	0	8	0	0	1034	1824	27
300347	泰格医药	0	9	0	10	0	0	1362	652	20
300413	芒果超媒	0	22	0	3	0	0	553	622	12
300433	蓝思科技	1756	4	0	0	0	0	0	10448	12
300454	深信服	0	188	0	0	0	0	1347	3018	10
300498	温氏股份	472	0	0	0	0	0	786	1716	5
300601	康泰生物	0	0	0	3	0	0	195	425	3
300750	宁德时代	2969	20	0	0	0	0	2301	5592	3
300760	迈瑞医疗	3165	92	0	0	41	0	0	3070	31
300782	卓胜微	63	0	0	12	0	0	86	202	2
300999	金龙鱼	0	28	0	0	0	0	1051	329	3
16家巨无霸公司		12988	399	123	70	41	190	13116	34690	212
其他创业板企业		108547	26373	407	5899	3604	17648	70579	328173	10123
全部创业板公司		121535	26772	530	5969	3645	17838	83695	362863	10335
巨无霸公司占比		10.69%	1.49%	23.21%	1.17%	1.12%	1.07%	15.67%	9.56%	2.05%

如表17-3和表17-4所示。巨无霸公司2020年度研发费用累计133.98亿元，占全部创业板公司的15.07%，研发费用率2.82%，低于非巨无霸公司。这与部分公司行业属性更偏于传统，或其发展阶段处于成熟期有关，例如金龙鱼的研发费用率低于0.1%，温氏股份的研发费用率低于1%。而蓝思科技、阳光电源企业规模较大，研发费用占比较少，但绝对值不小。

巨无霸公司2020年度销售费用累计253.90亿元，占全部创业板公司的19.08%，销售费用率5.34%，低于非巨无霸公司。大型企业通过规模效应，形成了对客户较强的影响力和议价能力，因此在销售推广上，成本更低。销售费用率与公司所属行业紧密相关，如康泰生物、迈瑞医疗、爱尔眼科等生物医疗类公司，以及芒果超媒这样的文化传媒公司销售费用率较高。

巨无霸公司2020年度管理费用累计194.39亿元，占全部创业板公司的17.66%，管理费用率4.09%，低于非巨无霸公司。高管薪酬累计4.75亿元，占全部创业板公司的 7.99%，高管总薪酬占比较少，考虑到各家上市公司高管团队人数差别不大，巨无霸公司的人均薪酬还是较高的。由此可见，其同时具备提升激励的需求，和购买打折股份的购买力。对于上市公司和资本市场来说，可能相比从资本市场找机构投资者做定向增发，上市公司适当规划一些股权激励是更合适的选择，也能进一步提升高管与上市公司发展的协同度。

巨无霸公司2020年度财务费用为负，财务费用率为负，低于非巨无霸公司。这表明，巨无霸公司有息负债规模极小或不存在，其从资本市场获取的资金已经能满足或多于其当前发展的需要。从这个角度看，创业板直接融资的资金给巨无霸公司供过于需，而给中小企业则供不应需，配置效率有待提升。

表 17-3　巨无霸公司投入情况（亿元）

证券代码	证券名称	研发费用	销售费用	管理费用	高管薪酬	财务费用	利息收入
300014	亿纬锂能	6.84	2.26	2.70	0.12	0.60	0.26
300015	爱尔眼科	1.64	10.66	14.25	0.10	0.90	0.39
300059	东方财富	3.78	5.23	14.68	0.19	0.34	1.76
300122	智飞生物	3.00	11.98	2.12	0.13	1.31	0.11
300124	汇川技术	10.23	8.71	5.80	0.29	-0.55	0.67
300274	阳光电源	8.06	9.73	3.96	0.32	2.61	0.69
300347	泰格医药	1.57	0.97	3.91	0.07	0.88	1.10
300413	芒果超媒	1.84	21.64	6.29	0.37	-0.87	1.17
300433	蓝思科技	14.42	3.67	23.13	0.14	8.09	0.36
300454	深信服	15.09	18.11	2.72	0.06	-1.37	1.64
300498	温氏股份	6.79	8.80	57.64	0.96	1.96	0.40
300601	康泰生物	2.67	8.78	1.68	0.11	-0.21	0.24
300750	宁德时代	35.69	22.17	17.68	0.16	-7.13	14.95
300760	迈瑞医疗	18.69	36.12	8.97	1.13	-0.61	3.86
300782	卓胜微	1.82	0.34	0.32	0.12	0.19	0.05
300999	金龙鱼	1.83	84.72	28.53	0.48	-8.29	25.64
16家巨无霸公司		133.98	253.90	194.39	4.75	-2.13	53.27
其他创业板企业		754.85	1076.72	906.24	54.72	238.95	74.34
全部创业板公司		888.83	1330.63	1100.63	59.47	236.82	127.61
巨无霸公司占比		15.07%	19.08%	17.66%	7.99%	-0.90%	41.74%

表 17-4　巨无霸公司各项费用率

公司规模	研发费用率	销售费用率	管理费用率	财务费用率
巨无霸公司	2.82%	5.34%	4.09%	-0.04%
非巨无霸公司	5.17%	7.37%	6.20%	1.64%

六、再融资情况

通过统计创业板上市公司再融资的情况，本报告发现，16家巨无霸公司增发募集资金占创业板市场的17.74%，显著低于其总市值占比。如表17-5所示：

表17-5　巨无霸公司增发募资情况

公司规模	增发募集资金／亿元	总市值／万亿元
巨无霸公司	600.62	4.00
非巨无霸公司	2785.23	6.97
全部创业板公司	3385.85	10.97
巨无霸公司占比	17.74%	36.46%

巨无霸公司再融资占比较低，与其中头部企业宁德时代、金龙鱼和迈瑞医疗上市时间较短有关。但是这一比例也较为直观地说明，在增发募资这方面，巨无霸公司尚未给创业板市场带来明显的负担。

七、指数权重及风险

巨无霸公司在市值、营业收入、总资产规模上都明显大于其他创业板企业，在创业板指数的构成中具有举足轻重的地位。一旦有巨无霸公司出现黑天鹅事件，容易导致创业板指数较大回撤，这时与主板不同的是，创业板其他公司由于在指数中权值较小，在ETF中配置的比例较小，难以起到稳定市场的作用；反而可能因为ETF出现大额赎回，面临被动抛售的情况。

例如2021年10月12日，因《快乐大本营》停播，巨无霸公司芒果超媒（300413）当日最多下跌15.49%，当日创业板指最低下探到3106.47点；这一低点较8月5日的近期高点3569.84点已经回撤12.98%。指数的回撤将导致长期配置资金的净值出现较大回撤，不利于吸引长线资金投资创业板。

八、研究结论

16家巨无霸公司中，既包括上市时间较早，伴随创业板的成长壮大的爱尔眼科、东方财富等公司,也包括近期上市,享受到注册制红利的金龙鱼等公司。这些公司的发展,为吸纳机构投资者,扩大创业板影响力,做出了很大的贡献。在2020年,公募基金取得了长足的发展,巨无霸公司受到了公募基金的"抱团"青睐。而部分中小型创业板企业,则主要由散户投资,而在创业板散户投资门槛提高后,中小企业面临高不成、低不就的局面。德艺文创、海辰药业等上市公司,面临日(2021年9月7日)成交额不足千万的窘境。

通过比较创业板上市公司2020年报的三(四)项费用率,巨无霸公司的各项费用都显著低于其他创业板上市公司,技术类无形资产无论是产出还是投入,都没有展现足够高的创新属性。为提高资金的使用效率,部分巨无霸企业,如宁德时代,也在参与投资上海国策绿色科技制造私募投资基金,通过创投的方式,孵化中小企业,助力科技制造业发展,以先富(巨无霸企业)的身份带动后富(投资标的),力求实现共同富裕。但从多层次资本市场的角度看,合适的企业去合适的板块上市可能是更好的选择。

创业板走过的十一年历史,也是中国资本市场支持科技创新发展的一个见证,起初是需要支持多种规模的企业。因此本报告看到,2009年10月30日及之后一年内上市的公司中,既包括爱尔眼科、东方财富等巨无霸公司,也包括吉峰科技等市值(截至2020年底)不足20亿的企业。随着科创板的成立以及新三板的改革,当前创业板的定位也发生了微妙的变化。现在,中国多层次资本市场中,有包括沪市主板、深市主板在内的一板市场,有包括科创板、创业板在内的二板市场,有包括北交所、新三板在内的三板市场,以及各股权交易中心等四板市场。一方面,创业板、科创板、北交所仍将共同服务于新兴行业,服务于高新技术产业,服务于专精特新企业;而另一方面,不同板块在企业规模的定位上又有所区别:以后创业板将更多地吸纳这些行业中预计市值50亿元以上的大中型企业,包含个别巨无霸企业,在服务于轻资产企业的同时,也包容部分资产相对较重一些的制造业企业和现代金融服务业公司;相对而言,预计市值在10~40亿元的企业更符合科创板的定位,例如工业和信息化部2019年公布的第一批专精特新"小巨人"企业中的迈得医疗等,而预计市值不足10亿元的企业更符合北交所的定位。

展望未来,本报告认为,企业在合适的板块融资有利于更好地发展,对于巨无霸公司同样如此。以后,对于类似金龙鱼、温氏股份这样传统行业的企业来说,合并了中小板以后重启融资功能的新深证主板,将是更好的选择,相对而言,在财务状况达标以后,主板的要求更低。而发行人申请股票首次发行上市,应当符合创业板定位,主要服务成长型创新创业企业，支持传统产业与新技术、新产业、新业态、新模式深度融合；此外，由于主板目前涨跌停幅度较小，且波动相对更低，能满足很多较稳健的投资机构在风险等级上的要求，其在制度上对散户资金量的要求也更低。对于类似宁德时代这样的新能源制造业巨头来说，深证主板及创业板均是其合理选择，从行业分类上，锂电池符合创业板的定位，而其无形资产的富集程度也与创业板的定位相称。对于类似智飞生物这样的大型生物医药企业、类似卓胜微这样的大型半导体企业来说，创业板为其发展提供了非常合适的平台，其中信息披露的要求以及投资者的类别都与企业需求相匹配。近期，本报告也注意到东风汽车集团终止创业板上市申请、联想集团撤回科创板上市申请，这表明，部分公司已经开始主动做出选择。

在警惕资金空转的新要求下，已融资的巨无霸公司需要提升资金使用效率，加大投入，将部分有形资产转化为有效无形资产，通过内部研发、并购、参股产业链公司、股权激励等方式综合提升其技术类、市场类、人力资本类和资质类无形资产的质量与数量，从而提升企业的竞争力，成为创业板无形资产创造的支柱力量。

附表一：创业板上市公司无形资产持续信息披露指数排名（2015—2020）

二级行业	排名	证券代码	公司名称	得分
医药制造 （取前10名）	1	300639	凯普生物	57.88
	2	300267	尔康制药	56.83
	3	300439	美康生物	54.80
	4	300254	仟源医药	53.94
	5	300239	东宝生物	53.34
	6	300485	赛升药业	53.00
	7	300233	金城医药	52.36
	8	300289	利德曼	51.73
	9	300181	佐力药业	49.51
	10	300519	新光药业	49.48
文化传播 （取前3名）	1	300251	光线传媒	60.81
	2	300426	唐德影视	58.65
	3	300291	华录百纳	57.03

续表

二级行业	排名	证券代码	公司名称	得分
软件信息技术服务（取前15名）	1	300561	汇金科技	56.18
	2	300212	易华录	54.85
	3	300271	华宇软件	53.66
	4	300349	金卡智能	53.61
	5	300290	荣科科技	53.56
	6	300311	任子行	53.14
	7	300002	神州泰岳	52.81
	8	300250	初灵信息	52.58
	9	300379	东方通	52.00
	10	300183	东软载波	51.94
	11	300229	拓尔思	51.88
	12	300513	恒实科技	51.86
	13	300287	飞利信	51.66
	14	300451	创业慧康	51.66
	15	300330	华虹计通	51.51
其他行业（取前15名）	1	300538	同益股份	67.80
	2	300146	汤臣倍健	65.75
	3	300313	天山生物	63.50
	4	300791	仙乐健康	61.96
	5	300749	顶固集创	60.33
	6	300797	钢研纳克	60.16
	7	300215	电科院	59.96
	8	300712	永福股份	59.75
	9	300164	通源石油	59.08
	10	300012	华测检测	58.54
	11	300676	华大基因	58.33
	12	300106	西部牧业	58.16
	13	300680	隆盛科技	57.91
	14	300722	新余国科	57.83
	15	300328	宜安科技	57.33

续表

二级行业	排名	证券代码	公司名称	得分
计算机通信及电子（取前15名）	1	300078	思创医惠	59.13
	2	300101	振芯科技	58.54
	3	300223	北京君正	57.64
	4	300323	华灿光电	57.63
	5	300211	亿通科技	57.19
	6	300046	台基股份	56.88
	7	300327	中颖电子	56.14
	8	300042	朗科科技	56.04
	9	300807	天迈科技	55.51
	10	300220	金运激光	54.89
	11	300213	佳讯飞鸿	54.80
	12	300555	路通视信	54.01
	13	300449	汉邦高科	53.94
	14	300565	科信技术	53.76
	15	300632	光莆股份	53.61
机械设备仪表（取前15名）	1	300265	通光线缆	58.11
	2	300228	富瑞特装	57.14
	3	300018	中元股份	55.65
	4	300786	国林科技	55.44
	5	300318	博晖创新	55.06
	6	300165	天瑞仪器	54.54
	7	300129	泰胜风能	54.31
	8	300667	必创科技	54.03
	9	300286	安科瑞	53.94
	10	300091	金通灵	53.86
	11	300095	华伍股份	53.82
	12	300326	凯利泰	53.61
	13	300499	高澜股份	53.14
	14	300317	珈伟新能	53.03
	15	300252	金信诺	52.84

二级行业	排名	证券代码	公司名称	得分
化学橡胶塑料（取前15名）	1	300387	富邦股份	59.89
	2	300798	锦鸡股份	58.55
	3	300610	晨化股份	57.79
	4	300261	雅本化学	56.51
	5	300041	回天新材	56.04
	6	300285	国瓷材料	55.33
	7	300236	上海新阳	55.16
	8	300109	新开源	54.83
	9	300218	安利股份	54.65
	10	300243	瑞丰高材	54.29
	11	300437	清水源	54.29
	12	300587	天铁股份	54.13
	13	300429	强力新材	54.00
	14	300230	永利股份	52.59
	15	300665	飞鹿股份	52.54
互联网及相关服务（取前5名）	1	300226	上海钢联	57.71
	2	300785	值得买	54.13
	3	300295	三六五网	53.28
	4	300242	佳云科技	52.59
	5	300031	宝通科技	52.40

附表二：创业板上市公司无形资产质量指数排名（2015—2020）

二级行业	排名	证券代码	公司名称	得分
医药制造（取前10名）	1	300363	博腾股份	44.76
	2	300463	迈克生物	43.40
	3	300267	尔康制药	41.37
	4	300199	翰宇药业	39.20
	5	300482	万孚生物	38.08
	6	300204	舒泰神	37.95
	7	300601	康泰生物	37.58
	8	300086	康芝药业	36.56
	9	300573	兴齐眼药	35.15
	10	300357	我武生物	35.08

续表

二级行业	排名	证券代码	公司名称	得分
文化传播 （取前 3 名）	1	300251	光线传媒	39.54
	2	300148	天舟文化	39.40
	3	300133	华策影视	38.74
软件信息技术服务 （取前 15 名）	1	300166	东方国信	47.96
	2	300552	万集科技	46.05
	3	300002	神州泰岳	45.20
	4	300768	迪普科技	43.75
	5	300369	绿盟科技	43.12
	6	300333	兆日科技	42.57
	7	300033	同花顺	41.46
	8	300348	长亮科技	41.14
	9	300386	飞天诚信	41.03
	10	300253	卫宁健康	41.02
	11	300523	辰安科技	40.92
	12	300598	诚迈科技	40.57
	13	300229	拓尔思	40.33
	14	300188	美亚柏科	40.21
	15	300687	赛意信息	40.07
其他行业 （取前 15 名）	1	300511	雪榕生物	42.39
	2	300673	佩蒂股份	42.14
	3	300464	星徽股份	41.61
	4	300538	同益股份	41.24
	5	300765	新诺威	41.21
	6	300749	顶固集创	41.00
	7	300635	中达安	40.94
	8	300347	泰格医药	40.05
	9	300668	杰恩设计	39.53
	10	300695	兆丰股份	38.92
	11	300662	科锐国际	38.64
	12	300696	爱乐达	38.53
	13	300612	宣亚国际	38.52
	14	300172	中电环保	38.25
	15	300699	光威复材	38.11

续表

二级行业	排名	证券代码	公司名称	得分
计算机通信及电子（取前15名）	1	300373	扬杰科技	43.75
	2	300566	激智科技	39.34
	3	300657	弘信电子	38.66
	4	300782	卓胜微	37.75
	5	300077	国民技术	37.41
	6	300638	广和通	37.36
	7	300053	欧比特	36.43
	8	300623	捷捷微电	36.41
	9	300661	圣邦股份	36.34
	10	300346	南大光电	36.24
	11	300747	锐科激光	35.87
	12	300079	数码视讯	35.47
	13	300433	蓝思科技	35.45
	14	300726	宏达电子	35.32
	15	300353	东土科技	35.22
机械设备仪表（取前15名）	1	300382	斯莱克	40.11
	2	300453	三鑫医疗	38.11
	3	300161	华中数控	37.74
	4	300206	理邦仪器	37.44
	5	300800	力合科技	36.79
	6	300595	欧普康视	36.38
	7	300368	汇金股份	36.32
	8	300760	迈瑞医疗	36.31
	9	300445	康斯特	36.13
	10	300024	机器人	36.04
	11	300274	阳光电源	36.01
	12	300447	全信股份	35.96
	13	300045	华力创通	35.75
	14	300417	南华仪器	35.73
	15	300425	中建环能	35.72

续表

二级行业	排名	证券代码	公司名称	得分
化学橡胶塑料（取前15名）	1	300741	华宝股份	40.15
	2	300375	鹏翎股份	35.59
	3	300487	蓝晓科技	35.08
	4	300644	南京聚隆	35.07
	5	300641	正丹股份	35.00
	6	300398	飞凯材料	34.55
	7	300721	怡达股份	34.29
	8	300072	三聚环保	34.07
	9	300769	德方纳米	34.07
	10	300481	濮阳惠成	34.05
	11	300655	晶瑞股份	33.79
	12	300285	国瓷材料	33.75
	13	300596	利安隆	33.73
	14	300429	强力新材	33.59
	15	300637	扬帆新材	33.55
互联网及相关服务（取前5名）	1	300785	值得买	42.43
	2	300773	拉卡拉	42.05
	3	300315	掌趣科技	38.39
	4	300113	顺网科技	37.46
	5	300052	中青宝	36.85

附表三：创业板上市公司无形资产价值指数排名（2015—2020）

二级行业	排名	证券代码	公司名称	得分
医药制造 （取前10名）	1	300357	我武生物	337.87
	2	300601	康泰生物	322.40
	3	300630	普利制药	266.87
	4	300573	兴齐眼药	252.78
	5	300122	智飞生物	247.25
	6	300142	沃森生物	233.02
	7	300482	万孚生物	231.00
	8	300685	艾德生物	227.61
	9	300558	贝达药业	209.68
	10	300009	安科生物	167.05
文化传播 （取前3名）	1	300413	芒果超媒	162.79
	2	300144	宋城演艺	150.59
	3	300251	光线传媒	143.28
软件信息技术服务 （取前15名）	1	300598	诚迈科技	369.03
	2	300033	同花顺	355.49
	3	300659	中孚信息	318.36
	4	300768	迪普科技	300.55
	5	300799	左江科技	287.11
	6	300803	指南针	270.98
	7	300454	深信服	235.96
	8	300559	佳发教育	213.43
	9	300496	中科创达	213.37
	10	300253	卫宁健康	205.11
	11	300624	万兴科技	201.46
	12	300348	长亮科技	200.73
	13	300579	数字认证	186.51
	14	300468	四方精创	181.22
	15	300523	辰安科技	175.97

续表

二级行业	排名	证券代码	公司名称	得分
其他行业（取前15名）	1	300492	华图山鼎	318.89
	2	300777	中简科技	305.34
	3	300015	爱尔眼科	290.87
	4	300347	泰格医药	256.68
	5	300699	光威复材	224.68
	6	300012	华测检测	216.21
	7	300775	三角防务	210.98
	8	300706	阿石创	190.48
	9	300612	宣亚国际	183.40
	10	300783	三只松鼠	178.99
	11	300345	华民股份	173.39
	12	300676	华大基因	167.23
	13	300618	寒锐钴业	157.64
	14	300797	钢研纳克	154.16
	15	300662	科锐国际	148.92
计算机通信及电子（取前15名）	1	300782	卓胜微	463.98
	2	300661	圣邦股份	450.15
	3	300223	北京君正	418.38
	4	300220	金运激光	381.29
	5	300628	亿联网络	305.55
	6	300747	锐科激光	268.82
	7	300548	博创科技	231.17
	8	300666	江丰电子	222.70
	9	300474	景嘉微	214.37
	10	300701	森霸传感	212.31
	11	300136	信维通信	190.44
	12	300615	欣天科技	190.20
	13	300787	海能实业	189.64
	14	300726	宏达电子	188.93
	15	300502	新易盛	188.74
机械设备仪表（取前15名）	1	300595	欧普康视	317.12
	2	300529	健帆生物	314.45
	3	300760	迈瑞医疗	311.16
	4	300526	中潜股份	304.52

续表

二级行业	排名	证券代码	公司名称	得分
其他行业（取前15名）	5	300653	正海生物	256.18
	6	300572	安车检测	253.01
	7	300604	长川科技	211.33
	8	300417	南华仪器	189.97
	9	300341	麦克奥迪	186.92
	10	300776	帝尔激光	164.22
	11	300445	康斯特	163.66
	12	300633	开立医疗	153.69
	13	300753	爱朋医疗	151.72
	14	300238	冠昊生物	151.71
	15	300461	田中精机	149.96
化学橡胶塑料（取前15名）	1	300725	药石科技	215.37
	2	300684	中石科技	188.42
	3	300530	达志科技	186.79
	4	300731	科创新源	163.71
	5	300481	濮阳惠成	163.47
	6	300285	国瓷材料	159.74
	7	300576	容大感光	151.85
	8	300236	上海新阳	149.14
	9	300655	晶瑞股份	144.65
	10	300429	强力新材	143.52
	11	300767	震安科技	140.86
	12	300798	锦鸡股份	139.34
	13	300487	蓝晓科技	138.69
	14	300769	德方纳米	134.37
	15	300586	美联新材	114.58
互联网及相关服务（取前5名）	1	300785	值得买	316.64
	2	300792	壹网壹创	293.91
	3	300766	每日互动	205.67
	4	300113	顺网科技	196.40
	5	300773	拉卡拉	144.11

相关说明：

1.为降低单一年度得分的偶然性影响，本排名是对2015—2020年间样本公司每年度指数得分的均值排名。若样本公司上市时间晚于2015年，则只选取该公司上市后各年度的得分均值。

2.各行业均只公布排名靠前的部分上榜公司名单，名单数量由该行业的总体样本数量决定，即公司数量较多的行业，其上榜公司数量也相对较多，最少公布3家，最多公布15家。

3.各行业的命名及统计范围与报告正文一致，详见报告正文中的相关注释。

参考文献

[1] 杨汝梅. 无形资产论 [M]. 上海：立信会计出版社, 2009.

[2] 何燕华. 论专有技术的国际保护 [J]. 重庆教育学院学报, 2004, 17(5):4-5.

[3] 张瑜. 浅议专有技术的保护 [J]. 商场现代化, 2006(06):2-5.

[4] 范力. 中国企业首次公开发行上市交易所选择策略分析 [J]. 中国流通经济, 2008, 22(12):38-40.

[5] 刘红霞, 张烜. 驰名商标价值管理与企业绩效研究——以上市公司营销活动和研发活动为例 [J]. 甘肃社会科学, 2015(06):181-185.

[6] 付丙海, 谢富纪, 韩雨卿. 创新链资源整合、双元性创新与创新绩效：基于长三角新创企业的实证研究 [J]. 中国软科学, 2015(12):176-186.

[7] 胡仁昱, 倪凯时. 中小高新技术企业无形资产价值评估研究 [J]. 财务与会计, 2015(22):3-5.

[8] 张杰, 高德步, 夏胤磊. 专利能否促进中国经济增长——基于中国专利资助政策视角的一个解释 [J]. 中国工业经济, 2016(1):16-24.

[9] 黄菁茹. 论FRAND原则对标准必要专利权行使的限制 [J]. 知识产权, 2016(01):90-96.

[10] 李世刚, 杨龙见, 尹恒. 异质性企业市场势力的测算及其影响因素分析 [J]. 经济学报, 2016, 3(02):69-89.

[11] 陈银忠, 易小丽. 投资专有技术变迁与中国经济波动特征——基于小国开放经济RBC模型的分析 [J]. 经济问题探索, 2016(03):59-65.

[12] 魏延辉, 张慧颖, 魏静. 电子信息制造业产值增长专利作用 [J]. 中国科技论坛, 2016(03):69-74.

[13] 王乃水. 纳斯达克灵活支持企业融资创新 [J]. 金融世界, 2016(09):30-31.

[14] 张漪, 彭哲. 基于企业规模的专利活动与企业绩效比较研究——对深圳制造业的实证分析 [J]. 软科学, 2016, 30(02):65-68+73.

[15] 李福. 从技术标准化的历史演变看产业内涵的变迁[J]. 科学技术哲学研究, 2016, 33(05):99-103.

[16] 曹明, 陈荣, 孙济庆, 吴迪, 严素梅, 王倩倩. 基于专利分析的技术竞争力比较研究[J]. 科学研究, 2016, 34(03):380-385+470.

[17] 王珊珊, 占思奇, 王玉冬. 产业技术标准联盟专利冲突可拓模型与策略生成[J]. 科学学研究, 2016, 34(10):1487-1497.

[18] 王宏起, 郭雨, 武建龙. 战略性新兴企业专利风险评价研究[J]. 科技管理研究, 2016, 36(1):5-8.

[19] 李强, 顾新, 胡谍. 专利数量和质量与企业业绩的相关性研究——基于中国创业板上市公司的实证分析[J]. 科技管理研究, 2016, 36(04):157-161.

[20] 王晓淑. 我国软件著作权保护现状与对策分析[J]. 菏泽学院学报, 2016, 38(01):92-95.

[21] 彭茂祥, 李浩. 基于大数据视角的专利分析方法与模式研究[J]. 情报理论与实践, 2016, 39(07):108-113.

[22] 王道平, 韦小彦, 邹思明, 方放. 技术标准联盟主导企业标准化能力研究[J]. 中国科技论坛, 2017(02):92-97.

[23] 金子坚. 存在风险偏好的模糊市场容量古诺模型构建与竞争优势分析[J]. 全国流通经济, 2017(04):101-104.

[24] 李黎明, 陈明媛. 专利密集型产业、专利制度与经济增长[J]. 中国软科学, 2017(4):17-24.

[25] 张劲帆, 李汉涯, 何晖. 企业上市与企业创新——基于中国企业专利申请的研究[J]. 金融研究, 2017(5):16-22.

[26] 欧阳辉, 刘一楠. 纳斯达克的两次分层启示[J]. 纺织科学研究, 2017(05):43.

[27] 熊芬. 计算机软件著作权法律保护问题研究[J]. 法制博览, 2017(09):13-15.

[28] 马玉凤. 论商标法对未注册商标的保护[J]. 法制与经济, 2017(12):32-33.

[29] 王洋帅, 陈琳, 童纪新. 客户集中度与制度环境对现金持有水平影响的实证检验[J]. 财会月刊, 2017(15):51-61.

[30] 魏玉平, 曾国安. 中国上市企业上市前融资约束的实证研究[J]. 华东经济管理, 2017, 31(08):113-123.

[31] 焦小静, 张鹏伟. 客户集中度影响公司股利政策吗:治理效应抑或风险效应[J]. 广东财经大学学报, 2017, 32(04):70-81.

[32] 魏津瑜,刘月,南广友,刘倩文.基于技术标准的高技术产业集群创新绩效与定价模式研究[J].科学管理研究,2017,35(01):51-54.

[33] 肖建华,柴芳墨.论开源软件的著作权风险及相应对策[J].河北法学,2017,35(06):2-11.

[34] 谷丽,郝涛,任立强,洪晨.专利质量评价指标相关研究综述[J].科研管理,2017,38(S1):27-33.

[35] 王黎萤,王佳敏,虞微佳.区域专利密集型产业创新效率评价及提升路径研究——以浙江省为例[J].科研管理,2017,38(03):29-37.

[36] 朱磊,唐琳玉,王春燕,吕梓毓.产品市场竞争与企业双元创新投资——来自中小板的经验数据[J].财务研究,2018(04):35-44.

[37] 蒋克林.移动互联网领域下APP商标侵权的认定研究[J].法制博览,2018(05):8-9.

[38] 袁春生,李琛毅.高校教师背景的独立董事对企业创新绩效影响研究[J].财会通讯,2018(09):79-82.

[39] 单文涛,王永青.产权性质、客户集中度与资产营运能力[J].财会通讯,2018(12):56-58+85.

[40] 苏涛,陈春花,宋一晓,王甜.基于Meta检验和评估的员工幸福感前因与结果研究[J].管理学报,2018,15(04):512-522.

[41] 杨晰,靳燕娟,李刚.试论客户集中度与内部控制缺陷[J].商业经济研究,2018(16):166-168.

[42] 孟庆玺,白俊,施文.客户集中度与企业技术创新:助力抑或阻碍——基于客户个体特征的研究[J].南开管理评论,2018,21(04):62-73.

[43] 段梦,周颖,吕巍,罗津.创业导向、双元创新与企业竞争优势[J].工业工程与管理,2018,23(01):110-114+121.

[44] 李巍,代智豪,丁超.企业家社会资本影响经营绩效的机制研究——商业模式创新的视角[J].华东经济管理,2018,32(02):51-57.

[45] 魏卉,郑伟.企业竞争地位、供应链集中度与权益资本成本[J].商业研究,2019(02):109-118.

[46] 周占伟,屠楚新.无形资产会计准则改革对制造业上市公司R&D投入的影响[J].经济体制改革,2019(04):145-150.

[47] 励莉,周芳玲.独立董事身份特征对公司绩效的影响研究[J].经济问题,2019(06):97-103.

[48] 孙兰兰,翟士运.客户关系影响企业营运资金融资决策吗?——基于资金周转中介效应的实证分析[J].财经论丛,2019(08):63-72.

[49] 宋锟泰,张正堂,赵李晶.领导者的时间提醒真的能够提升员工绩效吗?——一个被调节的双中介效应模型[J].财经论丛,2019(08):84-94.

[50] 李月.我国医药制造业上市公司研发投入问题研究[J].经营与管理,2019(09):127-130.

[51] 褚杉尔,高长春,高晗.企业家社会资本、融资约束与文化创意企业创新绩效[J].财经论丛,2019(10):53-63.

[52] 崔也光,高靖男.我国计算机通讯业企业无形资产质量分析——以华为与中兴通讯的对比分析为切入点[J].财务与会计,2019(11):30-33.

[53] 冯研.创业板上市公司无形资产对盈余持续性影响研究[J].纳税,2019,13(07):176+178.

[54] 魏芳.医院洗涤服务社会化的实践与成效——以某地市级三甲医院为例[J].大众投资指南,2019(17):288-289.

[55] 徐丽军,楚知睿.互联网企业无形资产会计处理存在的问题及建议[J].商业会计,2019(18):80-81+85.

[56] 方宗,陈佳煌.供应链环境下客户集中度对现金持有量水平影响研究[J].财会通讯,2019(18):118-123+128.

[57] 张康利.通信及相关设备制造业无形资产与经营绩效相关性的研究[J].中国管理信息化,2019,22(07):40-41.

[58] 任婷婷,周倩春,仲旭.文化企业、银行和评估机构联姻?——无形资产动态融资机制研究[J],文化产业研究,2019,No.22,156-168.

[59] 汪文忠.生态保护视角下塑料包装行业投资前景分析[J].塑料包装,2019,29(04):17-19+32.

[60] 何翀,黄思佳,徐惠珍.创业板上市公司R&D投入对企业成长性影响的研究——以软件行业为例[J].现代商业,2019(29):97-99.

[61] 刘新梅,姚进,陈超.谦卑型领导对员工创造力的跨层次影响研究[J].软科学,2019,33(05):81-86.

[62] 项慧玲. 独立董事海外背景、内部薪酬差距与企业绩效 [J]. 华东经济管理, 2019, 33(10): 129-137.

[63] 何瑛, 于文蕾, 戴逸驰, 王砚羽. 高管职业经历与企业创新 [J]. 管理世界, 2019, 35(11): 174-192.

[64] 叶传盛, 陈传明. 组织学习对创业者社会资本与绩效的中介机制: 以环境复杂性为调节变量 [J]. 科技进步与对策, 2019, 36(17): 11-19.

[65] 张振刚, 户安涛, 黄洁明. 高管团队职能背景与企业创新绩效——"精力"与"资源"的中介作用 [J]. 科技进步与对策, 2019, 36(24): 143-152.

[66] 任海云. 无形资产会计准则改革对企业 R&D 投入的影响——来自中国制造业上市公司的经验证据 [J]. 企业经济, 2019, 38(02): 88-93.

[67] 谢众, 张杰. 营商环境、企业家精神与实体企业绩效——基于上市公司数据的经验证据 [J]. 工业技术经济, 2019, 38(05): 89-96.

[68] 朱琪, 关希如. 高管团队薪酬激励影响创新投入的实证分析 [J]. 科研管理, 2019, 40(08): 253-262.

[69] 黄庆华, 张芳芳, 陈习定. 高管短期薪酬的创新激励效应研究 [J]. 科研管理, 2019, 40(11): 257-265.

[70] 刘云, 杨东涛, 安彦蓉. 挑战性-阻碍性压力与工作幸福感关系研究: 基于工作重塑的中介作用 [J]. 当代经济管理, 2019, 41(08): 77-84.

[71] 陈金勇, 朱正冲. 中国上市公司无形资产现状、成因及对策研究——基于三维度的沪、深两市主板数据 [J]. 湖北大学学报: 哲学社会科学版, 2019, 46(5): 10-16.

[72] 杨肃昌, 马亚红. 客户集中度与公司诉讼风险 [J]. 江西财经大学学报, 2020(01): 48-61.

[73] 李顺彬. 产品市场竞争、竞争地位与企业金融资产配置 [J]. 经济体制改革, 2020(01): 119-127.

[74] 李莉, 黄培峰, 崔静. 股权激励及其集中度对研发支出的影响——基于信息技术行业高管激励与核心技术人员激励的差异视角 [J]. 技术经济与管理研究, 2020(02): 18-22.

[75] 岳殿民, 李雅欣. 法律背景独立董事声誉、法律环境与企业违规行为 [J]. 南方金融, 2020(02): 22-31.

[76] 李国兰,杜姝颖.客户集中度、自由现金流与业绩波动性[J].财会月刊,2020(02):39-47.

[77] 周先平,皮永娟,刘仁芳.企业家精神、投资效率与企业价值[J].金融与经济,2020(02):45-51.

[78] 郑玉.高新技术企业认定的信号功能研究——基于外部融资激励的实证[J].金融理论与实践,2020(02):45-54.

[79] 强光彩.企业资质管理浅议[J].中国建筑装饰装修,2020(02):84.

[80] 王靖宇,刘红霞.央企高管薪酬激励、激励兼容与企业创新——基于薪酬管制的准自然实验[J].改革,2020(02):138-148.

[81] 苑泽明,程思恬,范琳.经济政策不确定性与高管薪酬业绩敏感性[J].会计之友,2020(04):72-79.

[82] 刘佳玉.关于互联网企业新型无形资产列报与披露讨论[J].中国乡镇企业会计,2020(06):79-80.

[83] 赵红杰,魏晓磊.建设项目资质管理存在问题及建议[J].山东水利,2020(09):4-6.

[84] 苏涛.文化企业无形资产投资财税问题分析[J].人文天下,2020,(09):23-27.

[85] 张辉司.资质改革对水利建企的影响[J].施工企业管理,2020(09):50-51.

[86] 徐官师.资质改革后的资质管理工作[J].施工企业管理,2020(09):54-55.

[87] 周洁.文化产业资产评估的特殊性及相关建议[J].企业改革与管理,2020,(09):215-216.

[88] 张汨红.知识产权保护,无形资产与企业价值[J].财会通讯,2020(10):5-10.

[89] 闫璐.基于CiteSpace分析的互联网企业竞争力研究[J].智能计算机与应用,2020,10(03):404-405+411.

[90] 董莉,郐志坚,刘遵乐.全球生物医药产业发展现状、趋势及经验借鉴——兼论金融支持中国生物医药发展[J].金融发展评论,2020(11):12-23.

[91] 贺绍鹏,马玲玲,张婧卿.国家电网供应商关系管理实践[J].招标采购管理,2020(11):44-46.

[92] 王悦.供应链金融视域下中小企业信用风险防范[J].甘肃金融,2020(12):35-39.

[93] 耿紫珍,赵佳佳,丁琳.中庸的智慧:上级发展性反馈影响员工创造力的机理研究[J].南开管理评论,2020,23(01):75-86.

[94] 陈娟,张婷,卢岩,欧阳昭连.我国创业板制药企业药物研发现状与成果分

析[J].中国药业,2020,29(07):60-63.

[95]梁红艳.我国无形资产评估质量控制现状及存在的问题[J].财会学习,2020(30):2-4.

[96]郑玉.高新技术企业认定、外部融资激励与企业绩效——基于倾向得分匹配法(PSM)的实证研究[J].研究与发展管理,2020,32(06):91-102.

[97]朱月乔,周祖城.企业履行社会责任会提高员工幸福感吗?——基于归因理论的视角[J].管理评论,2020,32(05):233-242.

[98]宋玉禄,陈欣.新时代企业家精神与企业价值——基于战略决策和创新效率提升视角[J].华东经济管理,2020,34(04):108-119.

[99]高凤莲,董必荣,王杰,凌华.独立董事背景特征与审计质量的实证研究[J].审计与经济研究,2020,35(02):27-39.

[100]杨俊,张玉利,韩炜,叶文平.高管团队能通过商业模式创新塑造新企业竞争优势吗?——基于CPSED II数据库的实证研究[J].管理世界,2020,36(07):55-77+88.

[101]栾甫贵,纪亚方.高管外部薪酬差距、公司治理质量与企业创新[J].经济经纬,2020,37(01):114-122.

[102]张光磊,董悦,李铭泽,杨依蓝.政府联系对员工绩效的跨层次影响研究[J].中国人力资源开发,2020,37(06):105-120.

[103]文旭倩,叶勇.客户集中对企业创新投入的影响——基于融资结构的中介效应[J].数理统计与管理,2020,39(04):675-690.

[104]张晓亮,文雯,宋建波.学者型CEO更加自律吗?——学术经历对高管在职消费的影响[J].经济管理,2020,42(02):106-126.

[105]彭佑元,尉聪聪.软件和信息技术服务业企业财务风险评价研究——基于东部地区创业板市场的数据[J].湖北农业科学,2020,59(11):153-158.

[106]杨晓.企业无形资产核算管理的问题及对策探究[J].经营管理者,2020,No.565(11):82-83.

[107]张磊.多层次资本市场发展与中国挑战[J].南京社会科学,2021(01):15-23.

[108]顾海峰,翟淋源.高管薪酬粘性、风险承担与企业投资效率——管理者权力与融资约束的调节作用[J].证券市场导报,2021(01):33-43.

[109]魏丽丽.商品状况改变后再销售中商标权用尽规则的适用问题研究[J].中

州学刊,2021(02):56-58.

[110] 张卫国,杨波,于连超,毕茜.高管IT背景与企业创新：来自烙印理论的解释[J].财会月刊,2021(02):106-115.

[111] 赵新江.英科医疗：小手套撑起大市值[J].理财,2021(03):38-39.

[112] 金树颖,李小盼.科创板上市公司无形资产与经营绩效相关性分析[J].经营与管理,2021(03):46-51.

[113] 杜毅刚,孙栋栋,王祥军,徐乐.企业集团跨国经营与无形资产转让定价——基于中联重科的案例分析[J].管理会计研究,2021,4(05):34-41+87.

[114] 黄珂婧.文化企业财务报表中的无形资产——以乐视网为例[J].经济研究导刊,2021,(04):81-84.

[115] 邱迪,荆文君.模式或技术：互联网行业的创新效率与来源——基于互联网上市企业的实际测度[J].科学决策,2021(08):55-70.

[116] 蒋文慧.文化企业无形资产价值评估——以阅文集团与新丽传媒为例[J].上海商业,2021,(10):20-21.

[117] 汪萱乙.工程设计企业的工程总承包模式探索[J].产业与科技论坛,2021,20(01):228-229.

[118] 扈文秀,杜金柱,章伟果.信息披露质量影响公司风险承担：治理效应抑或声誉效应？[J].运筹与管理,2021,30(07):210-217.

[119] 曲艺,李宛亭,王素,杨莉,陈玉文.中国医药制造业盈利水平与知识产出的关系研究[J].中国新药杂志,2021,30(23):2127-2134.

[120] 彭家英.信息技术行业股权结构对公司绩效的影响研究——基于创业板上市公司[J].投资与创业,2021,32(11):18-21.

[121] 张桂平,朱宇澈.挑战性压力对员工创造力的影响——基于挑战性评价与服务型领导的作用机制[J].软科学,2021,35(07):91-97.

[122] 李群,唐文静,闫梦含.包容型领导对制造业新生代员工创新绩效的影响——一个跨层双中介模型[J].华东经济管理,2021,35(09):120-128.

[123] 徐慧娟,王丽雅.我国互联网企业盈余质量评价体系构建[J].现代商业,2021(35):157-159.

[124] 叶琛.中国互联网企业无形资产会计处理存在的问题及建议[J].西部皮革,2021,43(08):86-87.

[125] 彭坚,邹艳春,康勇军,张旭.参与型领导对员工幸福感的双重影响：感

知同事支持的调节作用[J].心理科学,2021,44(04):873-880.

[126] 侯赟慧,钱晔,邹昊.无形资产、资本结构与企业绩效——基于创业板上市公司的数据[J].现代金融,2022(01):20-27.

[127] 宋建.高新技术企业科研投入核算中财税应用的探讨[J].对外经贸,2022(02):26-29.

[128] 严荣,张文羽,胡益萍.研发投入、融资支持与企业价值[J].财会通讯,2022(16):62-66.

[129] 吴铖铖,王俊华,谭庆.所得税优惠刺激下技术创新投入对融资结构的影响——基于创业板软件与信息技术企业的实证检验[J].湖南工业大学学报,2022,36(02):62-69.

[130] 肖军,段娟娟.体育用品上市公司研发投入对核心竞争力影响的实证研究[J].哈尔滨体育学院学报,2022,40(03):55-61.

[131] 刘海云,焦文娟,赵岩.技术类、非技术类无形资产与企业经营绩效相关性研究——基于创业板信息技术行业2009—2013年数据资料[C].中国会计学会财务成本分会2015学术年会暨第28次理论研讨会论文集.2015.

[132] 唐璐.蓝思科技,创新驱动高速发展[N].湖南日报,2022-02-26(004).

[133] 侯传斌.中美创业板市场比较[D].东北财经大学,2013.

[134] 卢臻.非专利技术出资法律制度研究[D].广西大学,2015.

[135] 王登辉.L公司技术类无形资产价值管理研究[D].西安石油大学,2015.

[136] 王锦瑾.计算机字体著作权保护研究[D].武汉大学,2016.

[137] 冯学彬.上市高新技术企业无形资产与企业核心竞争力关系研究[D].山东建筑大学,2016.

[138] 郗思雨.知识技术类无形资产对企业经营绩效的影响——基于文化传媒概念板块的实证研究[D].北京化工大学,2017.

[139] 李燕芸.C公司技术类无形资产价值评估研究[D].湖南大学,2017.

[140] 马丽莲.计算机软件知识产权综合法律保护模式研究[D].山东大学,2017.

[141] 袁文涛.论商标权的法律冲突与法律适用[D].南京大学,2018.

[142] 张馨月.无形资产披露信息价值相关性的实证研究[D].上海社会科学院,2019.

[143] 乔付玲.高新技术企业无形资产管理研究[D].中南财经政法大学,2019.

[144] 李林. 吉林 W 公司投资价值分析 [D]. 吉林大学, 2019.

[145] 马澄. 文化企业无形资产价值评估方法的研究 —— 以华谊兄弟为例 [D]. 电子科技大学, 2019.

[146] 李文静. 基于剩余收益模型的橡胶与塑料制品行业企业价值评估研究 [D]. 云南财经大学, 2020.

[147] 李凌风. 改进的市场法在我国电子企业价值评估中的应用 [D]. 西南财经大学, 2020.

[148] 霍亭君. 创业板信息技术企业价值评估方法研究 [D]. 暨南大学, 2020.

[149] 路媛. 基于 EVA 与实物期权模型的成长期科技型企业价值评估 [D]. 河南财经政法大学, 2021.